CB121487

BUSCANDO A LUZ

Manuel dos Santos Soares
Edison Oliveira Carneiro

Espíritos Diversos

BUSCANDO A LUZ

MANUEL DOS SANTOS SOARES
EDISON OLIVEIRA CARNEIRO

ESPÍRITOS DIVERSOS

Aliança

Copyright © 2010 *Todos os direitos reservados à Editora Aliança.*

1ª edição, 1ª reimpressão, junho/2011, do 6º ao 8º milheiro

Título
Buscando a Luz

Autor
Manuel dos Santos Soares / Edison Carneiro

Revisão
Arlete Genari

Diagramação
Alline Garcia Bullara

Capa
Antônio Carlos Ventura

Impressão
Cromosete Gráfica e Editora Ltda.

Ficha Catalográfica

Dados Internacionais de Catalogação na Publicação (CIP)
— Câmara Brasileira do Livro | SP | Brasil —

Buscando a luz / Espíritos Diversos;
[psicografia de] Manuel dos Santos Soares,
Edison Oliveira Carneiro.
São Paulo : Editora Aliança, 2011.

ISBN: 978-85-88483-65-1 / 384 páginas

1. Espiritismo 2. Psicografia I. Espíritos Diversos
II. Soares, Manuel dos Santos III. Carneiro, Edison Oliveira

11-00012 CDD-133.93

Índice para catálogo sistemático:

1. Mensagens psicografadas: Espiritismo 133.93

Editora Aliança
Rua Major Diogo, 511 - Bela Vista - São Paulo - SP
CEP 01324-001 | Tel.:(11) 2105-2600 | Fax: (11) 2105-2626
www.editoraalianca.org.br | editora@editoraalianca.org.br

Dedicatória

Dedicamos este livro a Luiz Robacinni, excepcional para menos, ex-hanseniano, amigo incondicional, que submetido a duras provas, superou-as, utilizando a força do amor.

Sumário

Este livro foi escrito de várias formas:

• ***Recontando:*** o Neco (Manuel dos Santos Soares) contou ao Edison, que recontou o que ouviu.

• ***Estudando:*** o Edison estudou em várias fontes e escreveu o que aprendeu; onde o Edison estudou pode ser visto no anexo: Fontes.

• ***Intuindo:*** os Espíritos intuíram medianimicamente o Edison e alguns outros médiuns; essas intuições não foram percebidas com precisão pelo Edison, porém a ideia geral, provavelmente, foi registrada.

• ***Imaginando:*** certos detalhes menores foram imaginados pelo Edison para dar um fluxo mais compreensível à narrativa.

Essas origens se misturam e os autores não viram conveniência em despender tempo para separá-las.

— • —

Os Espíritos que participaram da redação do livro não se identificaram, mas foram vários; é provável que sejam mais de dez.

Por ocasião da redação se aproximaram, igualmente, Espíritos em sofrimento, ligados aos personagens, em atitudes agressivas e perturbadoras. Esses Espíritos foram caridosamente atendidos na instituição espírita Lar de Maria e Jeremias.

— • —

Como há muitos fatos e personagens no romance, definiu-se como fio condutor dos acontecimentos a vida de um dos seus autores encarnados, Manuel dos Santos Soares.

O romance foi dividido em três partes, denominadas "livros"; ao final de cada "livro", montou-se uma "linha do tempo" para auxiliar a compreensão do leitor.

Ao final do romance, elaborou-se um anexo sobre os principais personagens, descrevendo como foram criados e dando-se algumas observações sobre eles.

O livro foi abundantemente ilustrado para tornar a sua leitura mais amena.

O poeta francês Alfonse Lamartine[1], apreciava fazer longas caminhadas pelo campo, a solidão das zonas rurais era convidativa para suas meditações sobre Deus e alma.

Certa tarde, caminhando na região de Limone, perto da cidade italiana de Livorno, foi surpreendido pela noite.

No meio da escuridão avistou ao longe uma luz; aproximando-se, encontrou uma igrejinha deserta, onde a chama de pequenina lâmpada, acesa defronte ao altar, projetava sua luz.

Enquanto esperava o nascer da lua, para prosseguir sua jornada ao luar, resolveu escrever um poema[2], onde identificava aquela lâmpada perante o altar, com a sua alma, "frágil centelha, a elevar-se pelas asas da prece ou do amor, para aclarar a visão de Deus, o criador do dia".

E, numa prece, suplicou que sua alma jamais deixasse de dirigir a Deus seu coração, embora ela oscilasse, em todas as direções, como uma nuvem, tangida pelo vento.

Refletiu também: "ele era um raio de luz, nascido de Deus e que a Deus tornaria".

— • —

O apóstolo João fez duas afirmativas imortais, na sua primeira carta, dizendo no capítulo 1 que "Deus é Luz", e no capítulo 4, asseverando "Deus é Amor".

A busca da luz é inerente ao ser humano, busca da luz externa e busca da iluminação interior.

Buscamos os Espíritos iluminados, isso é evidente; buscamos igualmente nos iluminar, isso não é tão aparente, mas efetivo e independente de nossa vontade.

---

[1] Alfonse Lamartine * 1790, + 1862, poeta, escritor e político.

[2] A "Lâmpada do Templo", Harmonias Poéticas e Religiosas.

O homem é movido por razões, razões do raciocínio, razões do coração.

Porém só há uma razão legítima, a razão do Evangelho, a razão do bem, a razão do amor, a razão que provém de Deus.

Iluminar-se é ter em sí a razão do Evangelho, não em manifestações verbais e exteriores, mas intimamente, determinando nossos sentimentos, pensamentos e ações.

Ao sermos defrontados pela agressão, reagirmos espontaneamente pela lógica do perdão; encontrando a necessidade, respondermos necessariamente pela inteligência da compaixão; surpreendidos pela perda, de imediato nos valermos do método do desprendimento e do acatamento da vontade divina.

Essa luz interior, nascida da identificação com o Evangelho, essa racionalidade autêntica, manifesta-se no perispírito em forma de luz visível.

Espírito de luz é aquele que vive conforme os ensinamentos de Jesus.

— • —

A história de Manuel, que apresentamos, procura mostrar essa busca fatal pela luz, que jaz no mais profundo de nossa alma.

Busca frustrada em encarnações mal sucedidas, mas que permaneceu, como força motriz, "empurrando-o" para novas tentativas.

Até que, num dado momento, amadurecido pela experiência, pela dor, pelo trabalho no bem, Manuel tomou a decisão de, séria e responsavelmente, iluminar-se interiormente.

Essa firme decisão interior, lhe deu uma forte probabilidade de sucesso.

— • —

Possa este livro ser fonte de despertamento e esperança, mostrando a pedagogia da vida, conduzindo-nos sempre para a luz, mesmo quando, desorientados, parecemos andar em trevas.

Edison
Agosto de 2010

LIVRO 1
VIVENDO NA AMAZÔNIA

Onde o personagem principal não realiza um projeto longamente acalentado.

A MANHÃ

A manhã era muito bonita.

Céu azul, mar azul, um vento agradável.

Água por todos os lados até a linha do horizonte.

Um navio, com a característica flâmula portuguesa, triangular, totalmente branca, tremulando no alto do mastro principal, oferecia suas velas ao vento amigo.

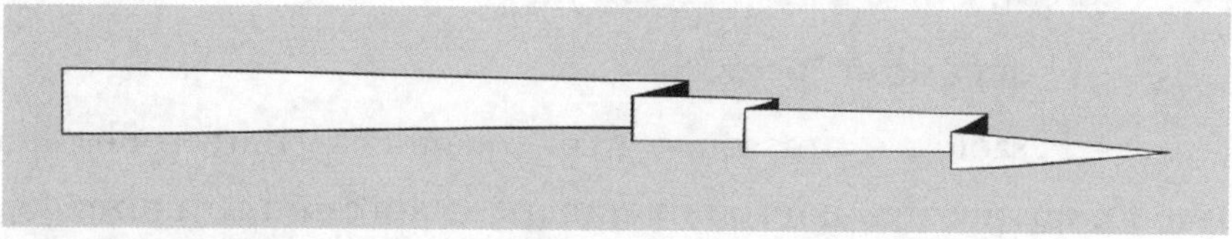

Flâmula Naval Portuguesa
Bandeira triangular que se hasteava no topo dos navios, passou por diversos formatos, na segunda metade do século 18 era totalmente branca.

Seu destino?

A vila de Belém, na foz do rio Amazonas, capitânia do Grão-Pará, bem ao norte da colônia do Brasil.

— • —

No tombadilho, sentado e contemplando o mar, um homem na casa dos trinta e poucos anos.

Abraçadas a ele, duas meninas pequenas, de 6 e 8 anos.

Vestiam-se bem, porém sem luxo; próximos, uma criada e um criado, atentos, para servi-los.

Corria o ano da graça de Nosso Senhor de 1751, o mês era agosto.

— • —

A menina mais velha, Joana, perguntou com sua voz infantil:

– Por que estamos viajando, papai?

Manuel acariciou a filha, e dando um sorriso, respondeu-lhe:

– Por causa de dois homens, minha filha...

– Dois homens, como assim, papai? Eu os conheço? Foram meus tios?

– Não, você não os conhece; são pessoas muito importantes, vivem na corte, nem a mim eles conhecem, nem sabem quem eu sou...

– E o que eles fizeram, papai?

– O primeiro, D. João V, trouxe-me um pesadelo; o segundo, Pombal[1], ofereceu-me um sonho...

Teresa, a de 6 anos, perguntou:

– O quer dizer "pesadelo"?

– Pesadelo é um sonho mau, quando a gente sonha que está caindo, ou que vem o leão nos comer... – apressou-se a dizer Joana.

E as duas continuaram conversando, enquanto Manuel se perdia em pensamentos sobre aqueles dois homens

Manuel e o homem do pesadelo

A figura do rei D. João V, o Magnânimo, desenhou-se na mente de Manuel; uma expressão de raiva, igualmente, estampou-se no seu rosto, enquanto reflexões amargas acudiam a sua mente.

Quando Manuel nasceu, em 1716, numa família de comerciantes abastados da cidade do Porto, em Portugal, D. João V já reinava em Portugal há 10 anos.

---

[1] O nome de Pombal era Sebastião José de Carvalho e Melo, o título de Marquês de Pombal somente lhe seria dado anos mais tarde. Todavia, para não sobrecarregar a memória do leitor, usaremos sempre o nome Pombal, que é como passou para a história.

Manuel cresceu ouvindo seu pai dizer: "D. João V é o rei de Portugal que teve o maior descaso pela economia de seu país".

D. João V
Rei de Portugal na primeira metade do século 18.

— • —

Moço reservado, Manuel não era dado aos desatinos e ao destempero moral como muitos jovens de sua época.

Ingressou em 1736, aos 20 anos, na Universidade de Coimbra e, graças ao ambiente acadêmico e ao gosto pela leitura, tivera acesso e se encantara com a nova mentalidade que surgia no século 18.

Nas conversas com os colegas, quando o assunto era o governo português, era comum dizerem:

– Para comprar o céu aos padres, o Rei venderá Portugal ao Diabo...

Com efeito, o Rei gastou 120 milhões de cruzados para construir o convento de Mafra ofertado aos jesuitas e mais 200 milhões com doações ao Vaticano, para ter como única recompensa o título de "fidelíssimo" dado pelo papa.

A colônia do Brasil fornecia riquezas fabulosas em ouro e pedras preciosas a Portugal, mas o Rei e a sua corte as esbanjavam por toda a Europa, cultivando um luxo assombroso, onde tecidos de fio de ouro e pedras preciosas eram comuns no vestuário e na decoração de ambientes.

Em 1737, no segundo ano, Manuel viu-se constrangido a abandonar a Universidade, porque o pai, sofrendo as consequências da vasta crise econômica instalada pelo Rei, não podia mais mantê-lo.

Manuel, amargurado, dizia:

– Não foi meu pai quem me tirou da Universidade, foi esse malsinado Rei que me expulsou com seus desatinos.

— • —

Mesmo afastado da Universidade, Manuel continuou valorizando a inteligência, amando o saber e a cultura, gostando de ler e informando-se sobre todos os assuntos, possuindo um interesse especial por história e política.

— • —

Em 1739, o pai morreu e Manuel assumiu os negócios da família, procurando conduzi-los da melhor forma, reduzindo o padrão de vida e aplicando-se muito para manter funcionando os empreendimentos que o pai lhe legara.

A pobreza se demonstrava nas ruas, plenas de maltrapilhos, e as notícias de ruína financeira eram comuns.

— • —

Em 1742, Manuel casou-se; casamento sem paixão, mas com afeto e simpatia.

A esposa trouxe-lhe dois tesouros: a filha mais velha, Joana, e dois anos após, Teresa.

Comedido nos afetos, apreciava a vida em família, o aconchego do lar, os passeios no campo, de vez em quando algum baile ou teatro.

Também gostava muito da cidade do Porto, cidade sua e dos seus ancestrais, com suas ruas medievais, estreitas e tortuosas, com o pavimento em pedras de granito, pontilhadas de velhos amigos e parentes.

Era prazeroso erguer os olhos e contemplar os altos muros plenos de história.

— • —

Porém, contrastando com tudo isso, o Rei e sua política perdulária mergulhavam cada vez mais o país numa terrível crise econômica, e Manuel via seus haveres diminuírem dia a dia.

Preocupado, Manuel conversava com a esposa:

– Esse mesmo rei que me expulsou da Universidade, irá me expulsar de Portugal, pois a continuar diminuindo nossos bens, ou vou embora ou acabamos completamente arruinados. Desde criança, esse rei é o maior pesadelo que tenho.

Em 1750, terminou o motivo do pesadelo de Manuel, D. João V morreu.

A herança maior de seu reinado era um Portugal exaurido, imerso em grave crise econômica e administrativa.

— • —

Para desconsolo de Manuel, também faleceu no mesmo ano de 1750 sua esposa, deixando-o viúvo com as duas filhas.

Manuel e o homem do sonho

Manuel interrompeu suas lembranças, as filhas o haviam deixado e, agora de mãos dadas com a criada, brincavam no tombadilho.

Foi até um barril cheio d'água, tomou um pouco numa caneca, debruçou-se na amurada, próximo à proa, observando as águas.

Seu pensamento ia rememorando o que sabia sobre Pombal, o homem do sonho.

— • —

Manuel tivera as primeiras notícias de Pombal ainda quando estudava na Universidade de Coimbra, em 1736/37.

Pombal
Sebastião José de Carvalho e Melo, estadista português do século 18.

Pombal estudara lá, 15 anos antes que Manuel, porém instável, abandonou o curso no primeiro ano.

Inteligência viva, passou a estudar por conta própria, dedicando-se principalmente à história, à política e às ciências jurídicas.

— • —

Os colegas comentavam com Manuel o casamento aventureiro de Pombal, em meio a pilhérias e exageros:

Aos 22 anos, Pombal apaixonou-se por Teresa de Noronha Bourbon, viúva, com 34 anos.

Além da diferença de idade, havia outros contrastes: ela rica, ele pobre; ela sobrinha do Conde dos Arcos, dama da Rainha de Portugal, Maria Ana de Áustria, ele sem títulos.

A família de Teresa opôs-se radicalmente ao pedido de casamento de Pombal.

Uma janela aberta e cordas de lençóis definiram o caso; Pombal raptou Teresa, casaram-se.

O casamento introduziu Pombal nos altos círculos da aristocracia portuguesa.

Esses fatos romanescos fixaram-se na memória de Manuel, que passou a ver Pombal com simpatia, um simples moço que afrontara a alta nobreza, triunfara e saíra impune; um moço de coragem e audácia.

— • —

Alguns anos depois, em 1740, Pombal voltou a ser notícia para Manuel, pelo seguinte fato:

Pombal, nomeado um ano antes ministro Plenipotenciário de Portugal na Inglaterra, conseguiu firmar acordos vantajosos com os ingleses.

Esses acordos trouxeram um desafogo para os negócios de Manuel.

Manuel, grato e entusiasmado, procurou saber mais a respeito de Pombal.

Soube do quanto se aprofundara nos seus estudos, tornando-se homem erudito e atualizado, pleno de ideias renovadoras.

Teve informações do falecimento da esposa de Pombal, que lhe deixara grande desgosto afetivo e expressiva fortuna.

Aquele nome, Pombal, passou então a significar inteligência, trabalho, dedicação ao país, destacando-se da multidão de membros do governo português, que pareciam a Manuel, retrógrados, ineficientes, corruptos e desinteressados.

A partir daí, Manuel passou a acompanhar a trajetória de Pombal.

Nos anos seguintes, além de suas tarefas diplomáticas, Pombal dedicou-se a estudar com afinco as razões que levaram a Inglaterra a um grande crescimento econômico, enquanto Portugal havia sofrido uma retração.

— • —

Transferido para Viena, Pombal aos 46 anos se enamora de Leonor Wolfang, 24 anos, rica e esplendorosa, futura condessa de Dawn, amiga da Rainha de Portugal, Maria Ana.

À semelhança do primeiro casamento, a família da moça se opõe. Pombal não era nobre.

A Rainha Maria Ana interveio, avalizando o noivo; desta vez não houve necessidade de nenhum rapto, e o casamento aconteceu normalmente.

O casamento com Leonor deu a Pombal o primeiro título de nobreza, Conde de Dawn.

Logo começaram a surgir os filhos.

— • —

Em 1750, quando morreu D. João V e o novo Rei, D. José I, foi formar o conselho de estado, a Rainha Mãe Maria Ana induziu o filho a nomear Pombal para o cargo de Ministro dos Negócios da Guerra e Estrangeiro.

O Rei acedeu ao pedido da mãe.

Manuel, admirador de Pombal, exultou.

Mais alegre ficou Manuel, quando Pombal assumiu, de fato, poucas semanas após a nomeação, a liderança no Conselho do Reino com sua personalidade forte, inteligência viva e decisões rápidas, posto que os outros ministros fossem homens tímidos e de menor vigor intelectual.

Pombal foi tornando claras as suas propostas de fortalecer a indústria e o comércio, atividades vistas com certo desprezo pela nobreza; extirpar os resíduos da perseguição religiosa, que teve na inquisição sua mais sombria atuação; reestruturar e desenvolver a educação; reintegrar os judeus e seus descendentes no povo português, dada a importância de sua habilidade com as finanças e empreendimentos mercantis, etc.

Pombal pretendia, dadas as limitações de população e território de Portugal, dar ao Brasil, a grande e rica colônia portuguesa na América do Sul, papel preponderante no reerguimento de Portugal, contribuindo decisivamente para o seu poderio econômico.

Manuel tornou-se, a partir dessas propostas e do peso político que Pombal conquistara, seu partidário fiel e entusiasta.

As propostas de Pombal passam a ser o sonho de Manuel.

Em 1751, o irmão de Pombal, Francisco Xavier de Mendonça Furtado, companheiro de ideais, era nomeado “Governador e Capitão do Grão-Pará e Maranhão”, com a tarefa de consolidar um grande império português no Novo Mundo.

A fato de escolher o próprio irmão para consolidar o seu projeto dava a medida da importância que Pombal dedicava ao seu projeto no Brasil.

— • —

Esse fato foi decisivo para Manuel resolver ir para o Brasil.

Se o pesadelo da crise econômica instalada por D. João V o expulsava de Portugal, o sonho representado pelo império português que Pombal pretendia instalar no Brasil o atraía irresistivelmente.

— • —

Transferiu parte dos seus negócios aos irmãos; embarcou outras mercadorias para vendê-las no Brasil, e ali estava no meio do Atlântico, escolhido o mesmo destino de Mendonça Furtado.

A TARDE

Para passar o tempo que se arrastava na viagem que duraria dois meses, Manuel conversava com Álvaro, geógrafo que seguia igualmente para Belém.

Álvaro era um homem inteligente e viajado, tendo estado em várias colônias portuguesas elaborando mapas, traçando rotas fluviais, determinando distâncias.

Álvaro dizia:

– Eu vou ao Brasil integrar-me à expedição que o Governador do Grão-Pará, Mendonça Furtado, enviará para estabelecer as fronteiras entre o império português e o império espanhol no Norte do Brasil. Vou também colaborar nos mapas que descreverão o grande rio Amazonas e seus afluentes, estabelecendo rotas fluviais para atingir pontos distantes da costa. E você, Manuel, por que deixas o nosso tranquilo Portugal, metendo-se nessa aventura em terras tão distantes e selvagens?

– Eu pretendo estabelecer-me como comerciante em Belém; importar todo o tipo de produtos de Portugal e vendê-los aos moradores da colônia; De outra parte, comprar os produtos da terra como açúcar, cacau, madeira e exportá-los para Portugal.

– E acha que esse estabelecimento terá possibilidades? As dificuldades são inúmeras, os juros altos, o tesouro real esgotado, a pobreza e a ruína campeando pelas ruas...

– Por estranho que te pareça, estou partindo cheio de esperança, e minha esperança tem um nome: Pombal, o conselheiro mais importante do rei. Eu acompanho sua carreira e suas ideias desde 1740, quando foi ministro plenipotenciário na Inglaterra. Além do destemor, tem inteligência e vasto saber. Ele é um homem avançado e progressista e dará nova feição ao nosso Portugal, reconstruindo sua economia...

Manuel elevara a voz entusiasmado, o que levou Álvaro a espicaçá-lo:

– Pelo visto, admiras muito o homem, mas por que não ficas em Portugal, participando lá mesmo da retomada do poderio e da riqueza?

Manuel não se deu por achado e continuou no mesmo tom inflamado:

– Nosso Portugal amado tem poucos recursos, território pequeno, mas poderá retirar sua força e sua riqueza de nossa imensa colônia brasileira. Pombal pensa assim, ele desenvolverá a colônia que se tornará o motor econômico de nosso país. Tanto pensa, que nomeou seu irmão, Mendonça Furtado, provavelmente sua pessoa mais íntima e chegada, para governador do Grão-Pará.

E lá vou atrás de Mendonça Furtado, passei parte dos meu negócios a meus irmãos, e parte em capitais que estou levando para aplicar na nova terra, acreditando que Pombal e seu irmão farão florir um grande e rico império português na América do Sul, e espero ter minha parcela nessa riqueza e nesse poder.

– Seu entusiasmo é procedente e contagioso, proponho um bom vinho do porto, selemos um brinde ao seu sucesso comercial e ao meu breve regresso...

E foram-se os dois, deixando a política de lado e conversando animadamente sobre o que seria aquela nova terra, com tantos mitos e promessas.

A NOITE

A noite caiu, estendeu seu manto estrelado sobre o Atlântico.

A lua, quase cheia, emergiu do mar refletindo-se na espuma das ondas.

A noite expressava harmonia e aconchego.

Com o auxílio da criada, Manuel acomodou as duas meninas na cabine apertada.

Fez com elas uma prece para dormir, prece mecânica, decorada.

O tom, no entanto, tornou-se sentimental nas bênçãos finais:

– Que Nossa Senhora das Dores abençoe nossa mãe que está no céu disse Joana – a mais velha.

– Que assim seja – respondeu Manuel.

– A sua bênção, papai – retornou Joana.

– Que Deus a abençoe e proteja.

– A sua bênção, papai – disse Teresa, a caçula.

– Que Deus a abençoe e proteja – repetiu Manuel.

Uma doce vibração de ternura se espalhou na cabine.

Em poucos minutos, as meninas dormiam.

Manuel leu ainda por quase uma hora *Zadig*, de Voltaire, à luz do candeeiro; lia lentamente, pois tinha dificuldades com o francês, mas conseguia compreender o texto.

Voltaire
Filósofo e escritor francês do século 18, um dos gênios encarregados do lançamento do mundo moderno.

Por vezes dava boas risadas com as aventuras do personagem de Voltaire no Oriente.

Apagou o candeeiro já sonolento e mergulhou no sono.

Passado algum tempo, entrou na cabine uma benfeitora espiritual.

Se estivesse na Terra, aparentaria uns 50 anos, algo rechonchuda, vestida com simplicidade, destacando-se no seu rosto uma expressão serena profundamente maternal.

Aplicou alguns passes magnéticos em Manuel; depois, pegando na sua mão, disse-lhe carinhosamente:

– Vem, meu filho, vem para o carinho de sua mãe...

Ao impulso daquela mão, Manuel Espírito desligou-se do corpo físico, que continuou estirado no leito.

Mesmo um tanto atordoado, Manuel reconheceu o Espírito que lhe falava.

Ajoelhou-se tomado de forte emoção, demonstrando o quanto a aparência é diferente do que se passa no íntimo, abraçou-se às pernas da respeitável senhora e prorrompeu em pranto, dizendo em meio aos soluços:

– Minha mãe, minha mãe; viestes do céu para me ajudar... Luzia, a minha esposa morreu, mãe, sinto-me tão só, face a vida... Os nossos negócios ficaram muito diminuídos... Estou indo para o Brasil, tentar refazer a vida, mas estou com muito medo... Joana e Teresa são dois anjos, mas não me sustentam o coração... Luzia me dava firmeza... estou tão só...

– Acalme-se, meu filho, sei o quanto te faz falta a esposa, mas ainda és moço; a seu tempo surgirá outra mulher na sua vida, auxiliando-o na educação de suas filhas e dando-lhe alegria de viver...

E, acariciando-lhe a cabeça, levantou-o; e, tomando-o pelo braço, disse-lhe:

– Vamos até o tombadilho, a noite está linda; conversemos... como fazíamos no tempo de sua mocidade...

O tombadilho estava deserto, apenas o rumorejo das ondas batendo na proa do navio, e ocasionais rangidos de madeira quebravam o silêncio.

E a mãe, Constância, procurou trazer à tona os ideais de Manuel:

– E os teus sonhos, Manuel, de liberdade, de igualdade de fraternidade?

– Ah, minha mãe, por vezes esses meus sonhos roubam meus pensamentos, que eu deveria dirigir para os assuntos do comércio que permite a minha sobrevivência.

E, depois de alguns instantes, falou emocionado:

– Sonho com um Portugal poderoso e rico, com o vigor que teve no século dos descobrimentos, destacado na comunidade das nações, impondo-se ao mundo por seu peso econômico e político. Um Portugal livre, não se refugiando na sombra da Inglaterra.

E continuou inflamado:

– Sonho com o rompimento do ranço medieval, que asfixia o ambiente em que vivo... Sonho com o fim das perseguições de natureza religiosa, com o fim do desprezo pelo trabalho produtivo, com o fim dos dirigentes de mentalidade acanhada.

– E o que pensas fazer para realizar seus sonhos?

– Espero que tudo isso se concretize por intermédio de Pombal; ele tem inteligência, coragem e firmeza para realizar tudo isso. Ele é a porta do futuro para o Reino de Portugal...

– Eu também espero; Pombal milita no conselho do reino de Portugal, mas tu governas o pequeno reino de teu estabelecimento e de tua casa; a tua tarefa e a dele são semelhantes, ambos têm o compromisso de serem a porta do futuro. Pombal terá aqueles que o auxiliarão na sua tarefa; eu, no entanto, tenho em ti a minha tarefa de guiar; consequentemente, o que venho dizer-te se refere apenas ao Reino de Manuel Gonçalves...

E, após pequena pausa, falou com voz terna e enérgica:

– Guarda no teu coração as minhas palavras e ajas conforme minhas instruções:

Aos teus filhos lega teu exemplo de pessoa esclarecida e honrada que cultiva o trabalho e o estudo e pratica a caridade com todos.

Tu serás a porta do futuro para algumas dezenas de pessoas que dependerão de ti; estimularás a riqueza e o poder por meio do trabalho inteligente e digno, sem se render à cobiça; promoverás a igualdade tratando teus empregados como companheiros de lutas, remunerando-os condignamente, não possuindo escravos, não sendo um dirigente de mente acanhada. Atende bem a todos, compradores e vendedores que aportarem no teu estabelecimento, sem vaidade, sem arrogância, sem bajulação.

Tu levarás a todos que o cerquem a bênção da educação, favorecendo aqueles de seu pequeno círculo aprenderem, no mínimo, as primeiras letras, as operações simples de aritmética e o comércio e seus mercados.

Tu anteporás à religião interesseira, a verdadeira religião de Jesus a se manifestar na caridade; na nova terra para onde vais não hão de faltar viúvas sem arrimo, órfãos sem amparo e velhos abandonados que poderão ter o teu socorro.

O rei e seus conselheiros têm uma tarefa face ao reino de Portugal; tu tens a tua tarefa face ao reino de Manuel Gonçalves.

E concluiu dizendo:

– Saibas que conduzir bem o teu reino pessoal é a melhor dádiva que podes oferecer a Portugal.

Depois de lhe transmitir palavras de esperança, alegria e afeto, Constância o conduziu de volta ao corpo físico, com o mesmo carinho que outrora, quando Manuel era pequenino e ela o conduzia ao leito e arrumava as cobertas.

Despediu-se do filho beijando-lhe a testa.

Planos e ações

Na história da humanidade cada era é como se fosse um dia, e cada dia tem suas horas; o século 18 foi a hora da alvorada do mundo moderno.

Hora de acender luzes, hora de semear, hora de definir horizontes.

Jesus, o supremo governador da Terra, na sua bondade, permitiu que no fim do século 17 e começo do século 18 reencarnassem vultos veneráveis de reformadores que, instrumentos da espiritualidade maior, iriam disseminar os conceitos de liberdade, igualdade e fraternidade entre os homens, por meio das novas concepções de governo, enfatizando o bem-estar do povo, o caráter representativo, a divisão de poderes; a importância da educação; o conhecimento organizado nas várias ciências...

Entre eles, destacavam-se os franceses:

- ***Rousseau*** na educação;
- ***Montesquieu*** na política sugerindo a separação dos poderes legislativo, executivo e judiciário;
- ***D'Alembert*** na física e na matemática;

• ***Diderot*** escrevendo a primeira *Enciclopédia*;

• ***Voltaire*** pregando as reformas sociais, a fraternidade, a tolerância, face à diversidade de opiniões...

Rousseau
Filósofo e escritor suisso do século 18, um dos gênios encarregados dos alicerces do mundo moderno.

— • —

Essa semeadura de renovação seria feita no solo ingrato de um mundo de sombras ainda dominado pela ignorância alimentando uma falsa e brutal religiosidade, esquecido da razão e com completa desconsideração com o bem-estar social.

Dessa luta entre sombras e luz emergiria o mundo moderno com seus avanços nas instituições, na educação, na religião e na vida diária, com os benefícios que a ciência nos trouxe.

Todos os homens e mulheres, desde o camponês até o governante, desde a mãe escrava até a dama da nobreza, desempenhariam ao mesmo tempo os papéis de autores, vítimas, réus e beneficiados do confronto entre luzes e trevas...

— • —

Nesse contexto se efetuavam os planos reencarnatórios de cada terrestre.

A tarefa principal de Pombal no seu plano encarnatório era reverter os desvarios de D. João V, refazendo as energias da pátria, concretizando em Portugal as ideias luminosas trazidas pelos gênios do século.

Para tanto, com o auxílio dos planos superiores e seus méritos pessoais, foi elevado ao posto de homem mais poderoso de Portugal.

Pombal, por 30 anos estudara história e política e se saturara de ideias de renovação, possuía conhecimento, experiência, coragem e ousadia. Contava com o amparo de Espíritos superiores. Dispunha portanto de todos os recursos para executar sua tarefa de construir os alicerces de um Portugal livre, justo e solidário.

Como a luta é matéria-prima da vida neste planeta, Pombal teria que enfrentar duros inimigos, que não eram as mentes retrógradas de Portugal, mas seu próprio orgulho, que quando contrariado, manifestava-se em crueldade, vingança e desprezo pelos mais comezinhos princípios morais, abrindo a porta de sua alma à influência de Espíritos sombrios.

— • —

A atração de Manuel por Pombal tinha um forte componente espiritual.

Baseado no compromisso de Pombal de reerguer Portugal, Manuel, como inúmeros portugueses, havia incluído Pombal no seu plano reencarnatório, tendo nele o líder que o conduziria nas suas propostas de renovação.

Assim são as correntes de renovação: os gênios do século 18 por meio de seu mergulho na carne trouxeram as ideias centrais; líderes de variadas nações e atividades reencarnaram com o objetivo de pô-las em prática; pessoas comuns também encarnaram com o propósito de secundar os líderes.

Porém, cada elo dessa imensa corrente, que ia do gênio ao homem comum, poderia ser firmado ou rompido, conforme cada um, dispondo de seu livre-arbítrio, cumprisse ou traísse sua tarefa.

A cidade de Belém do Grão-Pará

Planta Geométrica de Belém
1753 – Elaborada por Antônio Landi.

Belém, em 1751, era uma cidade pequena, com 30 ou 40 ruas, todas de chão batido, e menos de 10 mil habitantes.

Dada a péssima distribuição de renda da época, a sociedade era constituída de raros ricos, alguns remediados e uma multidão de pobres. O clima tropical, a natureza generosa, os rios cheios de peixe, a floresta com seus frutos, impediam que os pobres ficassem privados de teto, tivessem frio ou fome. Paradoxalmente, era uma pobreza em meio à abundância.

Não havia rede de esgotos. A população se servia para seus dejetos de valas abertas em terrenos baldios. Não havia banheiros públicos. Nas residências, valiam-se de urinóis, que eram despejados pela manhã, nos mesmos lugares onde durante o dia as pessoas se desapertavam de suas necessidades fisiológicas.

À noite, as ruas eram muitos escuras, pois não havia iluminação pública e as luzes das casas eram poucas e frouxas. A única iluminação, em uma ou outra esquina, era uma pequena vela acesa no entardecer por alguma alma religiosa em oratórios, que era hábito colocar nas confluências das ruas; em consequência, era muito perigoso sair de casa à noite; após as 20 horas era quase impossível encontrar alguém na rua.

Festividades, apenas de dia, quase exclusivamente religiosas, posto que a liturgia envolvia a música, e vez por outra algum elemento teatral.

Comparada à cidade do Porto, Belém era muito pobre em termos de lazer social.

Os locais mais marcantes da Vila eram o porto; o Mercado de Ver o Peso, onde se comprava e vendia de tudo; os edifícios religiosos, igrejas, colégio e seminários; e as repartições públicas constituídas pelo palácio do governador e fortificações militares.

Antônio Gonçalves

Chegando a Belém, Manuel procurou um seu aparentado distante, Antônio Gonçalves, para que o auxiliasse na sua fixação na cidade.

Antônio o recebeu com grandes testemunhos de alegria.

Manuel hospedou-se por alguns dias na casa de Antônio Gonçalves com suas duas filhas. Para seu grande espanto, Antônio, 50 anos, capitão e comerciante de pequeno porte, era dado ao estudo, amigo da poesia e da mitologia grega.

Antônio era casado segundo os sacramentos da Igreja com Isabel de Jesus, índia, devidamente batizada.

Deram origem a oito portugueses e portuguesas, muito diferentes uns dos outros: alguns aloirados, outros de pele bronzeada e cabelos terrivelmente lisos; uma família alegre, numerosa e muito afetiva.

O fato de a esposa de Antônio ser índia trazia um enorme constrangimento a Manuel; agia com a máxima cautela para não deixar transparecer o que lhe ia por dentro.

Além disso, não se sentia a vontade perto das filhas mais velhas de Antônio, que já eram moças feitas e bonitas; as carências afetivas e sexuais refletiam-se no seu rosto ruborizado toda vez que cruzava com uma delas, o que lhe trazia maior acanhamento.

Felizmente foram poucos dias, e Manuel passava pouco tempo em casa, vindo apenas para dormir, apressado em ter sua própria casa.

Resolveu-se assim: comprou um terreno na rua dos Mercadores, onde construiria sua moradia e seu armazém.

Enquanto a construção não se realizasse, moraria numa casa alugada e acomodaria suas mercadorias no pequeno armazém de Antônio.

— • —

Conquanto amigos, comparecendo frequentemente um no estabelecimento do outro, Manuel forçava certa distância, no campo familiar, movido pelos seus constrangimentos.

Gaspar da Costa Posser

Numa das primeiras vezes que foi ao palácio do governo registrar seu estabelecimento, Manuel estava numa sala esperando ser atendido.

Entrou um homem jovem, 30 anos, e vendo-o aproximou-se dele e cumprimentou-o sorridente:

– Sou Gaspar da Costa Posser, e percebi que temos gente nova aqui na colônia, e como somos poucos, gosto de conhecer a todos.

Manuel sentiu uma simpatia imediata por aquele homem, e respondeu também sorridente:

– Sou Manuel Gonçalves, aqui estou há apenas três meses, estabelecendo-me como comerciante, e se assim me permite chamá-lo, e o amigo que está aqui suponho há mais tempo, o que faz?

– Trabalho como secretário particular do Governador Mendonça Furtado; vim com ele de Portugal, mas também cheguei há pouco.

E prosseguiram como se fossem amigos de velha data que há muito não se viam, um pondo o outro a par da sua nova situação.

Manuel soube no decorrer da conversa que Gaspar era casado, mas sendo pobre, não tivera recursos para trazer a família, projeto que desejava realizar em breve.

— • —

Gaspar era inteligente, culto, dado às letras; embora sem fortuna era muito influente, posto ser da confiança absoluta do governador.

Gaspar tornou-se o principal amigo de Manuel na colônia; profunda afinidade os unia; dificilmente passavam uma semana sem se verem, a não ser quando Gaspar viajava, acompanhando o governador.

Manuel teve muitos contatos com Gaspar, visto sua casa comercial fornecer mercadorias, provisões e utensílios à expedição, e parte das tratativas serem feitas com o secretário particular que o encaminhou às demais figuras do governo.

Algum tempo depois, com o auxílio do governador, Gaspar conseguiu trazer a esposa e os filhos.

Nas ausências de Gaspar motivadas pelas viagens do governador, Manuel encarregava-se de amparar seus familiares.

Em contrapartida, as filhas de Manuel foram "adotadas" pela esposa de Gaspar, que nutria um especial carinho pelas meninas.

João Batista de Oliveira

Manuel o conheceu por intermédio de Gaspar.

João Batista de Oliveira, ajudante de sala do governador[2], embora fosse oficial da Marinha, era muito competente também na arma da infantaria.

Despachado, extrovertido, voz forte, estimado pelo governador, que o conhecera ainda quando eram ambos oficiais da Marinha Portuguesa.

O governador depositava em João Batista muita confiança, inclusive o enviou a governar interinamente a vila de Macapá[3], na sua chegada ao Brasil em 1751.

Uma amizade espontânea unia João Batista, Manuel e Gaspar, que se visitavam assiduamente.

INSTRUÇÃO QUE LEVOU O CAPITÃO-MOR JOÃO BATISTA DE OLIVEIRA QUANDO FOI ESTABELECER A NOVA VILA DE S. JOSÉ DE MACAPÁ

Por ser preciso e conveniente aos serviços de S. Maj. que na nova povoação e fortaleza do Macapá haja uma pessoa que não só contenha aqueles novos moradores em paz, mas que também os persuada ao trabalho e cultura das terras, não deixando precipitar esta gente no abominável vício da preguiça, nem no outro igualmente pernicioso que é o do desprezo do trabalho manual, o qual tem sido muita parte de se reduzirem esta terra à penúria e miséria em que se acha; e por confiar em que V. mercê, com a sua atividade servirá a S. Maj. com aquele zelo e honra com que até agora o tem feito, e que um negócio tão importante necessita; lhe ordeno que por serviço do dito Senhor, passe logo àquela Povoação e Fortaleza, adonde fará executar as ordens seguintes:
A primeira coisa em que V. mercê deve cuidar, é em conservar em paz e união a estas gentes, e que vivam em uma recíproca amizade, fazendo- lhes compreender que um dos principais meios, não só da sua conservação, mas do seu aumento, consiste neste sabido e elementar fundamento, sem o qual não é possível que haja república que subsista e floresça;

Trecho das Instruções ao Capitão-Mor João Batista de Oliveira
Dadas pelo governador Mendonça Furtado em 18 de dezembro de 1751, transcritas dos originais que se encontram no Museu Britânico.

---

[2] Ajudante de sala, semelhante ao chefe de gabinete dos dias atuais.

[3] Que deu origem à cidade do mesmo nome, capital do Estado do Amapá.

Governador Mendonça Furtado

Certa feita, algumas semanas após terem-se conhecido, Gaspar disse a Manuel:

– Gostarias de conhecer o Governador Mendonça Furtado, irmão do todo-poderoso Pombal?

– Sem dúvida eu gostaria de conhecê-lo. Mas a pergunta é: o governador gostaria de conhecer mais um simples comerciante?

– Ele é verdadeiramente um homem ocupado, mas de outro lado é cordial e bem-humorado. Venha ao Palácio depois de amanhã, quarta-feira, pelas 9 horas, que ele o atenderá brevemente.

– Não sei como agradecer-te, Gaspar...

— • —

No dia aprazado, Manuel entrou na sala do governador.

Deparou-se com um homem de 50 anos, cabelos grisalhos, com o vestuário em linho e seda com discretos bordados em fio de ouro; estava sentado numa poltrona estofada em veludo vermelho, os detalhes em madeira da poltrona estavam forrados com folhas de ouro.

Não se levantou à entrada de Manuel, mas dirigiu-lhe um olhar afável, sorrindo levemente.

Manuel fez uma reverência, à moda da época, dizendo-lhe:

– Agradeço a Vossa Excelência, por receber-me. Sou vosso grande admirador e também de vosso ilustre irmão. Meu nome é Manuel Gonçalves, cheguei a pouco em Belém, sou comerciante e peço-lhe permissão para pôr à sua disposição meu humilde estabelecimento e meus serviços.

– Sente-se, Manuel, todos os que produzem são bem-vindos em meu gabinete. Fale-me um pouco do que pretende negociar em Belém.

– Vou trazer de Portugal qualquer mercadoria que a colônia necessite, porém darei maior atenção a ferramentas para o cultivo da terra, armas e tecidos. Vou enviar a Portugal as drogas do sertão, principalmente cacau, castanha e urucum e também madeira.

– Fornecer ferramentas para cultivo da terra é atividade importante nesse país. O desprezo pelo trabalho manual tem sido uma das causas da miséria dessa terra. O trabalho manual não desonra, ao contrário, atendendo ao público de forma frutuosa, será motivo de honra, que este governo saberá reconhecer. Faço votos que venda muitas ferramentas.

Manuel mantinha-se sério, bebendo as palavras do governador, que lhe perguntou:

– E quais são as dificuldades maiores que você conta enfrentar nos seus negócios?

– Como é do conhecimento de Vossa Excelência, os jesuítas têm isenção de impostos e ainda controlam os índios, tendo portanto condições privilegiadas, dificultando quem queira concorrer com eles. Porém, tenho confiança que com tino comercial, muito trabalho e com as medidas de fortalecimento econômico que Vossa Excelência e vosso ilustre irmão irão tomar, conseguirei fazer os meus negócios, prestando serviço à pátria e ao Rei.

– Esse é um problema real, tenho me aplicado em encontrar uma solução. A união e amizade, em ordem e em paz, dos comerciantes desta capitânia, todavia os fortalecerá e lhes facilitará encontrar a solução dessa questão.

– E quanto à sua família?

– Sou viúvo e tenho duas filhas pequenas.

– Pois case-se novamente, o Reino necessita de mais portugueses. Vá em paz, Manuel, necessitando ver-me, combine com meu secretário particular. Se forem questões de comércio, compareça trazendo outros amigos comerciantes, unam-se que terão mais força.

Manuel levantou-se fez uma reverência e disse emocionado:

– Muito agradecido, Excelência, pela honra que tive de conhecê-lo.

Saiu do gabinete "pisando nas nuvens", em seguida em comentário com Gaspar Posser expressou seu entusiasmo:

– É de homens assim que Portugal precisa! Que diferença da nobreza arrogante, ignorante, subserviente aos jesuítas, que consideram o homem que trabalha e produz um ser inferior...

— • —

Mendonça Furtado era assim: uma personalidade que atraía pela inteligência, cultura e finura de trato; conquanto a posição que necessitava manter; amigo de livros e estudos, amante das artes, muito viajado, conversa extremamente agradável.

Valorizava o conforto e o luxo, porém observador arguto, era comum encantar-se com as coisas simples da natureza.

Estimava o trabalho e possuía uma profunda ligação afetiva com o irmão, Pombal, a quem invariavelmente chamava "irmão do meu coração". Por vezes divergiam, ficavam algum tempo amuados, mas logo se reconciliavam e esqueciam o incidente.

Identificava-se, de tal modo, com as ideias políticas do irmão, que era muito difícil saber qual teria sido o primeiro a pensar numa determinada providência: Mendonça Furtado ou Pombal.

Essa coincidência de ideias e posturas entre Pombal e Mendonça Furtado fez com que Manuel Gonçalves se identificasse profundamente com o governador, admirando-o e apoiando-o em todas as suas atitudes.

Ao longo do tempo Manuel voltaria algumas vezes àquele gabinete, porém atendendo à recomendação do governador, integrando grupos que vinham fazer pleitos ou contribuir com o governador apresentando sugestões.

Bispo Dom Frei Miguel de Bulhões e Souza

Das figuras que mais marcaram a vida de Manuel naqueles anos, uma apenas foi-lhe apresentada por Antônio Gonçalves.

Quando ainda recém-chegado, hospedava-se na casa de Antônio, ele lhe dizia:

– Precisas conhecer o nosso Bispo Dom Frei Miguel; se o problema é grave, seja legal, pessoal ou comercial, ele sempre terá o conselho correto. Assim que você se instalar, vamos a vê-lo.

— • —

Passadas algumas semanas, finalmente Manuel cedeu.

– Não sou muito dado a padres, mas já que tu insistes, vamos lá.

–Vou marcar uma hora para apresentá-lo ao Bispo; ele é um apreciador de vinhos finos; seria bom levarmos algumas garrafas para ele.

– Está bem, trouxe de Portugal vinhos do porto, escolherei meia dúzia dos melhores para levarmos.

– Embora seu desamor com os padres, cairá melhor levares uma dúzia...

– Seja então uma dúzia, Antônio, embora tenho dúvidas se ele valerá tanto...

— • —

E lá um belo dia foram-se Manuel, Antonio e o criado de Manuel conduzindo a caixa com os vinhos ao encontro do Bispo.

O encontro realizou-se na Catedral Metropolitana que estava em obras, pois a antiga Sé estava sendo substituída por outra.

Em meio a carroças, escravos e mestres, Antônio apontou:

– La está o Bispo.

– Onde? – perguntou Manuel um tanto apalermado.

– Aquele, de uns 50 anos que está dando ordens e questionando detalhes da obra.

Catedral da Sé de Belém
Teve sua construção iniciada em 1748; no episódio citado do encontro de Manuel com o Bispo estava ainda em obras.

Quando já estavam mais perto, o Bispo que ainda não os havia notado, repentinamente, com alguns saltos, subiu com agilidade surpreendente, por uma série de andaimes, para verificar alguns detalhes da obra, no alto de uma parede.

Manuel disse em voz baixa para Antônio:

– Antônio, este homem mais parece um artista de circo...

Porém o Bispo, vendo os três, gritou lá de cima:

– Olá, Antônio. A que vens?

Antônio respondeu:

– Deus guarde Vossa Reverendíssima, estou aqui para apresentar-lhe meu primo recém-chegado.

– Esperem um pouco que os atenderei...

Daí a alguns minutos, o Bispo desceu do andaime, deu mais algumas ordens, devolveu alguns desenhos a um auxiliar que o seguia e dirigiu-se aos três, estendendo a mão.

Respeitosamente, curvando-se, cada um beijou o anel episcopal, inclusive o criado, o que pareceu um desrespeito para Manuel.

Após o beija-anel, o Bispo os colocou à vontade:

– Deus os abençoe, meus filhos. Como este pobre servo de Deus poderá auxiliá-los?

Manuel ficou calado, mas pensou: "Este anel e o crucifixo de ouro maciço dariam inveja a muito homem rico".

– Queria que Manuel, meu primo, conhecesse Vossa Reverendíssima e pudesse entregar-lhe, pessoalmente, uma modesta lembrança da cidade do Porto de onde ele provém.

Com grande desembaraço, o Bispo examinou uma ou duas garrafas, e disse:

– Excelente vinho, fico muito contente com a sua oferta, mas o que pretendes nesta terra tão bela e distante?

Tendo quase decor a apresentação que repetira tantas vezes naquelas semanas, Manuel reafirmou:

– Sou comerciante, pretendo trazer de Portugal ferramentas para o trato da terra, armas e tecidos, e vender para a metrópole drogas do sertão: cacau, café, urucum, algodão.

O Bispo refletiu alguns momentos e depois ponderou:

– Certas drogas do sertão, como o arroz, por exemplo, são cultivadas com enxadas fornecendo baixa produtividade; se utilizassem arados, produziriam muito mais; um comerciante habilidoso poderia conseguir capitais, fornecer arados que por sua vez seriam pagos em arroz; ele ganharia na importação das máquinas agrícolas, ganharia na exportação do arroz e teria a segurança de que os lavradores venderiam para ele. O mesmo raciocínio valeria para outras culturas: tabaco, algodão...

Enquanto o Bispo sorria da expressão de espanto de Manuel, voltou-se para o criado e perguntou:

– E o homem do vinho, não vai apresentar-se?

O criado visivelmente constrangido, gaguejou:

– Meu nome é Joaquim Carneiro, sirvo ao senhor Manuel há cinco anos como criado, juntamente com minha mulher Isabel, Vossa Reverendíssima.

– Saiba, Joaquim, que os pobres também são filhos de Deus e a Igreja de todos cuida igualmente.

Aquela expressão de afeto e interesse do Bispo por Joaquim desagradou Manuel, pois parecia estar igualando-o a um simples criado.

O Bispo lhe provocava sentimentos contrários: de admiração, de desprezo, de um afeto que vinha não sabia de onde. Era-lhe difícil lidar com impulsos tão contraditórios. Inseguro, fechava-se.

Porém uma coisa era certa, aquele simples conselho do Bispo sobre arados valia por dezenas de caixas de vinho.

Enquanto isso o Bispo, para deixá-los a vontade, expunha-lhes suas ideias sobre arquitetura:

– A arquitetura é uma arte antiga, mas certamente terá um desenvolvimento admirável com o avanço da matemática e da física nos nossos tempos. Os cálculos não abrangerão simplesmente comprimentos, alturas e áreas, mas igualmente forças, resistências, pontos de equilíbrio; a ciência ao unir-se a arte descerrará horizontes inimagináveis aos antigos...

E quanto à sua família, Manuel, és casado e deixastes sua mulher e filhos na metrópole, como tantos que aqui vêm?

– Tenho duas filhas que moram comigo na rua dos Mercadores; quanto a esposa, deixei-a sepultada no Porto – disse Manuel, com um travo de amargura.

– Lições da vida, em algum ponto um criado poderá ser mais feliz que o seu senhor, mas não te entristeças, Manuel, esta terra tem excelentes mulheres, que aliam inteligência do lugar, virtude e beleza. Hás de encontrar uma que te faça feliz. Ao homem convém mais casar do que se abrasar, como disse São Paulo.

Manuel permaneceu calado, contido.

O Bispo ofereceu-lhes novamente o anel episcopal, para que o beijassem indicando terminada a entrevista:

– Não se acanhem em procurar-me, este pobre servo de Deus está aqui na terra para apascentar e servir às suas ovelhas.

— • —

O Bispo do Pará, Dom Miguel, nascera em Portugal em 1706; frade dominicano, foi ordenado Bispo em 1746, tendo sido transferido para São Sebastião do Rio de Janeiro, depois para Belém, em 1749.

Com a chegada do governador, em 1751, tendo o Bispo e o governador muitos pontos de vista em comum, estabeleceu-se entre ambos imediata simpatia e confiança mútua.

De início, embora seus sentimentos contraditórios, Manuel mantinha sempre uma respeitosa distância em face do Bispo, conquanto buscasse os seus conselhos quc valorizava muito.

Os dois maiores clientes de Manuel eram a diocese que construía a catedral da Sé e o governo do Grão-Pará: À frente das duas instituições Manuel encontrava com frequência o Bispo, pois era ele quem substituía o governador nas suas frequentes viagens.

Com o tempo, Manuel venceu suas reservas face ao Bispo Dom Miguel, tendo-o como amigo, fazendo-lhe confidências, pedindo conselhos sobre os mais variados assuntos, tanto pessoais como profissionais.

O CÍRCULO DE AMIGOS

Dada a condição de comerciante e o tamanho da cidade, em pouco tempo Manuel a todos conhecia e por todos era conhecido.

Firmou-se no entanto um círculo reduzido de pessoas que tinha a simpatia e a amizade sincera de Manuel, e se caracterizava por:

- Serem defensores e leais seguidores de Pombal e de seu representante na região, Mendonça Furtado.
- Amarem a inteligência, o conhecimento, e estarem atualizados com a nova mentalidade que se espalhava pelo mundo.
- Valorizarem o trabalho, inclusive o manual, considerando que "o trabalho é a fonte da honra".

- Serem patriotas, tendo Portugal no coração e nos ideais.
- Terem forte preconceito contra os jesuítas.
- Possuírem algumas incoerências gritantes, quando se comparava o que falavam com o que faziam.

TRÊS ANOS DE TRABALHO DURO E LUCRO ALTO

Manuel passou a dedicar muito trabalho e inteligência ao seu negócio, atendendo ao governo e à diocese no que se relacionava à construção da catedral.

Identificando alguma necessidade de produtos, punha-se a campo, escrevia cartas, esmiuçava o mercado de sorte a dispor de bons produtos e preços competitivos.

De outro lado seguiu os conselhos do Bispo Miguel e passou a ser parceiro de plantações de "drogas do sertão" contribuindo com ferramentas e sementes e ficando com parte da colheita, o que lhe propiciava bons lucros.

Urucum
Semente do urucuzeiro, de cor vermelha, utilizada como condimento e corante, uma das "drogas do sertão" comercializadas por Manuel.

Passados três anos dispunha de imóvel próprio que lhe servia de residência confortável, além de abrigar espaçoso armazém onde já trabalhavam quase vinte empregados.

— • —

O fato triste era a presença eventual de Espíritos sombrios, tanto na residência quanto no estabelecimento comercial.

Pelos sentimentos de orgulho e ambição, Manuel se aproximava perigosamente das trevas.

QUARTA-FEIRA, 2 DE OUTUBRO DE 1754

Joaquim não é mais criado, tornou-se o governante da casa de Manuel, tendo além da esposa, mais uma cozinheira e dois escravos para auxiliá-lo na condução dos serviços domésticos.

Joaquim levantou-se, deu as ordens necessárias para o preparo do desjejum de Manuel e das filhas: frutas tropicais, café para Manuel, chocolate para as meninas, alguns doces e bolos.

Dirigiu-se até o quarto de Manuel, e ajudou-o a vestir-se com roupas de gala, com destaque para o cetim e a seda, ajustar sua peruca branca e calçar seus sapatos de fivelas brilhantes.

Enquanto isso a esposa de Joaquim, Isabel, despertava as duas meninas, auxiliando-as na sua higiene matinal e a porem belos vestidos.

A cozinheira preparava a refeição.

Os escravos livravam-se dos urinóis, rachavam lenha e auxiliavam a cozinheira.

A família sentou-se à mesa, sendo servida por Joaquim e Isabel.

Após a refeição, na companhia das filhas, Manuel despediu-se das meninas, deu algumas ordens breves a Joaquim e partiu.

—•—

À porta da casa o aguardavam os dois escravos segurando a rede[4]; acomodou-se no confortável meio de transporte e dirigiu-se à Igreja de Nossa Senhora das Mercês.

A igreja estava repleta, o próprio governador Mendonça Furtado e sua família estavam presentes, e quase todas pessoas importantes da Vila de Belém.

---

[4] As duas pontas da rede eram amarrada num pau. Cada escravo segurava uma ponta do pau; deitado na rede, o "passageiro" podia apreciar o trajeto, ler ou tirar uma boa soneca.

Manuel, em virtude de sua fortuna crescente e de suas relações, não ficou em pé como muitos, sentou-se em silêncio, acenando e sorrindo discretamente.

A seguir, o Bispo Dom Miguel de Bulhões e Souza deu início à missa solene, vestido com vistosos paramentos sacerdotais.

O governador decidiu tomar a comunhão, sua figura imponente se destacava; estava vestido inteiramente de couro macio, bege; botas indo até o meio das coxas, gibão envolvendo o tronco e os braços; no gibão e no chapéu o seu brasão desenhado em lâminas dc ouro; por baixo da roupa rústica, a camisa de seda branca, com seu brilho perolizado, enfeitada de rendas de linho.

— • —

Terminada a missa, todos se dirigiram à praia, próxima da Igreja, onde quase duas mil pessoas se aglomeravam.

O governador, tendo ao lado o Bispo Dom Miguel, se permitiu breve parada para as despedidas finais; alguns poucos tinham permissão para despedir-se. Manuel entrou na pequena fila que se formou, respeitosamente tirou o chapéu e fez uma reverência.

– Alvíssaras ilustre governador, que Deus guarde Vossa Excelência nessa viagem.

– Que assim seja, Manuel – responde o governador.

Em seguida Manuel beijou o anel episcopal, do Bispo Miguel, que lhe tocou o ombro com a outra mão, expressando vago sorriso.

O Bispo acompanharia a comitiva por apenas um dia e depois voltaria a Belém, para substituir o governador na sua ausência.

Despedidas

Manuel se afastou envaidecido por ter sido tratado de forma amistosa pelas duas maiores autoridades da capitania.

De volta à multidão, continuou os cumprimentos: reverente com os notáveis da colônia, casual com as pessoas de condição inferior, raramente afetivo.

Encontrou-se com Antônio Gonçalves, que estava acompanhado pela esposa índia e por alguns filhos; fez uma reverência, mas manteve uma expressão impassível em resposta à expressão afável da esposa do primo.

Demorou-se um pouco mais com o secretário particular do governador, Gaspar da Costa Posser.

—•—

Repentinamente o silêncio se espalhou pela praia; o comandante deu ordens e os mosqueteiros do batalhão deram três salvas de mosquete em cumprimento ao governador que partia; os canhões dos fortes e dos navios do porto também deram salvas em resposta.

O governador com passadas firmes, tendo ao lado o Bispo, tomou uma canoa que o conduziu até o seu iate; embarcou, percorreu o barco e ficou em pé na proa, enquanto o Bispo se acomodava no camarote.

—•—

A manhã principiava, o Rio Amazonas, misturado aos seus afluentes, movia-se vagarosamente com suas águas escuras, nuvens brancas e cinzas cobriam a maior parte do céu, mas o azul comparecia, e o sol brilhando forte surgia, mostrando a cara por alguns minutos, escondendo-se atrás de alguma nuvem, aparecendo de novo.

O observador se perguntaria: será ele o majestoso astro-rei, ou um menino travesso numa ingênua brincadeira de esconde-esconde?

—•—

O governador fez um último aceno para a multidão e deu ordem ao piloto para partir; os remadores passam a trabalhar e o barco foi se afastando lentamente da praia.

Sua figura tornou-se mais impressionante, ajustou o chapéu com a aba dobrada à frente; lembrava os retratos de bandeirantes que aparecem nos livros escolares de história.

Um a um, seguindo o iate do Capitão, começaram a mover-se, mais de uma vintena de iates, e algumas dezenas de embarcações menores.

Ao todo, a comitiva do governador era constituída por 898 pessoas.

Pompa e circunstância

O luxo nos iates era manifesto.

A propulsão dos iates se fazia com velas quando o vento era favorável e com os remadores em caso contrário.

O iate do governador era impulsionado por 26 remadores ricamente uniformizados: as roupas eram de linho: camisas brancas e calças azuis, à cabeça boinas também azuis; os vestuários tinham detalhes em seda dourada e chapas de prata com o emblema do governador.

Chefiando os remadores estava o piloto, também finamente vestido, diferenciando-se por uma imponente espada curta, presa ao cinturão.

A embarcação era pintada em vermelho e azul, com os emblemas do governador em dourado.

No centro do barco havia um camarote bastante espaçoso, com quatro janelas, todo forrado em seda turca vermelho-claro. O mobiliário compunha-se de poltronas, dois coxins que podiam ser usados para sentar, ou para deitar; tamboretes, uma mesa grande para trabalho ou refeições e uma escrivaninha para preparar documentos e arquivá-los; a decoração se completava com um retrato a óleo de D. José I, rei de Portugal.

A seguir vinha a copa, com os recursos para fazer e servir as refeições.

O governador dispunha ainda de um segundo iate, um pouco menor, com 16 remadores, mas decorado com o mesmo luxo, posto que viajava acompanhado da família.

As pessoas gradas, que ocupavam os iates, disputam veladamente, para ver quem se apresentava melhor, quem ostentava mais as suas riquezas e o seu poder. Destacavam-se, pelo luxo, os iates de João Pinto da Silva, Secretário de Estado; João Pereira Caldas, auxiliar direto do governador; porém o mais luxuoso de todos era o de Matias da Costa e Sousa, Provedor da Fazenda Real.

IMPOSTOS

Uma estranha emoção envolveu Manuel, estava satisfeito e esperançoso, orgulhoso de sua condição de português; tivera expressivo lucro com a venda de inúmeros produtos para a expedição, notadamente tecidos, já descontados os impostos.

Intuitivamente, como muitos na praia, acenou com seu lenço.

Expressivo sorriso de satisfação desenhava-se no seu rosto.

— • —

No entanto, a grande maioria dos que ficavam mostrava um rosto amargurado e desencantado, pois gemera sob o peso de impostos e taxas para fornecer os fundos necessários a uma comitiva de demarcação de fronteiras, tão grande e cara, desproporcional ao tamanho da cidade.

Essas queixas chegaram aos ouvidos do governador e seus colaboradores, porém aqueles homens investidos de altos cargos, com a visão diminuída pelo orgulho, esquecidos dos seus ideais de simplicidade e que os governos deveriam servir aos povos, atribuíram as queixas à "ignorância e a má vontade de colonos rústicos que não amavam

Portugal e seu Rei, e desconheciam a importância de os representantes do país apresentarem-se dignamente".

Essa postura das autoridades fizera com que silenciassem, guardando para si os prejuízos e transtornos financeiros que a comitiva do governador trouxera.

— • —

Soldados e remadores também estavam sérios e tristes, pois embaixo daquelas roupas de ostentação enfrentariam grande esforço físico, distância de suas famílias e disciplina severa.

Objetivos da Viagem

O destino da comitiva era a aldeia de Mariuá[5]; para atingi-la subiriam o Rio Amazonas por cerca de 1.500 quilômetros, depois pegariam à direita o Rio Negro e navegariam mais 500 quilômetros, até atingir a aldeia; isso significa percorrer 2.000 quilômetros de navegação fluvial.

Formalmente iriam até Mariuá encontrar-se com os espanhóis para demarcar as fronteiras entre o Brasil e as colônias espanholas, daí a presença de geógrafos, astrônomos e desenhistas para prover os mapas.

No entanto, Mendonça Furtado tinha outro objetivo não divulgado, mas determinado por Pombal: a criação da capitânia S. José do Rio Negro, hoje estado do Amazonas, cuja capital, Barcelos, seria edificada a partir da aldeia de Mariuá.

Pombal havia imaginado um "triângulo estratégico" formado por três capitais na região norte:

- Belém, capital do Grão-Pará,
- Barcelos, capital de S. José do Rio Negro, a ser instituída, e
- Vila Bela, capital de Mato Grosso.

---

[5] Que daria origem à cidade de Barcelos.

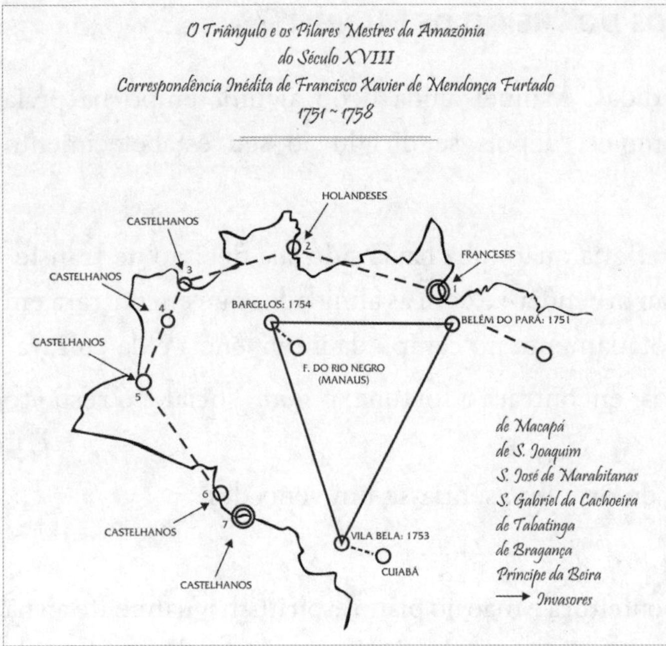

Triângulo Estratégico
Esquematizado por Pombal para a defesa da Amazônia, constituído das três capitais: Belém, Barcelos e Vila Bela e de um colar de vilas.

Essas capitais, unidas por rotas de navegação fluvial, seriam cercadas por um colar de vilas, postos avançados de defesa do território, garantindo o domínio de Portugal.

Em caso de ataque, as vilas, linha de frente, teriam o apoio da capital na sua retaguarda. Se a situação se agravasse, cada capital poderia contar com a segunda linha de retaguarda proveniente das outras duas capitais, pois havia rotas de navegação fluvial unindo as três capitais.

A montagem desse triângulo estratégico era considerada de suma importância para defender a região norte da ambição dos espanhóis, que controlavam todo o entorno da Amazônia, e a qualquer momento poderiam tentar anexar aquele imenso território.

Além disso, a nova capitania estimularia o desenvolvimento econômico da região.

Esses objetivos de defesa e ocupação, não revelados, haviam provocado o aumento do tamanho da comitiva, mas não justificavam o seu luxo e imenso custo.

E os objetivos do "Reino de Manuel"?

Após as despedidas, Manuel ainda ficou algum tempo na praia conversando com amigos, depois se dirigiu ao seu estabelecimento comercial.

No caminho, refletia quão feliz havia sido sua decisão de transferir-se para o Brasil; surpreendia-se com as afinidades que encontrara em terra tão distante, notadamente no campo da inteligência e da cultura.

Além de amigos, encontrara a fortuna, o *status* social e o respeito público.

Manuel, cheio de orgulho, sentia-se um vencedor.

— • —

Constância, a benfeitora e mãe no plano espiritual, igualmente ali na praia, a tudo via, e deplorava o caminho de derrota que trilhava Manuel.

Onde a vitória dos ideais de liberdade e igualdade?

Onde a vitória da verdadeira religião?

Onde a primazia da educação dele mesmo e de seus dependentes?

O Reino de Manuel a expressar seu pequeno mundo pessoal era governado pela cobiça com mão de ferro; nele a religião era um simulacro, posto que não havia compaixão, amor ao próximo ou amor a Deus.

Tudo o que os servidores de Manuel produziam era revertido em benefício pessoal do comerciante; aos empregados restava o salário baixo, a carga de trabalho excessiva, nenhuma instrução; já aos escravos nenhuma remuneração, nenhuma esperança, apenas condições desumanas.

Todos os ideais de Manuel de progresso, bem-estar social, de justiça, de religião verdadeira, na sua vida prática viravam fumaça.

Constância continuaria amando Manuel de forma desvelada, tentando desviá-lo do caminho funesto que tomava, porém observava cada vez mais seus esforços tornarem-se infrutíferos.

Deixemos Manuel Gonçalves em Belém tratando de seus negócios e acompanhemos o governador Mendonça Furtado por meio do seu diário de viagem, elaborado com a ajuda do secretário particular, Gaspar da Costa Posser.

PARADA EM GUARICURU

Durante a viagem, Mendonça Furtado foi parando em fazendas e aldeias indígenas para reabastecimento da expedição.

Quinta-feira, 10 de outubro de 1754

A comitiva parou em Guaricuru, uma aldeia às margens do Amazonas, num local chamado Igarapé-Mirim.

"Desembarcando no porto, achei-a deserta, não havendo nela mais do que quatro ou cinco mulheres dos remeiros que iam nas canoas, um par de velhos; o sacristão e o barbeiro do padre, o qual era um alemão que ali tinha deixado o Pe. Luiz de Oliveira, missionário da dita aldeia, que, depois de deixar instruído esse pobre novato, se retirou para a cidade, por não estar na sua residência à minha chegada.

Logo que vi esta escandalosíssima desordem, perguntei ao padre se era aquela a forma de receber o governador do Estado, metendo-lhe o povo no mato para faltar à obrigação que tinha, e que era costume de o receberem juntos.

A isto me respondeu umas poucas de coisas que me pareceram desatinos, porque eu apenas lhe entendi alguma palavra, sendo ele um alemão que havia um ano se achava nesta terra, e que só compreendeu bem a instrução que lhe tinha ficado do Pe. Luiz de Oliveira para meter a gente no mato..."

Imaginemos a cena: uma pequena aldeia, recebendo quase mil viajantes, alguns ilustres, famintos e cansados de viagem; era natural que temessem que essa comitiva devorasse todos os seus gêneros; não era improvável que abusassem de suas esposas e filhas.

E a questão dos remadores? Naqueles primeiros dias de viagem Mendonça Furtado já havia perdido seis que desertaram; qual o terror de um chefe de família sendo arregimentado como remador, viajando a mais de mil quilômetros de distância, ficando meses fora de casa, longe da esposa e filhos, em meio a gente estranha, num trabalho que exigia enorme esforço físico? Orientados pelo padre, fugiram todos levando seus gêneros alimentícios e seus pertences.

Porém, Mendonça Furtado via nisso somente desrespeito a sua posição, considerando-se insultado.

Mandou prender os poucos que estavam na aldeia, e forçou o padre a levar uma escolta armada até onde os habitantes da aldeia estavam escondidos; os soldados trouxeram os índios de que ele necessitava como remadores.

Podendo, pela sua autoridade, requisitar provisões, tomando-as sem pagamento, jamais fez isso, pagando tudo que solicitava.

Certo é que fez a "derrama", em outras palavras, "coleta de impostos"; a pequena aldeia de Guaricuru recolheu quatro toneladas de farinha a título de impostos atrasados, imediatamente transferidos para o abastecimento da comitiva. Meses de trabalho nas roças, na retirada da mandioca, na fabricação da farinha, seguiram com a comitiva, sob o olhar triste de alguns e revoltado de outros.

Fatos semelhantes se repetiriam pelas várias aldeias por onde passava.

O GOVERNADOR TEM UM LADO BOM

Muitas vezes Mendonça Furtado surpreendeu-se com a riqueza da terra:

"Em toda essa viagem houve abundância grande de peixe, caça e tartarugas, sendo que me fez admiração a imensidade delas que achei nas praias do

Saracá, das quais carregaram as canoas as que puderam e me constou que ficaram ainda mais de três mil metidas em currais."

Em diversas povoações Mendonça furtado fez doações; por vezes doava dinheiro para construção de igrejas, outras vezes mandava que se desse dinheiro para os soldados e remadores.

Via também com admiração os índios, e se encantava com sua inteligência e vivacidade.

Sentia sincera compaixão por amigos e conhecidos em situação difícil, buscando ajudá-los.

Era honesto, não furtando o dinheiro público.

A VIAGEM PROSSEGUE

Foram subindo o Rio Amazonas, descansando em praias, celebrando missas aos domingos, parando em lugares abrigados para esperarem passar as tempestades tropicais.

Por vezes levantavam-se às duas ou três da madrugada para viajar com menos calor.

No dia 7 de dezembro de 1754, um sábado, deixaram o Rio Amazonas e começaram a subir o Rio Negro.

"Pelas 6 horas da manhã do dia 7 principiaram as canoas a passar a correnteza, que todos o fizeram a remo, menos a grande de Sua Excelência e a de João Batista de Siqueira, que com bastante trabalho se puxaram a corda, e logo entramos a navegar pelo Rio Negro, com vento fresco, e pelo meio-dia chegamos a Fortaleza".[6]

Continuaram a subir o Rio e:

"Pelas 5 horas da madrugada do dia 21 [de dezembro, sábado] entramos a navegar e favorecendo-nos um vento brando chegamos pelas 10 horas à aldeia

---

[6] Esse forte, São José do Rio Negro, daria origem à cidade de Manaus.

de Pedreira e, encaminhando-nos logo para a igreja, cantou missa o padre Frei José da Madalena com as índias da aldeia..."

Nesta tarde concorreram as índias com as suas costumadas cestas com frutas[7] a Sua Excelência e à noite o vieram lisonjear com músicas e bailes à proporção da sua rusticidade.

"A 22 [dezembro, domingo], depois de ouvirmos missa, saímos dessa aldeia e, navegando todo este dia com bastante calma e por muitas pedras, portamos pelas 5 horas da tarde em uma enseada em que passamos a noite com bastante chuva".

À medida que se aproximavam do seu destino, as margens do Rio Negro iam mostrando beleza sucessivamente maior.

Chegada em Mariuá

Domingo, 28 de dezembro de 1754

Naquele domingo ensolarado e quente, próximo do término do ano, a pequena aldeia de Mariuá, primitivamente habitada pelos índios manaús, na margem direita do Rio Negro, viu a chegada do governador e sua comitiva, depois de 88 dias de viagem

Mendonça Furtado estava surpreso com a beleza do lugar, praias de areia branca, um número infindável de ilhas, peixes de variado colorido nos rios.

Tudo isso iluminado pelo sol da manhã; um vento agradável, fresco e perfumado envolvia o rio e a aldeia que estava em festa:

"Pelas 4 horas da madrugada do dia 28, entramos a navegar e pelas 9 horas da manhã chegamos à aldeia de Mariuá, em que estava formado o arraial onde Sua Excelência foi recebido com muitas demonstrações de alegria.

Saltando da sua canoa em uma boa escada guarnecida toda de arcos e flores até chegar ao sítio da aldeia, que é eminente, no princípio do qual estava

---

[7] "Cestas com frutas", no original "putavas".

formado um pórtico de madeira em forma de arco de triunfo, e junto dele repetiu um índio do Seminário um soneto em português a Sua Excelência, felicitando-lhe o bom sucesso da viagem.

E logo entramos em uma pequena praça em que estavam formados os soldados do Destacamento, que aqui se achavam, os quais receberam a Sua Excelência com três descargas de mosquetaria e ao mesmo tempo deram salvas de canhão[8] *também duas fortalezas formadas de madeira, com artilharia do mesmo.*

Logo Sua Excelência se encaminhou para a igreja, onde se cantou pelas índias da aldeia o Te Deum Laudamus com todo o primor e depois celebrou missa com toda a solenidade, o Revmo. Padre Comissário, cantada pelas mesmas índias, admirando-se todos de que, em país tão remoto, da comunicação e civilidade das gentes e tão faltos de professores, pudessem ser tão bem instruídas".

Terminada a recepção, o governador hospedou-se com sua família nas celas usadas pelos padres, que se mudaram para outros lugares.

Alguns moradores da aldeia foram desalojados para que suas casas pudessem ser usadas pelos demais homens de qualidade da expedição.

Ao correr dos três meses de viagem, dos aproximadamente 500 índios que participavam da expedição como remadores, 165 desertaram e foram substituídos.

Mendonça Furtado sente

Ao cair da tarde, caminhando pela aldeia, uma sensação de amor próprio satisfeito enchia o seu peito, ao ver-se comandando aquela equipe de quase mil pessoas, que iam desde remadores humildes até geógrafos e astrônomos de grande saber.

Ao olhar aquela imensidão e saber-se governador de toda aquela extensão, sua palavra decidindo a vida de todos os que ali residiam, imperceptivelmente uma expressão de arrogância e prepotência desenhava-se na sua face.

---

[8] "deram salvas de canhão"; "salvaram" no original.

Na sua alma complexa, todavia, vinha lá do fundo um sentimento de compaixão e simpatia que ia das árvores até as gentes, um desejo incontido de que aquela terra crescesse e frutificasse, abrigando famílias felizes, que retirassem do trabalho seu sustento e que criassem seus filhos em paz, aperfeiçoando as várias indústrias, seguindo os ensinamentos do meigo crucificado.

Imóvel na praia, contemplava aquele rio enorme; alguém, do mundo espiritual, observando-o veria a imagem de dois rios fluindo naquela alma; um de águas cristalinas derivado da determinação, da coragem, dos bons sentimentos, dos ideais nobres; o outro rio, de águas poluídas, nascendo da cobiça, da vaidade e do orgulho; aqueles dois rios ora misturavam suas águas, ora se separavam, ora um dominava, ora outro conduzia...

Vivendo num paraíso tropical

No dia seguinte à chegada, Mendonça Furtado atirou-se ao trabalho: organizou um serviço de correio por meio de canoas que ligasse Mariuá a Belém, de sorte que pudesse dar ordens e acompanhar os acontecimentos, mantendo-se inclusive ligado a Lisboa através da farta correspondência.

Inspecionou as roças ao redor de Mariuá e fez plantar outras, de sorte a incentivar o comércio de produtos agrícolas.

— • —

Curiosamente, as índias andarem nuas o impressionou vivamente, e atribuiu o fato à pobreza das silvícolas, pois não teriam dinheiro para comprar vestidos.

Afirmação procedente, pois se andarem nuas não lhes incomodava o pudor, posto que viam aquilo com naturalidade, as roupas coloridas estimulavam, sobremodo, a sua vaidade feminina, e se não as compravam, era por falta de dinheiro.

Assim sendo, providenciou que muitas índias fossem contratadas para os mais variados afazeres e pudessem, valendo-se do seu salário, comprar vestidos.

Quase de imediato enviou cartas ao irmão que pleiteasse junto ao Rei a criação da Capitania de São José do Rio Negro, dando alguma estrutura administrativa àquele território, no que foi prontamente atendido. Essa capitania se transformaria de futuro no Estado do Amazonas.

A vida no belíssimo arquipélago de Mariuá corria com grande prazer para o governador; não apenas pela beleza do lugar, mas também pela satisfação do convívio com aquele povo simples, inteligente e bom, longe das intrigas e manobras de Belém.

A grande maioria da população, que era indígena, via aquele homem que já se aproximava dos 60 anos com simpatia e respeito; ele também admirava os índios por seus conhecimentos da natureza e sua inteligência, viva e objetiva.

Os companheiros de expedição, na sua maioria astrônomos, engenheiros, geógrafos, inclusive alguns artistas, forneciam-lhe ambiente para que cultivasse seu lado intelectual, o que lhe era muito prazeroso.

De outro lado, quase diariamente escrevia cartas a seu irmão na corte e recebia também abundante correspondência, tratando de inúmeras questões administrativas.

Mendonça Furtado ficaria naquele paraíso tropical até princípio de 1756, quando voltaria a Belém.

As mamelucas[9] de Belém

Um pouco de história

Quando chegou ao Brasil, Mendonça Furtado tinha presente que o povoamento do País passava pelo casamento entre portugueses e índios, pois mesmo que se transplantassem todos os portugueses para o Brasil, o território, dada sua imensidão, permaneceria com uma população esparsa.

Com o casamento entre portugueses e índios, sendo a cultura portuguesa mais forte, ela preponderaria; consequentemente, os filhos desses casamentos seriam portugueses, que se casando com índios e índias iriam rapidamente aumentando a população portuguesa.

A miscigenação entre portugueses e índios geraria pessoas de boa capacidade intelectual que aliariam a cultura europeia com os profundos conhecimentos que os índios possuíam da natureza.

— • —

Mendonça Furtado acreditava que a miscigenação era o melhor e único caminho para povoamento da terra.

Daí a razão o levava a questão seguinte: como efetuar a miscigenação?

A cunhã, índia jovem e virgem, exercia uma grande atração junto ao homem português, em razão:

• da sua estrutura psicológica despida dos preconceitos e tabus que envolviam as questões sexuais na mulher portuguesa e católica, acostumada desde criança a ver o sexo como coisa pecaminosa e imunda;

---

9 Mameluca = mestiço de branco com índio.

• da sua destreza e beleza física desenvolvida pelas caminhadas e atividades na floresta, ao contrário das portuguesas, cuja ociosidade levava frequentemente a obesidade e movimentos lentos;

• do seu conhecimento e desembaraço ao lidar com o ambiente tropical;

• da sua higiene, pois amavam a água, o banho e os perfumes da floresta, enquanto as portuguesas, se tinham apreço pelos perfumes, não valorizavam o banho em virtude de um pudor exagerado.

Esses fatores tornavam a cunhã um sonho sentimental para o português, sonho muito mais forte que o de voltar rico para Portugal.

— • —

Havia entretanto dois obstáculos a vencer:

O primeiro era a discriminação social das pessoas de sangue índio, agravada pela legislação, no geral omissa, quanto à matéria.

Postulava portanto a criação de leis que valorizassem o sangue indígena e coibissem o preconceito como expunha em carta "a meu irmão do meu coração":

"Também julgo sumamente interessante que Sua Maj. mande, por uma lei, declarar que todos os descendentes de índios estão habilitados para todas as honras sem que aquele sangue lhes sirva de embaraço, e que os Principais, seus filhos e filhas, e quem casar com elas, são nobres e gozarão de todos os privilégios que como tais lhes competem.

Que aqueles índios que passarem a oficiais e chegarem a capitães, e daí para cima, gozarão dos privilégios que competem aos seus postos, ainda que não sejam confirmados, pela razão de que são uma miserável[10] gente, e não cabe na sua possibilidade o mandar ao Reino confirmar as ditas patentes.

---

[10] Miserável gente, gente sem dinheiro; logo, sem condições para arcar com as despesas dos processos de confirmação de seus títulos, gozando portanto de isenção das custas processuais.

Habilitados assim os índios, se irão, sem dúvida, os europeus misturando com eles sem embaraço, e ficará mais fácil o povoar-se este larguíssimo País, que, sem aproveitarmos a gente da terra, é moralmente impossível".

Essa legislação foi promulgada pelo Rei em abril de 1755.

Mendonça Furtado prosseguiu com sua bandeira de miscigenação, favorecendo o casamento de índias com portugueses, conseguindo leis que combatessem duramente o preconceito racial contra os índios[11].

Estabeleceu medidas curiosas, como por exemplo, determinando ao Bispo de Belém, D. Miguel, seu substituto, que punisse, inclusive com prisão, os maridos que maltratassem suas esposas índias. Devia, de outro lado, enaltecer aqueles que as tratassem com nobreza, para que as índias se animassem a casar com portugueses.

Um outro ponto era extinguir a escravidão dos índios, tarefa a que o governador se dedicou com afinco.

UM DIA INUSITADO

Antônio Gonçalves, primo de Manuel, incomodado pelo fato da amizade que nutriam não envolver suas famílias, convidou-o e as suas filhas, para passarem um domingo juntos.

Manuel venceu seu preconceito pelo fato de a esposa de Antônio ser índia e aceitou o convite.

— • —

Assistiram à missa pela manhã, e depois foram passar o resto do dia no campo, ou melhor, na floresta, na margem do Rio Amazonas.

Para espanto de Manuel, a primeira coisa que fizeram os filhos e a esposa de Antônio foi atirarem-se ao rio e se divertirem nas águas, nadando com desenvoltura, tanto os filhos quanto as filhas.

---

[11] A pena para ofensa derivada do fato de a pessoa ter sangue índio era o exílio.

Depois do banho, as filhas internaram-se na floresta em busca de frutos e os filhos foram pescar, para obterem os alimentos necessários à refeição.

Manuel olhou assombrado uma das moças subir numa alta palmeira em busca dos frutos, com grande agilidade.

Tendo os ingredientes, a refeição saborosa foi preparada e todos se alimentaram.

— • —

Após a refeição, um dos rapazes cantou algumas canções.

Uma das moças, que levara alguns livros, leu alguns sonetos de Camões com grande sensibilidade e emoção.

Luís de Camões
Um dos maiores poetas portugueses, viveu no século 16.

Maria da Fé

Enquanto as crianças brincavam, Antônio tirava uma soneca e os rapazes divertiam-se com alguns jogos; Manuel aproximou-se da moça dos livros.

Seu nome era Maria da Fé; contou, com seu sorriso meigo, olhar inteligente:

– Gosto muito de literatura, especialmente poesia, e sempre que possível discuto sobre os livros com meu pai; será um prazer conversar com Vossa Mercê, homem letrado, sobre os autores portugueses. Sei um pouco de francês e consigo ler escritores franceses, mas com dificuldade de entendimento. Aqui em Belém não se pode sair de casa à noite, e em casa lemos em voz alta para distrair-nos…

Maria da Fé estava encantadora nos seus 23 anos, vestido de seda, muito limpa e perfumada, pois após o banho do rio, além dos frutos, coletara perfumes da floresta, enfeitando com flores os cabelos, presos com um pente de casco de tartaruga.

Manuel, chegando aos 40 anos, sentia-se atordoado, emoções desencontradas o assaltavam, aquela moça contrariava tudo que havia aprendido sobre mulheres; uma mulher vigorosa e ágil e ao mesmo tempo elegante; uma mulher que nadava, coisa impossível para os padrões portugueses, que subia em palmeiras, impensável! Mas ao mesmo tempo sensível e amante da delicada poesia lírica de Camões, conhecendo profundamente as ervas medicinais da floresta, em condições de curar moléstias, perante as quais os próprios médicos portugueses sentiam-se incapazes.

Retraiu-se, não sabia lidar com aquilo; talvez fosse a solidão afetiva em que vivia; talvez fosse o calor daquela terra, agora amainado pela chuva benfazeja; mas a chuva fazia com que subisse um perfume que acentuava sua embriaguez.

Maria da Fé o tirou daquele constrangimento, dizendo-lhe:

– Quer que eu leia um pouco para Vossa Mercê?

– Sim, sim por favor...

E ficou ali embevecido e dominado pela suave força daquela mulher de cabelos negros e pele morena enquanto ela declamava:

Amor é fogo que arde sem se ver;
É ferida que dói e não se sente;
É um contentamento descontente;
É dor que desatina sem doer;

É um não querer mais que bem querer;
É solitário andar por entre a gente;

É nunca contentar-se de contente;
É cuidar que se ganha em se perder;

É querer estar preso por vontade;
É servir a quem vence, o vencedor;
É ter com quem nos mata, lealdade;

Mas como causar pode seu favor
Nos corações humanos amizade,
Se tão contrário a sí é o mesmo amor?

...

Certezas, dúvidas e incentivos

Manuel tinha uma certeza: ele queria, queria muito Maria da Fé.

Porém dados os costumes e os princípios morais da época e de Maria da Fé, a única maneira de obter Maria da Fé era por meio do casamento.

Porém o preconceito o refreava: ter uma sogra índia, cunhados mamelucos? Saber um dia que um primo seu por afinidade fora escravizado? Quando voltasse a Portugal, como reagiriam seus parentes?

Aprendera sempre que índios e negros eram seres inferiores; ter um filho com sangue inferior?

— • —

Constância, que sabia ser Maria da Fé uma bênção para Manuel e que aquele casamento havia sido planejado antes mesmo de encarnarem-se, usava de sua influência para ajudar Manuel vencer seus tolos preconceitos.

Manuel, no entanto, fraquejava.

A Ciência do Bispo

Manuel resolveu procurar o Bispo, o homem dos conselhos geniais.

O Bispo Miguel o recebeu em seus aposentos particulares; sentado numa poltrona, lia com interesse um livro.

Ao entrar Manuel no aposento, conduzido por um criado, deixou o livro aberto sobre o colo, e num gesto quase mecânico estendeu o anel, para que Manuel o beijasse.

– Deus salve, Vossa Reverendíssima.

– O que o faz visitar esse pobre servo de Deus?

– Estou necessitado do conselho de Vossa Reverendíssima.

– Fale, meu filho, verei no que posso auxiliá-lo...

– Tenho vontade de casar-me com Maria da Fé, a filha mais velha de meu primo Antônio...

E Manuel calou-se envergonhado.

– E... Vamos meu filho, tenho ouvido tanta coisa em confissões, que nada mais me surpreende, abra o seu coração...

– Ela é filha de Isabel de Jesus, a mulher de Antônio...

– E não poderia ser de outro modo, e dando um tom mais enérgico, fale logo Manuel, esses rodeios só o fazem sofrer...

– É que ela é mameluca, filha de uma índia...

O Bispo deu uma sonora gargalhada...

Manuel, muito vermelho, disse contendo-se:

– Peço a Vossa Reverendíssima, licença para retirar-me...

– Sente-se, Manuel, é o Bispo que te ordena. Isabel de Jesus é batizada, Maria da Fé é batizada e solteira; ter sangue índio não é impedimento.

Não será pelo fato de ser meio índia, que não poderá exercer as funções de esposa e mãe. Seja no leito conjugal, seja dando à luz uma criança, ou amamentando, que diferença existe entre Maria da Fé e uma jovem plenamente branca? Deixe de tolices, peça a mão da moça a Antônio que certamente a concederá, e volte aqui para marcarmos o casamento...

Manuel permanecia calado, uma expressão amargurada. O bispo prosseguiu:

– Estava lendo justamente sobre mecânica, os ingleses além de dominar e explorar países, também produzem bons físicos: sir Isaac Newton, um físico inglês, propôs várias leis que regem a matéria; a primeira delas se refere aos corpos se oporem a mudanças nos seus movimentos; uma outra lei, a da gravitação universal, diz que todos os corpos se atraem.

E não se importando com a perplexidade manifesta de Manuel prosseguiu:

– Estas leis também se aplicam aos seres humanos: a primeira lei ordena-lhes resistirem a mudanças; a outra, a da gravitação universal, ordena-lhes mudarem suas trajetórias e unirem-se. Desobedeça a primera lei e mude sua maneira de pensar, entendendo brancos e índios serem iguais em Deus, quando batizados. Obedeça à lei de atração e una-se à moça; em suma: case-se! Esse é o conselho desse pobre servo de Deus.

E estendeu o anel para que Manuel o beijasse, dando por encerrada a entrevista.

Manuel despediu-se.

—•—

O Bispo continuou lendo *Os Princípios Matemáticos de Filosofia Natural*[12] de Isaac Newton, livro extenso e árido, e além do que, escrito em latim. O que demonstrava sua constância e perseverança

---

[12] *Philosophiae Naturalis Principia Mathematica*, obra do físico inglês Isaac Newton que trata das leis matemáticas que regem a mecânica, parte da física que estuda o movimento, as forças e suas relações.

nos estudos científicos, corroborando a primeira lei de Newton, aplicada aos seres humanos.

Manuel continuou com as mesmas noites em claro, mergulhado em dúvidas, conquanto o conselho do Bispo, o que também veio a comprovar a primeira lei de Newton, a resistência à mudança.

Isaac Newton
Filósofo, matemático e físico inglês. Talvez seja o cientista que maior impacto causou na história da ciência.

— • —

Porém, se a resistência à mudança abarca da pedra ao espírito humano, há uma outra lei universal afirmando que todo ser deve transformar-se.

A causa primária de toda permanência e de toda mudança é o Deus criador, atemporal e imutável.

E Deus é bom; portanto, em última instância, permanência e mudança servem ao bem.

O REI SOCORRE UM HOMEM APAIXONADO

O impasse continuaria indefinidamente no coração de Manuel, se o próprio Rei de Portugal não se envolvesse no assunto.

O Rei, pressionado por Pombal, promulgou as leis de abril de 1755 que davam direitos aos índios e seus descendentes e incentivavam a miscigenação.

Sensibilizado por essa suprema força, Manuel capitulou. Atenderia ao seu coração e às necessidades da pátria.

Em julho de 1755, procurou Antônio pedindo-lhe a mão da filha.

Antônio a concedeu de imediato.

O Casamento segundo Manuel

Manuel ficou feliz com a promessa de seu casamento, também ficaram felizes:

- Antônio, por ter conseguido um bom partido para a filha.
- As filhas de Manuel, que se sentiam sós e carentes de carinho materno.
- Os amigos de Manuel, por vê-lo mais alegre.
- Os empregados, que receberam salário em dobro, naquele mês, e ainda puderam participar da festa.

Assim é que naquele mesmo ano de 1755, em 12 de outubro, num domingo, Manuel Gonçalves casou-se com Maria da Fé, casamento oficiado pelo bispo Dom Frei Miguel com pompa e circunstância, na Igreja de Nossa Senhora das Mercês, como convinha à sua situação socioeconômica.

À noite houve o baile comemorativo.

— • —

Pouco depois, começaram a chegar os filhos.

O Casamento segundo Maria da Fé

Já o casamento visto por Maria da Fé apresentava um quadro diferente:

Maria da Fé era inconformada com a situação da mulher à época, posto que precisou ser submissa, quase escravizada à condição de mãe e fêmea tão somente, conquanto pessoa muito sensível e de grande coração.

Aceitava sua condição de "casadora" porque respeitava as vontades de seu pai; casou-se por obrigação, numa negociação entre seu pai e seu marido, que desejava uma filha "bem-casada".

Maria não se realizou como mulher no casamento, mas abnegada, teve alegrias conjugais junto ao marido e principalmente maternais dadas pelos muitos filhos.

Aceitou sua provação, pois tinha coração nobre, tanto quanto seus ideais pela paz entre os homens.

Amante da natureza, fiel à alma feminina, desenvolveu sua sensibilidade no decorrer dessa sua vida sofrida.

Aprendeu muito com os ensinamentos que o plano espiritual enviava a ela.

Cumpridora de seus deveres, muito pouco fez em sua vida por opção própria. Submeteu-se... sempre.[13]

O casamento segundo Constância

Constância e outros Espíritos amigos, estavam presentes na cerimônia do casamento. Alheios às exterioridades, oraram fervorosamente pela felicidade do casal.

Constância, esperava que o casamento tornasse melhor o coração de Manuel e fosse fonte de proteção para Maria da Fé.

Suas expectativas se realizaram; o casamento efetivamente abrandou Manuel.

Como se manter duro e escravo da ambição tendo nos braços um bebê sorridente e imprevisível. Ainda mais quando o bebê é o próprio filho e fruto da mulher amada?

Como se manter escravo do dinheiro com uma criança loura segurando numa nas tuas pernas para apoiar-se, e outra morena estendendo-te os braços, com os olhos negros dizendo-te:

---

[13] Contribuição medianímica de Silvia Liz.

– Quero o teu colo.

— • —

Um outro ponto relevante é que a presença de Maria da Fé afastava Espíritos sombrios que atormentavam Manuel.

Maria da Fé o tornou mais humano e foi indiscutivelmente uma influência benéfica e decisiva, que o desviou de erros maiores.

— • —

Para Maria da Fé o casamento também foi bom: sublimou seus sentimentos e produziu um salto de qualidade no seu relacionamento com Manuel, que se perdia na noite dos tempos.

Maria da Fé

A linda morena
Tem cabelos lisos e negros
Com reflexos azuis:
Azul de Noite profunda,
Azul de mares distantes.

A linda morena
Tem flores no cabelo.
São brancas e amarelas:
Brancas como a lua,
Amarelas como o sol.

A linda morena
Tem olhos negros e vivos.
Seu olhar é doce
Como o mel da jataí;
Seu olhar é distante
Como a nascente dos grandes rios.

A linda morena
Tem uma voz límpida e doce.
Desperta como um toque de clarim.
Adormece como o murmúrio do igarapé.

A linda morena
Tem um andar de harmonia e vigor,
Semelha as ondas do mar.
O lenço de seda
Balança nos seus braços,
Parece pássaro no entardecer
Voando sobre o arvoredo.

A linda morena
Mais que tudo
Tem meu olhar,
Tem meu pensamento,
Tem meu coração.

E eu, em meio a tantas penas,
Quando a terei, linda morena?

A COMPANHIA DE COMÉRCIO

PROJETANDO UMA FONTE DE PROGRESSO

Há muito se pensava na constituição de uma "Companhia de Comércio do Grão-Pará e Maranhão".

Essa companhia teria navios que partiriam de Portugal, iriam até as costas africanas; compraria negros escravos que seriam trazidos para o Brasil; aqui chegando venderia os escravos; compraria os bens produzidos pela colônia, notadamente arroz, cacau, algodão, tabaco, gengibre e madeira, que seriam levados para Portugal, completando o ciclo.

Manuel "comprou" de imediato a ideia, e inclusive, com outros homens grados de Belém, participou de conversas com o governador, objetivando concretizar essa companhia.

Mendonça Furtado acolhia com entusiasmo a ideia, ela resolvia não somente o desenvolvimento da colônia mas também auxiliaria na sua povoação, contribuindo para extinção do cativeiro dos indígenas, que seriam substituídos pelos escravos africanos.

A dificuldade principal era que uma companhia, desse porte, exigia grandes capitais, não só para o giro dos negócios como também para a compra da frota de navios que eram muito caros, mesmo naquela época.

O governador passou a trabalhar com empenho na criação da Companhia, obtendo o apoio do irmão, redigindo, ele mesmo, os estatutos.

O irmão, Pombal, obteve o apoio do Rei D. José I, e o vivo interesse de comerciantes do Porto e de Lisboa.

O governador, mesmo permanecendo em Mariuá, prosseguiu tomando providências, por meio de cartas, para a constituição da Companhia.

Movidos pela cobiça e pela pressa em encontrar soluções fáceis, esqueciam os princípios de liberdade que haviam esposado, estimulando a escravidão no Brasil. Além da questão ética, houve também falha de raciocínio econômico, pois como mais tarde demonstraria José Bonifácio, o trabalho escravo tinha dois grandes inconvenientes:

• sua produtividade era baixíssima devido a desmotivação e sabotagens; havia necessidade de perto de 16 escravos para fazer o trabalho de um homem livre;

• a escravidão não gerava mercado interno, bloqueando a circulação econômica no país.

Curiosamente, Pombal aboliu a escravidão em Portugal.

Nasce uma empresa

Na sexta-feira, 6 de junho de 1755, aniversário do Rei de Portugal, D. José I[14], em meio às festividades que ocorriam em Portugal, saiu à luz a instituição da Companhia Geral do Comércio do Grão-Pará e do Maranhão.

A Companhia nascia com "exuberantes cláusulas", entre as quais:

• capital de mais de um milhão de cruzados, que se esperava aumentasse rapidamente para seis ou sete milhões;

• as ações judiciais envolvendo a Companhia somente poderiam ser julgadas num fórum privilegiado;

• os funcionários da Companhia teriam os privilégios equivalentes aos de funcionários do Rei;

• teria prioridade nas alfândegas no desembaraço aduaneiro;

• seus navios seriam protegidos pela Marinha Portuguesa;

Manuel exultou e comemorou o feito, posto ser um dos acionistas da Companhia. Sentia-se muito bem, agira como um patriota auxiliando o empreendimento com seu capital e também teria polpudos lucros com o investimento.

---

[14] Conforme carta de 4 de agosto recebida do marquês de Pombal.

Para ele não havia discordância entre o seu amor ao País, ao desenvolvimento da colônia, a fidelidade ao Rei e aos poderes constituídos, a caridade cristã manifestada pelas oportunidades de emprego e renda que a Companhia ofereceria e a satisfação de suas ambições e cobiça.

Teria o louvor do céu e os prazeres da terra.

Acertara em cheio.

Vozes discordantes

Houve no entanto vozes discordantes; alguns afirmavam que quem entrasse naquela Companhia seria um réprobo e condenado ao fogo eterno, pois traficar escravos era contra o evangelho de Jesus e um crime perante Deus.

Pombal e Mendonça Furtado calaram essas vozes por meio do exílio, da prisão e do extermínio, em Portugal e no Brasil respectivamente; Mendonça Furtado agiu, porém, com mais prudência e moderação que o irmão, abrandando as penas, não querendo que seu governo fosse considerado tirânico.

Manuel considerou a atitude dos dois irmãos acertada, não se poderia pôr em risco a vantagem da maioria, fins elevados justificavam meios reprováveis.

Além do que, os argumentos morais utilizados pelos adversários deviam ser somente para "salvar aparências"; na intimidade os discordantes deveriam ter motivos torpes.

— • —

Além de Manuel; Antônio Gonçalves, o primo; o bispo D. Miguel; Gaspar Posser, secretário particular do Governador; João Batista de Oliveira e até Maria da Fé, aplaudiram a criação da companhia e justificaram as atitudes punitivas de Pombal e Mendonça Furtado, para aqueles que discordaram.

Deixemos Manuel entregue aos seus negócios, à sua família, aos seus ideais políticos e atravessemos o Atlântico, situando-nos numa floresta africana.

O SEQUESTRO

A família saiu para coletar frutos na floresta africana; eram ao todo umas vinte pessoas, mulheres, meninos e meninas.

Apanhavam seu frutos e os colocavam em balaios que levavam nas costas.

Tias, mães e sobrinhos frequentemente tagarelavam, amenizando o trabalho tedioso, risadas cristalinas se espalhavam pela floresta, casos engraçados, situações ridículas eram relembradas.

Repentinamente brotaram do chão, em volta do grupo que ocupava um círculo de uns cem metros, cerca de 15 guerreiros de uma tribo inimiga armados de lanças, cordas e redes.

A gritaria foi geral, mulheres e crianças fugindo em todas as direções.

A menina quis fugir do negro musculoso e pintado a sua frente, mas ele estava muito perto e era muito ágil; ele a derrubou e a imobilizou.

Ela gritava, gritava, enquanto era amarrada; com a cabeça colada ao chão, via, pelo canto dos olhos arregalados, sua mãe escapando com seu irmão de 13 anos.

Numa fração de segundo o olhar aterrorizado das duas se cruzou; depois a mãe e o irmão desapareceram do seu campo de visão.

No coração da menina misturaram-se o sentimento de alívio pela mãe ter escapado, com uma sensação de vazio enorme, como se dentro dela abrisse um enorme buraco que fosse crescendo e desbarrancando, sugando toda a sua capacidade de sentir.

Uma viagem penosa

Após a captura, os prisioneiros foram conduzidos de forma brutal pela floresta; amarrados uns aos outros.

A menina conseguiu ficar perto de uma tia e puderam trocar algumas palavras, embora os guerreiros exigissem silêncio.

Caminharam três dias pela mata.

Quando à noite, dormiam na floresta, ouviam-se os gritos e gemidos das mulheres sendo violentadas; a menina pela sua pouca idade, apenas 10 anos, foi poupada.

Finalmente avistaram um grande rio[15]. Chegando a uma povoação nas suas margens, foram confinadas numa palhoça grande com um guarda na porta.

A menina abraçava-se à tia e chorava, e ela que era uma criança inteligente e viva, afetiva e conversadora, com o trauma ficara meio apalermada, chupando o dedo e mostrando outros comportamentos de fuga da realidade pela infantilização.

A brutalidade do sequestro não lesou o seu corpo, mas causou enorme dano na sua estrutura psíquica.

Passados alguns dias foram transportadas para um navio; o navio abandonou o rio e se fez ao mar; novamente desembarcaram; aprisionadas em terra[16], reunidas a outros grupos, formavam algumas centenas de prisioneiros.

Ficaram ali em grande privação, promiscuidade e falta de higiene; mortes eram comuns, fosse por doenças ou por execuções primárias.

---

[15] Rio Congo, na África.

[16] No Arquipélago de Cabo Verde, grande entreposto de escravos na época.

Passados alguns dias embarcaram em outro navio.

O balanço do mar, o enjoo, o cheiro nauseabundo provocado pelos vômitos e excrementos, as roupas antes coloridas, transformadas em trapos, novas brutalidades dos feitores.

Dignidade, alegria de viver, identidade, afetos familiares, tudo transformando-se em nada.

Um sofrimento interminável.

— • —

O navio pertencia à Companhia de Comércio do Grão-Pará e Maranhão; a pobre menina e seus companheiros de sofrimento eram o primeiro lote de "mercadorias" destinado a Belém, ironicamente para promover o progresso da região norte do Brasil.

Chega o primeiro navio

Com grande satisfação, Manuel dirigiu-se às pressas para o porto de Belém. Lá estava uma grande multidão, em que se destacavam autoridades e comerciantes.

Aportava na cidade, no mês de novembro de 1755, o primeiro navio da Companhia de Comércio do Grão-Pará e Maranhão, no porto de Belém.

Houve salvas de canhão e festividades na cidade.

Manuel partilhou seu contentamento com todos, de forma moderada, pois sempre foi um homem discreto e reservado.

Deteve-se um pouco mais com o Bispo, que substituía o governador e estava também satisfeito com o primeiro fruto do empreendimento.

Mesmo aqueles que não estavam diretamente ligados às atividades produtivas também se animavam. Com mais dinheiro circulando, haveria mais oportunidades para todos.

— • —

Manuel, ao ver desembarcar os negros, foi tomar providências, pois cerca de cinquenta eram consignados a ele; reservara inclusive um armazém para abrigá-los e melhorar-lhes o aspecto antes de pô-los a leilão.

Para Manuel, não era apenas o progresso que chegava, eram também polpudos lucros; o empreendimento lhe renderia cerca de 150% de retorno sobre o capital investido na compra dos negros, além do resultado que teria como acionista.

Escolheria entre as mulheres, uma que fosse mais mansa e adequada e a daria de presente como mucama a Maria da Fé, que provavelmente adoraria o presente.

O PRANTO DO JESUÍTA

Navio Negreiro
Rugendas.

Um jesuíta, no entanto, situado discretamente, observava consternado aquelas duas centenas de negros descendo do navio; crianças chorando agarradas às mães, homens e mulheres seminus, com expressão sofrida, completamente apalermados, tangidos pelos gritos e chicotes dos feitores, não sabendo o que estava acontecendo, o jesuita chorou, não conseguiu conter as lágrimas que correram dos seus olhos, mas sufocou os soluços.

Reequilibrou-se, elevou suas preces a Deus, por aquelas pobres almas condenadas pela cupidez dos homens, à pena perpétua de trabalhos forçados; pena que não cessaria com a morte, pois seria transmitida aos seu descendentes.

Observava a menina negra de 10 anos agarrada à mulher tristonha e de gestos lentos, o próprio retrato da desesperança e do desânimo.

Em dado momento a menina foi separada da mulher; a menina foi se abaixando, até ficar acocorada no chão, abraçando as próprias pernas, seminua, vestida com trapos imundos, chupando o dedo.

Um negro forte que conduzia os escravos pegou um pequeno chicote, açoitou duas ou três vezes as costas da menina e forçou-a a andar; ela foi andando com os demais, chorando e chupando o dedo.

Nesse momento o jesuíta sentiu uma estranha compaixão por aqueles outros homens sorridentes e conversadores, que iludidos pela cobiça antegozavam lucros, indiferentes ao sofrimento dos seus semelhantes.

Uma estranha voz ecoou na cabeça do jesuíta, repetindo com palavras trocadas a descrição que Jesus fez do juízo final:

"Então o Rei dirá àqueles que estiverem à sua esquerda:

– Afastem-se de mim, malditos. Estive enfermo, prisioneiro, nu, faminto, sedento e estrangeiro, e ao invés de visitarem-me, libertarem-me, vestirem-me, dessedentarem-me, alimentarem-me e hospedarem-me, vocês me acorrentaram, me açoitaram, mataram meus pais, venderam meu irmão, roubaram o meu salário, me estupraram.

E eles perguntarão surpresos e aterrorizados:

– Mas quando fizemos isso Senhor?

E ele responderá:

– Tudo quanto fizestes a essa menina negra a mim o fizeram.

E esses irão para o suplício eterno..."

E o jesuíta orou também por aqueles homens e mulheres despreocupados, entendendo que estavam se condenando a sofrimentos maiores que os próprios cativos.

A seguir afastou-se, descansando o pensamento na esperança de que dentro em pouco voltaria para sua querida aldeia, perdida na imensa floresta, onde poderia expor o evangelho de Jesus, curar os enfermos, alimentar os famintos, ensinar as crianças, e próximo aos seus queridos índios aproximar-se também do Salvador, seu consolo e arrimo.

Lucro material e prejuízo moral

Nunca empunharam um chicote, ou acorrentaram alguém, mas eram os mandantes e principais beneficiários do crime monstruoso que estava sendo cometido.

Porém, aqueles homens não tinham ciência dos sofrimentos que aquele ato infeliz traria para eles.

Milhares de negros escravos seriam retirados da África e trazidos para a região norte do Brasil pela Companhia Geral de Comércio do Grão-Pará e Maranhão. Dezenas de navios conduziriam o tráfico negreiro.

Quanto aos negros, viam apenas os feitores, o chicote que por vezes estalava nas suas costas, e não tinham a menor ideia de quem estava no comando daquele processo.

O rei D. José I, Pombal, Mendonça Furtado, funcionários menores como Gaspar Posser e João Batista, o Bispo Dom Frei Miguel de Bulhões e Souza, comerciantes de Lisboa, cidade do Porto, São Luiz, Belém entre os quais, Manuel e Antonio Gonçalves, estavam sendo inscritos nos livros da justiça divina, como principais autores de crimes nefandos, tais sejam dissolução de famílias, sequestro, estupro, assassinato, furto de salários, formação de quadrilha, e toda sorte de brutalidades que atingiriam os milhares de negros trazidos a força para o Brasil, bem como seu descendentes.

As leis que nos presidem os destinos anotavam os débitos que aqueles Espíritos contraíam como principais responsáveis pelo tráfico negreiro, e que deveriam ser pagos, no momento aprazado, conforme a justiça e também a misericórdia que jamais abandona o pecador.

A CATÁSTROFE

Terremoto de Lisboa
Gravura da época.

No dia 1º de novembro de 1755, feriado católico dedicado a "todos os santos", às 9h30 da manhã, a terra começou a tremer na cidade de Lisboa.

Fissuras enormes se abriram no solo, inúmeros edifícios começaram a desmoronar; fogões acesos para o preparo do almoço e velas nas igrejas, ao caírem, davam início a milhares de incêndios.

A população atemorizada fugiu em direção à zona portuária.

Passado algum tempo, a multidão que se aglomerava no porto viu o mar recuar mostrando o fundo com os destroços de navios naufragados centenas de anos antes.

A seguir veio a tsunami, devastando todo o litoral de Portugal; em alguns locais a onda atingiu 30 metros de altura, matando muitas pessoas.

Os incêndios levariam cinco dias para serem contidos.

Dezenas de conventos, igrejas e palácios, inclusive o palácio real foram destruídos, porém o rei e Pombal nada sofreram.

Instalou-se o caos em Lisboa; saques e estupros foram comuns, em meio a choro, gemidos, esforços para retirar soterrados dos escombros e sepultar cadáveres.

Morreram dezenas de milhares de portugueses habitantes de Lisboa.

Nesse terremoto morreu o pai do governador Mendonça Furtado, e a maioria dos portugueses residentes em Belém também teve parentes e amigos falecidos.

Manuel não fugiu à regra; além de amigos e parentes mais afastados, pranteou a morte de dois irmãos.

Pombal reconstrói Lisboa

Pombal assumiu o comando da situação com toda a energia, punindo os saqueadores, organizando equipes de bombeiros para a extinção dos incêndios e sepultamento dos cadáveres para evitar epidemias; duas semanas após o infausto acontecimento, já tomava providências para a montagem de fábricas de material de construção, importação de madeira do Brasil por meio da Cia. de Comércio do Maranhão e Grão-Pará, contratação de engenheiros...

Observando as dezenas de despachos que diariamente expedia no meio daquela situação confusa, surpreendemo-nos com sua notável capacidade de tomar decisões rápidas sobre os mais variados assuntos, transformando seu pensamento em ações, e as ações em realizações.

Um ano após o terremoto não existiam mais ruínas e a cidade era um imenso canteiro de obras, ruas novas, largas e retilíneas, intercaladas com grandes praças.

Pombal foi questionado:

– Para que servem ruas tão largas?

Respondeu:

– Um dia elas serão pequenas...

Sobre a atuação de Pombal no episódio do terremoto, comentou Humberto de Campos:

"O ministro renovador teve oportunidade de demonstrar a sua capacidade criadora reedificando a cidade que renasceu de seus esforços engrandecida e mais bela".[17]

Evidenciando sua habilidade de governo e seus dotes de liderança, no episódio do terremoto, Pombal cresceu em popularidade conquistando a admiração e o respeito de inúmeros portugueses, aumentando ainda mais o seu poder.

Tendo, no Brasil, notícias dos feitos de Pombal, Manuel ficou muito satisfeito, não apenas pela exportação de alguns navios carregados de madeira, mas também pelos seus ideais políticos:

– Meu coração me diz: assim como Pombal reconstruiu Lisboa, assim também reconstruirá Portugal nas suas finanças e no seu poderio, abrindo as avenidas largas do progresso e das praças do bem-estar do povo. E eu estarei com ele no meu pequenino círculo de ação...

[17] *Brasil Coração do Mundo, Pátria do Evangelho*, Humberto de Campos/F. C. Xavier, FEB.

Jesuítas e Jesuítas

Páteo do Colégio de São Paulo
Colégio fundado pelo Jesuíta Manoel da Nóbrega em 1554 em São Paulo.

Foto de Dornick

Uma das grandes dificuldades que Manuel enfrentava no seu negócio era a concorrência dos jesuítas.

Os jesuítas tinham uma série de isenções de impostos, o que lhes permitia praticar preços mais vantajosos nos seus negócios, apertando a margem de lucro do comerciante português e inviabilizando uma expansão mais acelerada de suas transações.

Esse fato, aliado à ligação histórica que os jesuítas haviam tido com as crueldades que a Inquisição havia praticado em Portugal, acentuavam a profunda aversão de Manuel pelos padres da Companhia de Jesus.

É importante acrescentar que havia jesuítas e jesuítas:

• encontraríamos aqueles sem senso moral, engolfados na cobiça e na ânsia de poder, em atividade sem nenhuma feição religiosa, gerindo engenhos de açúcar e minerações, sujeitando os índios e escravos, agindo sorrateiramente em gabinetes políticos;

• mas também havia os missionários nos sertões, nas aldeias perdidas na imensa floresta, auxiliando e defendendo os índios, movidos pelo amor ao Evangelho de Jesus, ou provendo os jovens da colônia de instrução nos seus inúmeros colégios, tais como as figuras históricas de Manuel da Nóbrega, Antônio Vieira, José de Anchieta e tantos outros, desvinculados dos interesses mundanos.

Infelizmente Manuel não fazia essa diferença e não percebia a contribuição importante que os jesuítas davam, levando ao Brasil o Evangelho e a Educação, benefícios muito maiores por sinal, do que os prejuízos que traziam.

Os jesuítas atuantes no Brasil também tinham um lado profundamente evangélico que chocava os católicos tradicionalistas: em vez de forçar a língua própria do catolicismo, o latim, ou no mínimo, apresentar a religião em português, ensinavam os índios na "língua geral", amplamente falada na colônia, o "nheengatu"[18]. Como o Brasil poderia ser uma grande colônia do império português falando outra língua?

Faziam uma mistura impensável entre conceitos católicos e indígenas, dizendo por exemplo: Há um Deus único, o "Tupã-Guaçu", que criou o céu e a terra, que é onipotente, onisciente e onipresente, e os deuses menores, os "Tupã-Mirim", que são Nossa Senhora, São Pedro, São Paulo, etc. Dessa forma simplificada iam transmitindo aos índios as verdades fundamentais do cristianismo.

Alguns jesuítas, naqueles ermos distantes e solitários, acabavam tomando alguma índia como esposa, tendo filhos e constituindo família. Segundo a moralidade da época eram aceitáveis os mais sórdidos desequilíbrios sexuais dos sacerdotes, desde que ocultos sob o manto da hipocrisia. Assumir, no entanto, honradamente, uma família era

---

[18] O nheengatu era uma língua originária do tronco das línguas tupi e que foi muito vulgarizada no Brasil, permitindo o entendimento entre índios de diversas tribos, bem como entre índios e portugueses; na época, o nheengatu era mais falado que o português e amplamente utilizado pelos missionários. O nheengatu seria posteriormente proibido no Brasil por Pombal.

absolutamente inaceitável, pois contrariava acintosamente o “celibato sacerdotal” preconizado pela Igreja.

— • —

Essa postura de antijesuitismo também era adotada pelo governador Mendonça Furtado, pelo Bispo Dom Frei Miguel de Bulhões e Souza, e referendada por todos aqueles que tinham em Pombal o seu mentor.

Cronologia da expulsão

Pombal e a expulsão dos Jesuítas
Óleo sobre tela, de 1767, por Louis Michel van Loo e Claude-Joseph Vernet.

Em 1755 ainda, Pombal informou a Mendonça Furtado ter recebido sinal verde do Rei para minimizar a presença dos jesuítas no Brasil. A partir daí, sem alarde, começaram as providências efetivas que culminariam com a sua expulsão:

- as aldeias que estavam sob responsabilidade dos jesuítas foram transformadas em vilas, ficando subordinadas diretamente à autoridade do Rei e seus prepostos;

• reduziram-se gradativamente as fontes de renda dos jesuítas e revogadas as isenções alfandegárias, o que muito alegrou a Manuel Gonçalves;

• promoveu-se uma campanha de desmoralização dos jesuítas, atribuindo-lhes a culpa por tudo quanto acontecia de ruim na colônia. Neste último item cumpre lembrar, a título de exemplo, um texto, do governador Mendonça Furtado apresentando 100 razões "demonstrando" que as *"atividades exercidas pelos jesuítas não eram nem lícitas, nem necessárias"*.

A guerra aberta aos jesuítas prosseguiu com o confisco de seus bens, algumas prisões e muitas acusações.

Finalmente foram expulsos; mais de 50 colégios no Brasil foram fechados, além da interrupção das atividades educacionais em inúmeras aldeias indígenas.

No dizer de Humberto de Campos:[19]

"[Os jesuítas] foram, talvez, naqueles tempos longínquos, os únicos refletores dos ensinamentos do Alto, advogando o seu verbo inspirado a causa de todos os infelizes. A sua expulsão do Brasil retardou de muito tempo a educação das classes desfavorecidas..."

POMBAL MOSTRA SEU LADO MAU

Em 1758, o Rei D. José, voltando de um encontro galante, sofreu um atentado, alguns tiros, ferindo-se levemente.

Pombal aproveitou a oportunidade para inculpar os jesuítas e famílias nobres que considerava inimigas; efetuou inúmeras prisões; obteve a condenação dos acusados à morte, em simulacros de processos, sem direito a advogados de defesa, em meio a confissões obtidas sob tortura e segredo de justiça, castigando-os com grande crueldade.

---

[19] *Brasil Coração do Mundo, Pátria do Evangelho*, Humberto de Campos/Chico Xavier, FEB.

— • —

Um exemplo da crueldade do processo foi a execução dos Távoras, família nobre acusada injustamente.

A primeira a ser executada foi Leonor de Távora, Marquesa de Távora, antiga vice-rainha da Índia.

Cabelos grisalhos, chegou ao local do suplício, numa manhã fria, escura e nevoenta de janeiro de 1759, vestida com uma roupa de cetim azul-escuro, a mesma roupa com que fora presa um mês antes, pois não foi permitido aos réus trocarem de roupa na prisão, nem mesmo as roupas de baixo.

Manteve sua compostura, enfrentando a morte com serenidade, subiu ao cadafalso; um dos três algozes fez com que ela desse três voltas, para que todos a vissem e reconhecessem; passou a explicar-lhe, minuciosamente, como, depois dela, iriam morrer os familiares, mostrando os instrumentos de suplício: a massa de ferro com que espedaçaria o peito do marido, o torniquete com que estrangularia os filhos e o genro, os ferros que usaria para quebrar os ossos do marido e dos filhos...

A pobre marquesa, não suportando, pediu em pranto que a matassem logo; o carrasco procedeu então à decapitação, mostrou a cabeça da marquesa para a multidão segurando-a pelos cabelos; a seguir, atirou-a ao chão...

O suplício da família se arrastaria por todo o dia, terminando apenas à tarde.

— • —

O requinte de crueldade da ação de Pombal fez com que a nobreza atemorizada se curvasse perante ele, não ousando mais contestá-lo.

Manuel considerava a nobreza de Portugal arrogante e perdulária, por séculos envolvida com a Inquisição e sua fieira de crimes; não obstante, a crueldade destemperada de Pombal, valendo-se inclusive da capa da justiça, chocou Manuel; pareceu-lhe que o reformador português usava os mesmos métodos que ele antes condenara.

Desencantou-se da liderança de Pombal, passou a apoiá-lo com reservas, sem o entusiasmo de antes.

De outro lado, o atentado serviu de pretexto para a expulsão definitiva dos jesuítas do Brasil.

— • —

O banimento dos jesuítas favoreceu Manuel economicamente, não apenas pela eliminação da sua concorrência no comércio, mas principalmente pela aquisição favorecida que ele pôde fazer dos seus bens, principalmente imóveis.

A DEBANDADA DOS AMIGOS

A partir de 1758, o círculo de amigos e principais relações de Manuel começaram a voltar a Portugal.

O primeiro foi o secretário particular do governador, Gaspar da Costa Posser, nomeado pelo Rei "Aferidor nas Medidas de Pão de Lisboa" a pedido de Mendonça Furtado.

— • —

No ano seguinte seguiria o próprio governador, nomeado pelo Rei "Secretário de Estado Adjunto".

Mendonça Furtado deixou no Brasil muitos afetos e admiradores sinceros, pela sua honestidade, diligência e empenho nos negócios, mas de outro lado levava na alma dois graves crimes: o tráfico negreiro e a expulsão do jesuítas.

— • —

O Bispo Dom Frei Miguel de Bulhões e Souza partiu em 1760, voltando para Portugal para assumir o Bispado de Leiria.

— • —

Dos amigos íntimos sobraram para Manuel apenas Antonio da Costa e João Batista de Oliveira.

Embora a debandada dos amigos, Manuel Gonçalves decidiu, depois de muitas dúvidas, permanecer no Brasil.

A aliança com o Capitão foi reforçada uma vez mais, quando uma de suas filhas casou-se com um dos irmãos de Maria da Fé.

Todo o seu potencial emocional passou a ser consagrado a Maria da Fé e aos filhos, ficando seus sonhos quanto à política e destaque pessoal em segundo plano.

Notícias

Dos que partiram, manteve correspondência apenas com Gaspar da Costa Posser, porém com o tempo foram se tornando cada vez mais espaçadas.

Teve conhecimento que havia enriquecido, que morava num palacete, depois nada mais soube.

— • —

Quanto ao governador, acompanhou sua carreira por jornais que chegavam de Portugal; alegrou-se com a sua nomeação como "Secretário de Estado dos Negócios da Marinha e Domínios de Ultramar".

Entristeceu-se com sua morte em 1769.

Progresso arquitetônico

Em 1753, Manuel conheceu Antônio Landi, um italiano, ex-professor de arquitetura da Academia Clementina de Bolonha.

Landi tinha praticamente sua idade, era homem culto e artista talentoso.

Manuel entretanto teve pouco contato com o arquiteto italiano, pois Landi falava muito mal o português, e ficou apenas um ano em Belém, partindo em 1754, com o governador, para Mariuá.

Landi permaneceu afastado de Belém por vários anos, quando voltou para Belém, por volta de 1758; já falando fluentemente o português, estabeleceu-se um vínculo entre eles, mesmo porque Manuel era fornecedor do governo e da diocese, e Landi passou a conceber e executar edificações tanto para o governo português quanto para a diocese.

— • —

Manuel viu, surpreso, inúmeras obras em Belém irem nascendo dos desenhos de Landi: o plano diretor da cidade, ruas e praças e edifícios como igrejas, colégios, repartições públicas, um novo Palácio do Governo...

Essas obras davam algum lucro a Manuel que vendia os materiais, mas também enchiam os seus olhos, trazendo à cidade uma aura de progresso.

Era um grande prazer contemplar uma nova realização de Landi, ou mesmo deter-se em frente a um edifício construído há alguns anos e descobrir um novo ângulo ou um novo detalhe.

Dos sonhos de progresso da mocidade, envolvendo a ciência, a justiça, as formas de governo e a educação, a remodelação da arquitetura de Belém foi o único tipo de progresso em que Manuel, efetivamente, colaborou.

Igreja e Convento de Santo Alexandre
Obra projetada por Antônio Landi.

Descendentes

Após numerosos filhos, seguiram-se os netos.

Levou vida tranquila, girando entre os negócios e a família, fruto do casamento feliz com Maria da Fé.

Homem de posses, quando os filhos atingiram a maioridade, enviou-os a Portugal para aperfeiçoarem-se nos estudos.

Voltar a Portugal?

Insistiram que ele também voltasse a Portugal para rever os parentes e amigos, mas Manuel não quis.

Às vezes pensava consigo mesmo se não deixara de ser português e se transformara em brasileiro.

Não comentava esse assunto, mas não sentia saudade de Portugal; temia ser discriminado, estava há tantos anos no Brasil que havia esquecido os costumes da metrópole, até seu sotaque era diferente; talvez fosse ridicularizado; talvez estranhassem o tom moreno e os costumes da esposa, pessoa por quem ele possuía quase uma devoção.

Porém essas ideias guardava para si mesmo, dizendo apenas quando insistiam:

– Meus negócios estão aqui, não posso afastar-me deles meses a fio; e encerrava a conversa.

— • —

Aproximando-se da velhice, foi passando a administração de seus bens aos filhos e genros.

Política e negócios

Dos seus ideais políticos sobraram apenas as longas conversas de rememoração do passado com o sogro e com o capitão João Batista de Oliveira e sua mulher Amália, que se tornaram íntimos da família.

Com relação a Pombal, não havia como não estar informado, pois ano a ano seu poder crescia e suas decisões, como principal governante de Portugal, afetavam a todos; estimulou a educação reestruturando a Universidade de Coimbra e criando os primeiros cursos profissionalizantes de Portugal, desenvolveu a indústria e o comércio, favoreceu as artes, por vezes agindo com tirania e arrogância, misturando luz e sombra, bem e mal, nas suas ações.

Em 1777, com a Morte de D. José I, ascendeu ao trono D. Maria I.

Maria I era também uma fanática religiosa; logo após a coroação, passou a ter visões do pai sendo queimado no inferno.

Na sua mente perturbada, concluiu que D. José teria sido condenado ao inferno eterno por ter permitido Pombal expulsar os jesuítas.

D. Maria I
Rainha de Portugal no fim do século 18, óleo sobre tela, pintor anônimo.

Pombal foi destituído dos seus poderes, passou por uma infinidade de processos e foi exilado; caindo em desgraça, foi abandonado por aqueles a quem favoreceu, morrendo, como informa Humberto de Campos[20]:

"humilhado e esquecido sob o jugo dos mais pungentes desgostos".

Manuel recebeu, quase com indiferença, a subida ao trono de Maria I, a expulsão e morte de Pombal.

— • —

Em 1778, Manuel soube de duas mortes: a do Bispo Dom Frei Miguel de Bulhões e Souza e da Companhia de Comércio do Grão-Pará, que teve a sua liquidação decretada pela Rainha, no afã de destruir tudo que lembrasse Pombal.

Lamentou um pouco os dois acontecimentos; quanto à liquidação da Companhia, dizia:

– Foi um erro da Rainha. Quanto a mim já recuperei o capital que investi por mais de quatro vezes. Quem vai sofrer é o Grão-Pará com o aumento do preço dos negros...

Quanto ao Bispo, comentou:

– Era um homem bom e inteligente, seus fiéis sentirão falta de seus conselhos...

O que Manuel ignorava era que:

---

[20] *Brasil Coração do Mundo, Pátria do Evangelho*, Humberto de Campos/F. C. Xavier, FEB.

"o Bispo no final de sua vida, já cansado, reconheceu a dívida da Igreja junto ao povo da região norte do Brasil, pois "salvar almas" era muito pouco perto das necessidades daqueles habitantes famintos de perspectivas e fartos da dominação portuguesa".[21]

O FIM

Havia um vazio na sua vida que o amor à família não conseguia preencher de todo. Eram os ideais mortos de liberdade, igualdade, justiça, solidariedade e progresso.

Se maiores males não fez, jamais se o viu à cabeceira de um doente, socorrendo um órfão ou uma viúva.

Proporcionou instrução e bem estar aos filhos e aos netos, a ninguém mais ofereceu qualquer tipo de instrução; nunca foi visto auxiliando um órfão, uma mãe pobre ou um doente; vez por outra dava algumas moedas como esmola; oferecia contribuições para a igreja com o mesmo sentimento com que pagava impostos.

Não abriu a "porta do futuro" para nenhum dos súditos do "Reino de Manuel". Trancou-se no egoísmo.

O "Reino de Manuel" serviu a Manuel e seus familiares, a mais ninguém.

A PARTIDA

Em 1786, quando Manuel completava 70 anos, morreu Maria da Fé; foi como se cortassem as raízes de uma planta: ensimesmou-se, introverteu-se, murchou.

Pouco falava, jamais sorria.

---

[21] Contribuição medianímica de Silvia Liz.

Dois anos depois, em 1788, partiu rodeado e amado pelos seus familiares.

— • —

Não pôde contar com o amparo de Constância no momento derradeiro, pois a mãe deixara o plano espiritual, encarnando-se em Lisboa dez anos antes.

Seus restos mortais integraram-se à terra brasileira.

Linha do tempo

Livro 1 - Vivendo na Amazônia

13 de maio de 1699

- Nasce em Lisboa, Portugal, Sebastião José de Carvalho e Melo, futuro Marques de Pombal, filho do capitão de cavalaria e fidalgo da Casa Real, Manuel de Carvalho e Ataíde, e de D. Teresa Luísa de Mendonça e Melo.
- Doravante chamaremos Sebastião José de Pombal, nome com que passou à história.

1700

- Nasce em Lisboa, Portugal, Francisco Xavier Mendonça Furtado, filho de Francisco da Cunha Ataíde e de D. Teresa Luísa de Mendonça e Melo, consequentemente irmão de Pombal por parte de mãe.

1716

- Nasce na cidade do Porto, Portugal, Manuel Gonçalves, personagem central do romance.

16 de janeiro de 1723

- Pombal, aos 23 anos, casa-se com D. Teresa de Noronha e Bourbom, Dama da Rainha, pertencente à alta nobreza portuguesa, após um rapto consentido, posto que a família se opusesse ao casamento. Teresa era viúva e cerca de 11 anos mais velha que Sebastião José.

1732

- Nasce em Belém, Maria da Fé, filha do português Capitão Antônio Gonçalves e da índia batizada, Isabel de Jesus, futura esposa de Manuel Gonçalves.

1736 | 1737	• Manuel Gonçalves cursa a Universidade de Coimbra, mas abandona os estudos por falta de recursos; assume a atividade de comerciante com o falecimento do pai. • Amante do saber, dedica-se aos estudos como autodidata, atentando principalmente às ideias progressistas que iluminavam o século 18.
1739	• Pombal é enviado a Inglaterra como ministro plenipotenciário. • Nesse mesmo ano, morre Teresa deixando-lhe um grande desgosto afetivo e uma expressiva fortuna.
1742	• Manuel Gonçalvez casa-se pela primeira vez com Luiza.
1743	• Nasce Ana, a primeira filha de Manuel.
1745	• Nasce Teresa, a segunda filha de Manuel.
1739 - 1745	• Pombal dedica-se ao estudo de economia e a determinar quais as razões que fizeram da Inglaterra uma potência econômica, militar e política. Aprofunda seus conhecimentos face as grandes reformas que se processam na Europa. • Consegue também situações vantajosas para os comerciantes portugueses no comércio com a Inglaterra; Manuel interessa-se por Pombal e passa a acompanhar-lhe a carreira.
18 de dezembro de 1745	• Pombal casa-se com D. Leonor Ernestina Eva Wolfang Josefa, condessa de Daun, pertencente à alta nobreza austríaca, novamente com oposição da família; pelo casamento torna-se conde, seu primeiro título de nobreza.

15 de fevereiro de 1749	• Assume o Bispado de Belém o Frei Dom Miguel de Bulhões e Souza; D. Miguel seria homem de confiança de Mendonça Furtado e conselheiro de Manuel Gonçalves.
31 de julho de 1750	• Morre D. João V, Rei de Portugal, deixando o país em grave crise administrativa e financeira; a seguir, assume o trono português D. José I.
3 de agosto de 1750	• Pombal é nomeado Secretário dos Negócios da Guerra e do Estrangeiro, graças à influência da Rainha mãe, Maria Ana de Áustria, muito amiga de Leonor, esposa de Sebastião José. • Pombal assume o posto imbuído dos mais sinceros propósitos de reerguer Portugal, promovendo o progresso, a igualdade e a fraternidade.
10 de agosto de 1750	• Ocorrendo um terrível incêndio no Hospital de Todos os Santos, Pombal age com grande desembaraço face a essa calamidade e assume de fato a liderança do Conselho de Estado, impondo-se aos outros membros, homens tímidos e de menor capacidade intelectual.
Novembro de 1750	• Falece a primeira esposa de Manuel, deixando-o viúvo com duas filhas.
27 de abril de 1751	• Pombal consegue a nomeação de seu irmão Mendonça Furtado, oficial da Marinha Portuguesa, como Governador e Capitão Geral da Capitania do Grão-Pará e Maranhão, no Brasil. • Manuel decide partir também para o Brasil, transfere a gerência dos seus negócios para os irmãos e ultima os preparativos para a viagem.

Setembro de 1751	• Mendonça Furtado aporta no Brasil com extensa comitiva, da qual participa Manuel Gonçalves, imbuído dos ideais reformistas de Pombal.
1752 | 1753	• Manuel se estabelece em Belém e desenvolve seu círculo de amizade entre os "pombalinos", entre os quais o Capitão Antônio Gonçalves, seu aparentado; João Batista de Oliveira, ajudante de sala do governador; Gaspar da Costa Posser, secretário particular do governador, e trava conhecimento com Antônio Landi, italiano, arquiteto e desenhista.
2 de outubro 1754	• Mendonça Furtado parte de Belém, sobe o Rio Amazonas e depois o Negro até Mariuá, objetivando a consolidação do domínio português no norte do Brasil.
Novembro de 1754	• Manuel conhece Maria da Fé, filha de Antônio Gonçalves, apaixona-se, mas vacila ante o casamento, devido ao fato de Maria da Fé ter mãe índia.
Abril de 1755	• D José I promulga lei libertando os índios e incentivando o casamento entre portugueses e índios como solução para o povoamento do Brasil.
12 de outubro de 1755	• Manuel Gonçalves casa-se com Maria da Fé.
Meados de 1755	• Pombal recebe sinal verde do Rei para minimizar a presença dos Jesuítas no Brasil.
1º de novembro de 1755	• Pela manhã, acontece um terremoto afetando Lisboa, a seguir uma enorme tsunami devasta a costa portuguesa, destruindo tudo e matando centenas de milhares de portugueses.

Novembro de 1755	• Chega a Belém o primeiro navio da Companhia Geral de Comércio, trazendo negros escravos; Manuel Gonçalves inicia o comércio negreiro.
1755 - 1757	• Pombal assume a reconstrução de Lisboa, demonstrando grande capacidade e, aumentando seu prestígio, torna-se efetivamente o homem mais poderoso de Portugal.
1758	• Diversos amigos de Manuel voltam para Portugal, entre os quais Gaspar da Costa Posser, mas ele decide ficar.
13 de setembro de 1758	• Há um atentado contra o rei, quando vinha de um encontro amoroso; Pombal aproveita o ensejo para afirmar sua autoridade e submeter a nobreza.
13 de janeiro de 1759	• Acusados de atentar contra o Rei de Portugal, os Távoras são executados com requinte de perversidade, mostrando o lado mais cruel de Pombal. • Manuel Gonçalves desilude-se de Pombal.
1759	• Mendonça Furtado volta para Portugal sendo nomeado para o cargo de Secretário Adjunto.
3 de setembro de 1759	• Pombal expulsa os Jesuítas de todos os domínios portugueses, causando grande dano à educação no Brasil, posto que os colégios do Brasil eram mantidos pelos Jesuítas.
1760	• O Bispo de Belém, Dom Miguel, volta para Portugal assumindo o bispado de Leiria.

1769

- Morre Mendonça Furtado, após ter alcançado o posto de Secretário de Estado dos Negócio da Marinha e Domínios de Ultramar.

1760 - 1777

- Pombal efetua grandes reformas administrativas em Portugal. Sua ação é decisiva no modelo educacional, criando escolas técnicas, remodelando a Universidade de Coimbra, cujos estatutos redige de próprio punho.
- Ao lado dessas atividades reformistas, executa uma série de atrocidades, mantendo o poder por meio do temor.
- Sua ação, entretanto, não traz maior progresso às colônias, especialmente ao Brasil.

13 de setembro de 1777

- Morre D. José I, Rei de Portugal. Assume o trono D. Maria I, inimiga figadal de Pombal. Inicia-se um longo processo contra Pombal; ele perde todo o seu poder, sofrendo seguidas humilhações, seus adeptos o abandonam.

1778

- Morre Dom Frei Miguel de Bulhões e Sousa, antigo Bispo de Belém.
- A rainha D. Maria I determina a liquidação da Companhia de Comércio do Grão-Pará e Maranhão.

16 de agosto de 1781

- Pombal é perdoado pela rainha em virtude de sua idade avançada e de suas enfermidades. Esse perdão humilhante é mais uma prova a quebrar o seu orgulho.

8 de maio de 1782

- Morre em Pombal, Portugal, o Marquês de Pombal, esquecido por todos.

1786	• Morre Maria da Fé, esposa de Manuel; Manuel se abate muito com o golpe afetivo.
1788	• Morre Manuel Gonçalves, rodeado pela afeição de filhos e netos.

LIVRO 2
Novas experiências

Onde o personagem principal tem novas experiências, vive fracassos, mas depara-se com um caminho para o sucesso.

Ao desencarnar, Manuel viu-se do outro lado da vida imerso em sombras escuras, num silêncio vazio.

A inexistência de qualquer sensação que lhe desse uma dimensão do tempo era terrível, pois o tempo não passava, era um nada imóvel e atemporal.

A solidão era atroz.

Não sentia dores, mas aquela ausência de tudo era apavorante.

Foi com um certo alívio que principiou a ouvir vozes; firmando mais a atenção, percebeu que eram vozes que o acusavam.

Sua consciência foi dilatando-se; o campo de visão, abrindo-se; compreendeu que eram antigos escravos que o recriminavam pelos sofrimentos que experimentaram na carne e que continuavam pungentes no mundo espiritual, fixados no seu Espírito pela revolta.

Atordoado, Manuel procurou defender-se; num primeiro momento pensou estar vivendo um pesadelo; com o passar dos anos, percebeu que havia morrido, mas continuava vivo em outro lugar.

A consciência continuou no seu longo despertar; já reconhecia os detalhes do local em que se encontrava: uma espécie de cerrado, sob um céu cinza.

Com o tempo, as vozes dos escravos desapareceram.

Observou certa feita uma estradinha de terra acinzentada desenhando-se a sua frente, seguiu por ela.

Via alguns vultos maltrapilhos nas cercanias, evitava-os e percebeu que também o evitavam.

Os dias já se alternavam com a noite, e a noite o enchia de medo; não tinha fome nem sede.

Novamente Maria da Fé

Manuel sabia que Maria da Fé também havia morrido, lembrou-se da sua confiança em Deus e em Jesus; pediu mentalmente que ela orasse por ele.

Mas façamos uma breve pausa para dar algumas notícias de Maria da Fé.[22]

"Maria da Fé, quando encarnada, tinha a visão um tanto quanto ampla, de suas responsabilidades para ajudar Manuel a ser uma pessoa melhor. Daí a razão de sua abnegação. Não poderia ser diferente, pois abraçara essa proposta de forma consciente, tendo em vista o seu futuro como mãe e esposa.

Manuel precisava ter uma companheira que o guindasse a sentimentos mais nobres, mais apropriados para um homem digno. E assim fez-se.

A mulher de cabelos negros, tez morena, mãos fortes e coração largo abraçou sua causa e acolheu Manuel para além de seu papel de esposa e mãe de seus filhos. Seria sua amiga, sua companheira, longe dos interesses carnais... Nutria-o de bons sentimentos, mostrava a ele a importância de se estar próximo de Deus, de abraçar uma religião.

Maria era cristã, das mais aplicadas. Tinha grande apreço pelos ensinamentos de Jesus, mas principalmente apoiava-se neste amor para suportar as dolorosas lembranças da escravidão do povo africano e da exploração de seus irmãos índios. Tinha sido testemunha ocular de assassinatos dos pobres arrancados de sua pátria. Sentia-se muito infeliz, por isso via em Jesus, no seu amor, um recanto onde pudesse descansar seu pesar.

Maria era do povo, era mulher abnegada, pronta para grandes sacrifícios em nome dos princípios do Altíssimo. Não se ressentia por isso. Era a sua verdade, o seu quinhão ofertado ao Pai.

E assim seguiu junto a Manuel, amparando-o espiritualmente e usando de misericórdia para com suas mazelas. Amava e perdoava. Acreditava no amor entre

[22] Contribuição medianímica de Silvia Liz.

os homens de bem. Vivenciava esse nobre sentimento. E, graças a ela, Manuel teve forças para se libertar de fluidos densos que o cercaram ao desencarnar. Pediu muito a ela para que orasse por ele. E assim Maria o fez. Sinceramente...

Pedia a Jesus fervorosamente que a unisse a Manuel e pudessem trabalhar por Ele, e que também continuasse a auxiliar Manuel. Porque eram Espíritos irmãos, sintonizados com o mesmo objetivo.

Esta era Maria..."

Manuel sentia alívio em suas dores pensando em Maria da Fé; passou a dirigir o seu pensamento a ela frequentemente, pedindo mentalmente que rezasse por ele.

O Bispo do Grão-Pará

Certo dia, Manuel sentou-se no chão ao abrigo de pequeno arbusto e passou a rememorar a sua vida, os seus propósitos, seus erros e acertos, Maria da Fé, os filhos, os netinhos; chorou longamente de saudade; onde estariam todos? Por que estava só?

Lembrou-se das igrejas que frequentara, veio-lhe à mente a figura do Bispo Dom Frei Miguel, rememorou seu conselhos.

Levantou a cabeça instintivamente e eis que lhe apareceu a figura do Bispo D. Miguel caminhando pela estradinha com um ar sorridente.

O Bispo parou a sua frente:

– Bom dia, Manuel, o que está fazendo por aqui?

Manuel virou-se, abraçou-se às pernas do Bispo e repetiu apenas:

– Graças a Deus! Graças a Deus!

E logo a seguir:

– Perdoe-me, Vossa Reverendíssima, pelo gesto impensado, mas estava tão aflito, tão só; sei que morri, mas nada mais sei... – enquanto dizia isso procurava o anel episcopal para beijá-lo.

– Não sou mais bispo, Manuel; meu anel ficou na terra, mas permaneceu nossa amizade, peço-lhe que me chame apenas de Miguel. Com o tempo irá tomando consciência do novo ambiente em que vive.

Miguel tomou-o pelos braços, levantou-o e disse-lhe:

– Abrace-me e feche os olhos, somente os abra quando eu ordenar.

Manuel ficou abraçado a Miguel por alguns minutos:

– Abra os olhos, Manuel.

Manuel abriu os olhos, viu-se num casarão, numa sala enorme, com muitas portas dando para cômodos e corredores.

No centro da sala, a mesa estava posta com tigelas de sopa; uma lareira crepitava tornando o lugar aquecido.

Miguel conduziu-o à mesa:

– Inicialmente tomemos a sopa, depois o levarei até seu quarto para que você tome um banho, troque essa roupa e durma uma boa noite de sono...

— • —

Manuel foi socorrido pelo Bispo em vez de o ser por Maria da Fé porque não tinha ainda condições vibratórias para visualizar a antiga esposa.

— • —

Passados dois anos, Manuel teve condições de reencontrar-se com Maria da Fé.

Se em muitos pontos Manuel tinha falhado, seu casamento com Maria da Fé havia sido bem-sucedido; foi marido exemplar, fiel e dedicado. Obteve permissão para viver com Maria da Fé, novamente, numa pequena casinha próxima à instituição espiritual que os havia acolhido.

Pombal[23]

Pombal revisita a cena. Tinha influenciado seu irmão, enquanto governador, a cometer muitas atrocidades em nome da manutenção do poder, da aquisição fraudulenta de terras, e do ideal de um grande Brasil, disposto a belprazer para Portugal.

Assim foi que Pombal entristeceu-se, angustiou-se. Não podia se desculpar, não estava mais na Terra, não tinha mais o corpo físico. Era um Espírito sofredor, envolto nas trevas do arrependimento, buscando o perdão de seres que nem via ou sabia do paradeiro.

Mas, sua mãe, Teresa Luiza, sempre esperançosa e muito amorosa, orava por ele. Foi seu suporte no plano espiritual. Como ele poderia imaginar? Depois da morte era o nada, o descanso, o vazio... Pombal a vê envolta em luz, sorridente, e pede a ela um abraço. Seu filho, agora, poderia regenerar-se. Ela sabia. Ele tinha forças para isso. Estava imbuído por esse ideal. Pombal seria um novo homem, um Espírito mais evoluído, mais sábio, poderia fazer diferente e melhor...

Conversaram e choraram muito. Ele se agarrava a ela, que explicava como fazer para libertar-se das sombras, desse lado mau que teria usurpado suas forças. Ele entendeu e reergueu-se. Queria mudar, e iria. Ele podia. Jesus o ajudaria...

Sua mãe poderia, agora, deixá-lo e partir para plano mais elevado de onde veio. Estava ele amparado por amigos queridos, muito próximos de sua existência na Terra, que o ajudariam.

– Adeus, meu filho, invista esforços para que cresça como Espírito; peça para que desça sobre ti a luz do Senhor. Não desfaleça sobre os obstáculos que surgirão. Trabalhe, estude, aproveite essa oportunidade e seja melhor, meu filho. Parto, mas deixo contigo meu amor, minha atenção e um grande beijo de conforto. Mas peço-te, meu filho, aprenda a amar, porque sem amor tu não serás ninguém... E se foi.

---

[23] Contribuição medianímica de Silvia Liz.

Pombal uniu-se a seus amigos e amparou-se neles. Seu "corpo" doía, sua alma contorcia-se. Mas, no seu âmago, sabia que se recuperaria. Era forte, acreditava no amor de Jesus. Ele sentiu... aprendeu.

– Ah, minha mãe, obrigado, muito obrigado, ele balbuciou entre lágrimas. Assim começava sua regeneração. Seria um trabalho árduo, mas ele pegaria com as duas mãos. Teria compreendido a importância de renovar-se pela dor, a mesma que teria provocado em muitos dos seus irmãos quando estava no corpo. Sangue, lágrimas, desespero... Sofria porque fez sofrer... Chorava a dor plural, de muitos daqueles que tombaram sob seu mando.

– Santo Deus, o que fiz? Como poderia viver sob o peso da culpa? Ajuda-me, Senhor... Perdão... balbuciava entre soluços.

Pombal despiu-se de sua vaidade, de sua arrogância, e agora não poderia ser diferente: era ele, em sua essência. Seu único poder era o de querer renovar-se e trabalhar muito por isso. Não era mais Pombal, mas o filho que o generoso Pai abraçava, enxugava as lágrimas e enchia de coragem para prosseguir na caminhada...

— • —

Pombal foi um dos primeiros a voltar à carne; com o amparo da mãe e com sua energia peculiar, obteve dos benfeitores espirituais a oportunidade de encarnar-se na África, ainda menino ser conduzido ao Brasil, onde enfrentaria uma vida plena de humilhações e sofrimentos para que pudesse libertar-se do orgulho e da prepotência, redimindo seu Espírito.

DÉBITOS E CRÉDITOS

Manuel aprendeu que a origem dos vínculos que mantinha com Pombal, Mendonça Furtado, Miguel, ex-bispo de Belém; e outros companheiros da jornada terrena perdiam-se na noite dos séculos passados; convenceu-se de que os títulos terrenos são transitórios e valem apenas quando são postos de trabalho no bem.

Participando de reuniões com benfeitores espirituais, conscientizou-se que os débitos maiores que contraíram junto a justiça divina, enquanto grupo, foram:

• O incentivo ao tráfico negreiro e à escravidão, por meio da Companhia de Comércio, que havia trazido milhares de escravos ao Brasil.

• A expulsão dos Jesuítas, que acarretou um grande atraso nas atividades educativas no Brasil.

A encarnação revelou ainda que, embora os ideais que carregavam no raciocínio, seus corações eram focados no sucesso material e egoísta, impedidos, por esse apego, de abandonar os planos mais baixos da evolução e alçar voo às regiões mais felizes, reservadas àqueles que purificaram o coração.

A família Álvares

Alvorecia o século 19.

A Europa sangrava em guerras e revoltas; na França assumira o poder Napoleão; Espírito com a elevada missão de instalar a liberdade, a igualdade e a fraternidade, perdera-se, devorado pela ambição do poder.

Ao invés de promover o bem-estar do povo francês, seu objetivo degenerou-se em submeter mais e mais povos e nações ao seu domínio, valendo-se de seu talento militar.

Governava então Portugal, D. João, que assumira o cargo de regente em 1792, quando as doenças mentais da rainha D. Maria I, sua mãe, chegaram a um ponto insuportável.

A ação da regência caracterizava-se por uma sucessão de desastres administrativos, conquanto D. João fosse homem bondoso e moderado.

Porto de Lisboa
Século 19.

Nessa situação conturbada, em agosto de 1801, Álvaro Álvares, funcionário da alfândega de Lisboa, casou-se com Constância Figueiredo, ambos com 23 anos, pertencentes a pequena burguesia.

Casamento arranjado pelos pais, como era praxe na época; jovens e saudáveis, no entanto, assumiram com alegria a companhia um do outro, resolvendo suas carências afetivas e sexuais e cultivando profunda afinidade que os unia.

Residiam num pequeno apartamento, perto do porto, uma sala espaçosa, quarto e cozinha e mais um cômodo que era utilizado pela criada. Álvaro, além do salário, tinha alguns rendimentos que foram aumentados com o dote de Constância.

Vez por outra iam a bailes e ao teatro; o mais comum era tomarem um coche de aluguel e irem passar um dia ou dois com os pais de Álvaro, que moravam no campo, numa quinta nas cercanias de Lisboa, próxima ao rio Tejo, lugar acolhedor e bonito.

Constância também prezava ações piedosas e procurava auxiliar viúvas, órfãos, parentes pobres e doentes. Álvaro, conquanto inferior em estatura moral, a acompanhava prazerosamente nessas tarefas de caridade cristã.

Um menino alegra o casal

Em setembro de 1802, Constância deu à luz um belo e saudável menino, para alegria dos pais.

O menino foi batizado como Manuel Álvares.

— • —

Manuel Álvares era o mesmo Manuel Gonçalves, comerciante do Porto, depois estabelecido em Belém, casado com Maria da Fé, que voltava a esse mundo, após 14 anos no plano espiritual.

Depois de muitas reflexões, Manuel Gonçalves chegou à conclusão de que o que mais lhe faltava era um profundo sentimento religioso.

Se conseguisse implantar no seu coração o Evangelho de Jesus, se verdadeiramente se afeiçoasse à prece, se Deus sempre estivesse presente em seu pensamento, certamente conseguiria vencer suas provas.

Suplicou então uma vida no seio da religião, como sacerdote, dedicando-se a levar a fé e a esperança na vida futura, incentivando a prática da caridade, numa vida de renúncia e dedicação ao próximo; certamente conseguiria fazer com que esses valores se firmassem no seu coração.

Suas súplicas foram atendidas, e ali estava ele, sob os olhos amorosos e orgulhosos de Álvaro, o pai; tendo o carinho e mamando avidamente o leite de Constância, sua mãe pela segunda vez consecutiva; recebendo o zelo e dedicação de Dolores, a criada, que ao dar-lhe o primeiro banho, logo após o parto, "enamorou-se" do bebê.

A FUGA

Chegada da Família Real
Óleo sobre tela.

No princípio de 1805, Constância daria à luz mais uma criança.

Álvaro era patriota e religioso; Batizou a filha com o nome de Isabel, a rainha santa de Portugal, que transformou pães em rosas. A escolha do nome alegrou Constância, que via na rainha santa de Portugal um símbolo de amor ao próximo.

Isabel, a irmãzinha de Manuel Álvares, era a mesma Maria da Fé, a mameluca de Belém, ex-esposa de Manuel Gonçalves, que voltava à terra prosseguindo a sua caminhada evolutiva.

— • —

As batalhas se espalhavam pela Europa:

"Napoleão prosseguia, deixando em toda parte um rastro de lágrimas e sangue. Suas incursões, em todos os países lhe granjeavam o espólio miserável das posições e das coroas, que o ditador ia distribuindo pelos seus familiares e amigos.

O século XIX começava a viver embalado pelo fragor das armas, em todas as direções.

Portugal alia-se à Inglaterra, resistindo às ordens supremas do conquistador. Bonaparte assina o tratado com a Espanha, que já se havia dobrado às suas determinações, e ordena a invasão imediata de Portugal.

A Inglaterra, com a sua prudência, sugere à casa de Bragança a retirada para o Brasil. D. João VI hesita, antes de adotar semelhante resolução. O grande príncipe, tão generoso e tão infeliz, é encontrado, nas vésperas da partida, a chorar convulsivamente em um dos aposentos privativos do palácio. A frota real velejou do Tejo a 29 de novembro de 1807 a caminho da colônia [do Brasil] e, mal havia desaparecido nas águas pesadas do Atlântico, já os soldados de Junot se apoderavam de Lisboa e de suas fortalezas, com ordem de riscar Portugal da carta geográfica europeia".[24]

— • —

Num dos numerosos navios, que conduziam a corte portuguesa, seguia a família Álvares; o embarque fora possível graças às ligações que Álvaro mantinha com comandantes de navios, e às joias de família de Constância, que dadas às pessoas certas, favoreceram o embarque; Álvaro conseguiu levar também Dolores, simples criada, mas que conquistara o afeto de toda a família.

---

[24] *Brasil, Coração do Mundo, Pátria do Evangelho*, Humberto de Campos/Chico Xavier, FEB.

—•—

Nem todos fugiram, entretanto. Um dos exemplos mais notáveis foi José Bonifácio de Andrada e Silva, nascido em Santos, na capitania de São Vicente, no Brasil, titular da cadeira de Metalurgia da Universidade de Coimbra, que integrou com alunos e professores o Corpo Voluntário Acadêmico, assumindo o comando da Guarnição da Cidade de Coimbra.

Com o pensamento que era melhor enfrentar a morte do que abandonar a pátria, cortavam os acessos à cidade, fabricavam pólvora nos laboratórios da Universidade, distribuíam armas à população e organizavam ataques às posições francesas, retomando inclusive alguns fortes.

Novo lar

A família Álvares instalou-se depois da viagem, algo tumultuada, na cidade de São Sebastião do Rio de Janeiro, em casa confiscada à população local.

A desapropriação das casas deu origem ao episódio pitoresco do "P.R."; as propriedades confiscadas eram assinaladas com as iniciais de Príncipe Regente (P.R.), mas que o povo traduzia como "Ponha-se na Rua" ou "Prédio Roubado".

Logo Álvaro retomou suas funções, prestando serviço na Alfândega do Rio de Janeiro, posto que os portos do Brasil foram abertos às nações amigas por decisão de D. João.

O seminário

Já aos 8 anos, Manuel manifestou a tendência para os estudos e o desejo de ser sacerdote.

Álvaro e Constância, católicos e muito caritativos, entusiasmaram-se, viam o filho como um novo São Francisco Xavier[25], visitando terras distantes, cuidando de doentes, e levando-as a Jesus como fizeram Anchieta e Nóbrega.

Ou talvez, conversavam, dada sua inteligência, fosse um novo padre Vieira defendendo os mais pobres com desassombro.

E estimulavam o menino a participar de suas preces domésticas e atividades caritativas.

Por vezes, quando viam, preocupados, o menino demonstrar orgulho e egoísmo, procuravam corrigi-lo e encaminhá-lo ao bem.

— • —

Morro do Castelo visto do mar
Onde ficava o Seminário S. José.

Completando 14 anos, o menino foi encaminhado ao Seminário de São José[26], em meio às lágrimas saudosas da mãe, da irmã e da criada.

O pai ora ostentava uma expressão de alegria pela decisão do filho, ora de tristeza por ser privado da sua presença.

— • —

No seminário, Manuel dedicou-se aos estudos, revelando sua capacidade intelectual e interesse pela carreira sacerdotal, destacando-se entre seus colegas.

---

[25] São Francisco Xavier, jesuíta do século 16; um dos fundadores da Companhia de Jesus; é considerado pela Igreja Católica o "Apóstolo do Oriente" pelo grande número de pessoas que converteu ao cristianismo na Índia e Japão.

[26] O Seminário de S. José fundado em 1739, situava-se na época no Morro do Castelo no Rio de Janeiro, destinava-se a formação de padres e a instrução leiga. Por ele passaram muitos vultos da história brasileira.

Apreciava os ensinos de Jesus, enternecia-se por vezes com a mansidão, o perdão, o amor que se irradiava do Evangelho; mas o seu grande interesse era a defesa das ideias católicas, o manejo dos argumentos, a invocação da história na corroboração da supremacia católica.

O domínio, a força e a perpetuidade de Roma eram para ele a prova cabal da supremacia do ensinamento cristão.

A lógica das bem-aventuranças falando de pureza de coração, mansidão, paz, humildade, era considerada por Manuel, mas colocada em segundo plano.

D. JOÃO VI

D. João VI era um homem atormentado por desgostos familiares.

D. João VI
Regente e posteriormente rei de Portugal.

No episódio da mudança para o Brasil, em 1807, sua esposa, Carlota Joaquina, espanhola de nascimento, tentou fazer uma sedição em conluio com a corte da Espanha e Napoleão, objetivando a rendição de Portugal, traindo sua pátria adotiva e o marido.

Chegando ao Brasil, Carlota Joaquina prosseguiu numa vida de desatinos.

A mãe, Maria I, obsedada, agressiva e demente.

Entre os seus nove filhos, alguns possuíam fortes desequilíbrios na parte sexual e afetiva.

— • —

Esses problemas de familia faziam de D. João VI um homem recluso e triste, o que não impediu que seu coração generoso muito fizesse pelo Brasil, terra que ele amava.

D. João VI prorrogou sua presença no Brasil até 1820, quando não mais resistindo às pressões, foi forçado a voltar para Portugal, para restabelecer a dignidade da nação, recomendando no entanto a seu filho:

– Pedro, se o Brasil se separar de Portugal, antes seja para ti, que me respeitarás do que para algum desses aventureiros.

Ismael e a independência do Brasil

No plano espiritual, entretanto, inúmeros Espíritos obedecendo às ordens de Ismael[27], governador espiritual do Brasil, semeavam ideais de liberdade e fraternidade.

Nesse momento, aquele que foi na Terra Tiradentes, procurou Ismael e solicitou seu conselho e permissão para promover a libertação do Brasil dos vínculos que o sujeitavam a Portugal, valendo-se da exaltação patriótica que dominava a nação, conquistando a independência pela força.

Ismael determinou, todavia, que Tiradentes esperasse e que todos os esforços fossem feitos para que a separação das duas pátrias não ocasionasse derramamento de sangue. Que se utilizasse a autoridade do príncipe, homem voluntarioso e doente, mas que poderia ser influenciado:

"– Cerquemos o coração desse príncipe das claridades fraternas da nossa assistência espiritual. Povoemos suas noites de sonhos de amor à liberdade, desenvolvendo-lhe no Espírito as noções de solidariedade humana..."[28]

Tiradentes e os Espíritos superiores seguiram à risca as instruções de Ismael, trabalhando o Espírito do príncipe, insuflando nos corações dos brasileiros sentimentos de paz e concórdia para que a liberdade fosse conquistada sem dívidas à justiça divina.

O episódio do "Fico"

Todavia, as cortes portuguesas, planejando que o Brasil voltasse a ser colônia, ordenaram a volta imediata de D. Pedro.

Porém, uma representação pedindo ao príncipe que desobedeça a ordem, com mais de 8.000 assinaturas, é levada ao Príncipe por uma multidão em 9 de janeiro de 1822.

---

[27] Ismael, um dos mais elevados mensageiros de Jesus, recebeu a tarefa de zelar pelo Brasil, moldando-lhe a feição espiritual. Em palavras simples: Ismael é o governador espiritual do Brasil, da mesma forma que Jesus o é do planeta todo.

[28] *Brasil Coração do Mundo, Pátria do Evangelho*, Humberto de Campos/Chico Xavier, FEB.

D. Pedro, diante da massa de povo, sente a assistência espiritual dos companheiros de Ismael, que o incitam a completar a obra da emancipação política da Pátria do Evangelho, recordando-lhe, simultaneamente, as palavras do pai na hora da despedida.

Aquele povo já possuía a consciência da sua maioridade e nunca mais suportaria o retrocesso à vida colonial, integrado se achava no patrimônio das suas conquistas e das suas liberdades.

Em face da realidade positiva, após alguns minutos de angustiosa expectativa, o povo carioca recebia, por intermédio de José Clemente Pereira, a promessa formal do príncipe de que ficaria no Brasil, contra as determinações das cortes de Lisboa, para o bem da coletividade e para a felicidade geral da nação.

Estava assim proclamada a independência do Brasil, com sua audaciosa desobediência às determinações da metrópole portuguesa.[29]

A AFLIÇÃO DAS MÃES

Quinta-feira, 10 de janeiro de 1822

Seis horas da manhã.

Manuel, nessa hora, preparava-se para proceder às orações da manhã.

Surpreendido, ouve toques de clarim e rufar de tambores.

Vai até a janela e vê peças de artilharia serem puxadas por cavalos e mulas para o alto do morro, enquanto carroças sobem com munição e víveres.

As tropas portuguesas, sob o comando de Jorge de Avilez, tomavam o Monte Castelo, onde ficava o Seminário São José.

— • —

Um oficial seguido de um pelotão de soldados invadiu o seminário.

Manuel e outros seminaristas foram sendo expulsos do seminário, à medida que as tropas evacuavam aposento a aposento.

---

[29] *Brasil Coração do Mundo, Pátria do Evangelho*, Humberto de Campos/Chico Xavier, FEB.

Manuel, nacionalista extremado, sentiu o sangue ferver quando os soldados, armados de baioneta, o forçaram a abandonar o seminário com os sapatos nas mãos, sem ter tido tempo de acabar de trocar-se.

Dada a situação, não tinha como reagir.

De cara fechada, remoendo profunda raiva, desceu o morro e foi para sua casa.

— • —

O povo estava alvoroçado, os boatos corriam, veio a notícia de que Avilez preparava-se para bombardear a cidade e levar o príncipe a força.

Milícias se formaram para a resistência; Manuel, sob os protestos do pai e choro da mãe e da irmã, armou-se e foi para o campo de Santana.

Ali se juntou à multidão, integrando-se a uma milícia, pronto para resistir ao inimigo.

Previa-se uma vasta carnificina no choque entre as tropas de Avilez e as milícias que se formavam.

— • —

Assim como milhares de outras mães cariocas, Constância chorava e rezava à Santa Isabel, suplicando pela vida do filho.

Ismael, acode ao apelo das mães desveladas e sofredoras e, com o coração angélico e santificado, penetra as fortificações de Avilez e lhe faz sentir o caráter odioso das suas ameaças à população.

A verdade é que, sem um tiro, o chefe português obedeceu, com humildade, a intimação de D. Pedro, capitulando a 13 de janeiro e retirando-se com suas tropas para a outra margem da Guanabara, até que pudesse regressar, com elas, para Lisboa.[30]

Passado o episódio, Manuel voltou para os seus estudos, para alívio de sua mãe.

D. Pedro procedeu a organização política do País, iniciando pela constituição de seu ministério, em que se destacou a figura de José Bonifácio.

---

[30] *Brasil Coração do Mundo, Pátria do Evangelho*, Humberto de Campos/Chico Xavier, FEB.

Sete de setembro

O grito
Quadro alegórico de Pedro Américo sobre a proclamação da independência.

José Bonifácio de Andrada e Silva aconselha D. Pedro a fazer algumas viagens pelo país a fim de unificar o sentimento de independência e serenar as lutas partidárias que ameaçam o país nascente.

Numa dessas viagens, tendo ido D. Pedro a São Paulo, foi recebido com flores e festas pela população.

Enquanto o povo saudava o príncipe, no pátio do colégio, fundado por Manuel da Nóbrega, reuniram-se os Espíritos superiores responsáveis pelo destino da pátria sob a direção de Ismael que, em meio das suas instruções, voltou-se para Tiradentes, o grande mártir da Inconfidência Mineira:

"– O nosso irmão, martirizado há alguns anos pela grande causa, acompanhará D. Pedro em seu regresso ao Rio de Janeiro, e ainda na terra generosa de São Paulo, auxiliará o seu coração no grito supremo da liberdade..."[31]

E assim o príncipe, em sete de setembro de 1822, deixa escapar o grito de "Independência ou Morte" sem suspeitar de que era dócil instrumento de um emissário invisível, que velava pela grandeza da pátria.

Um jovem agressivo

Na época da proclamação da independência, Manuel era um jovem seminarista de 20 anos; bastante informado, algo arrogante e agressivo como se viu no episódio do "fico".

---

[31] *Brasil Coração do Mundo, Pátria do Evangelho*, Humberto de Campos/Chico Xavier, FEB.

Como muitos portugueses criados no Brasil, amava de forma arrebatada o país, num nacionalismo exaltado, sentindo uma forte atração pela política, que acompanhava com paixão.

Revelava grande interesse pelos acontecimentos que felicitavam o Brasil com a liberdade, não manifestando, no entanto, o desejo de concórdia e fraternidade entre Brasil e Portugal, sendo sua palavra frequentemente irônica e revoltada.

Aos domingos, quando visitava os pais, o ambiente não era mais saturado de afetividade; a irmã, Espírito sensível e inteligente, percebia a frieza que ia se instalando em Manuel, e não se sentia à vontade.

O pai, homem moderado e sentimental, que tivera o ideal de ver o filho, praticando a caridade, dedicando-se aos pobres e desvalidos, desiludia-se com o racionalismo de Manuel; a postura contundente do filho perante Portugal o entristecia, pois amava o Brasil que o acolhera, mas amava também Portugal.

Constância, que tinha bem clara a divisória entre bons e maus sacerdotes, fazia suas preces pedindo a Deus que permitisse a Manuel praticar a verdadeira religião a se resumir no amor a Deus e ao próximo, fugindo da farisaísmo e da hipocrisia que tanto denegriam o clero católico.

Álvaro e Constância, no entanto, calavam-se, evitando as infindáveis e ferinas polêmicas com que Manuel sempre reagia aos seus conselhos.

Teresa

Era comum Manuel encontrar na casa de seus pais, Teresa, 23 anos, bem feita de corpo, simpática.

Teresa era mulata, filha de um pequeno fazendeiro com uma escrava. Logo após o seu nascimento, o pai, para evitar constrangimentos, alforriou a sua mãe, deu-lhe um dinheiro que lhe permitisse comprar uma casinha e enviou mãe e filha para o Rio de Janeiro, tendo antes a promessa de que nunca mais o procuraria.

Teresa cresceu ao lado da mãe, em meio a uma vida pobre, mas sem passar necessidades. Mocinha, aprendeu ofício de costureira.

Por indicações, acabou tendo entre seus fregueses de costura a família Alvarez.

— • —

Manuel, carregado dos hormônios próprios da idade, iniciou um relacionamento com Teresa.

Escapulia à noite do seminário, aliás prática comum a muitos seminaristas, corria para a casa da moça e passava lá algumas horas, com a indiferença da mãe de Teresa, que invariavelmente às 20 horas já estava dormindo.

Manuel não era assíduo, encontrava-se com Teresa coisa de uma vez por mês, embora por vezes passasse dois ou três meses sem vê-la; era uma atração puramente física.

Teresa igualmente não era apaixonada, nem fiel, mas achava Manuel inteligente, agradável e educado.

Esse relacionamento duraria anos.

O que Manuel não saberia enquanto encarnado é que Teresa havia transmitido-lhe sífilis.

A ESTRUTURA POLÍTICA DO IMPÉRIO

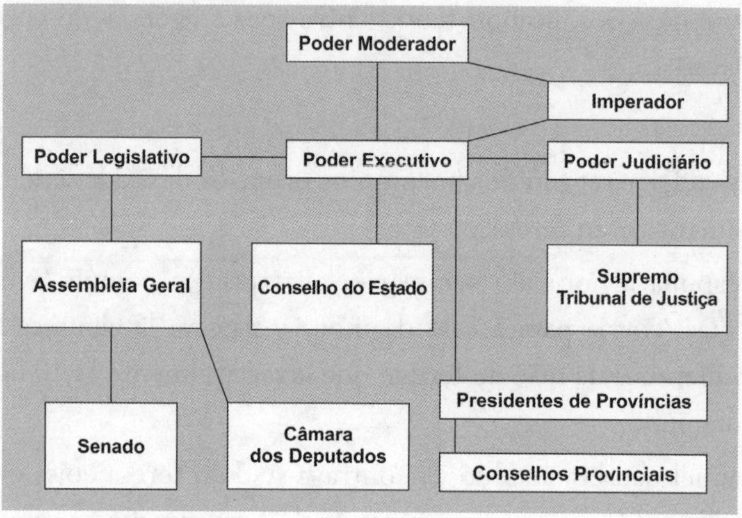

Estrutura política do império
Cabia ao imperador manter a harmonia dos três poderes.

Para melhor compreendermos a dura escolha que Manuel teve que fazer entre a política e o evangelho, necessitamos nos situar de como era a estrutura política do Brasil naquela época.

No Brasil Imperial, a Igreja Católica participava de forma decisiva na vida pública.

Os párocos eram encarregados do registro civil e do processo eleitoral, recebendo um salário do governo por essa prestação de serviços.

Pela constituição, os homens com mais de 25 anos, católicos, com renda superior a cem mil réis, eram agrupados por paróquia e votando, no recinto mesmo das igrejas, escolhiam os "eleitores de província".

Num processo indireto, os "eleitores de província" por sua vez votavam novamente, elegendo os deputados de cada província.

Os deputados constituíam a "Câmara dos Deputados". O Senado tinha seus membros escolhidos pelo Imperador.

A união da Câmara dos Deputados e do Senado era chamada "Assembleia Geral", o poder máximo do Império do Brasil[32].

AMBIÇÕES DE D. JOSÉ

D. José Caetano da Silva Coutinho, Bispo da Diocese de São Sebastião do Rio de Janeiro, era principalmente um político, caracterizado por uma eloquência nacionalista, embora fosse português de nascimento.

Figura destacada, havia feito a sagração de D. Pedro I, elegera-se deputado e a seguir tornara-se presidente da primeira Assembleia Constituinte Brasileira, formada em 1823, logo após a proclamação da independência.

Homem viajado, fora bispo na Índia.

No Brasil, destemido e aventureiro, decidiu conhecer a sua diocese que abarcava desde a província do Espírito Santo, passando pelas províncias do Rio de Janeiro e São Paulo, indo até ao extremo Sul na província de São Pedro do Rio Grande. Suas viagens foram cheias de aventura; numa delas acabou o dinheiro e chegou de volta ao Rio de Janeiro carregando as próprias malas, pois não podia sequer pagar um carregador.

Em 1825, o alvo do Bispo era ser deputado pela província de São Paulo e depois conseguir um posto de maior destaque na política imperial.

Para atingir seus objetivos, procurava cercar-se de assessores competentes, dinâmicos e arrojados, que compartilhando suas posições políticas, pudessem auxiliá-lo na busca de seus objetivos.

---

[32] Equivalente ao que hoje chamamos de Congresso Nacional.

Ligado ao Seminário S. José, teve conhecimento, pelos professores, do perfil de Manuel, seminarista que devia ordenar[33] em breve e que se encaixava na equipe que estava montando.

Tendo uma entrevista com Manuel, o Bispo impressionou-se favoravelmente e convidou-o para trabalhar com ele, auxiliando-o na campanha política.

Manuel ficou entusiasmado com a figura magnética, a palavra fácil, inteligente e culta do Bispo.

A ESCOLHA

Ordenado padre por D. José, em 1825, Manuel poderia aceitar o convite, auxiliando-o na carreira política.

O outro caminho era pleitear alguma paróquia do interior onde pudesse praticar a caridade, viver o Evangelho e terminar seus dias abençoado pelos moradores de alguma vila do imenso Império do Brasil.

Debalde, benfeitores espirituais tentaram atrair Manuel para a simplicidade, para a fé, para a caridade; valeram-se inclusive de um velho padre, que pouco antes de sua ordenação, conversou com Manuel longamente sobre a necessidade da volta da Igreja às águas puras do amor ao próximo e a Deus.

O Espírito amigo do antigo Bispo de Belém, Dom Miguel, conhecedor das armadilhas da carreira eclesiástica, também tentou influenciá-lo para seguir o caminho da humildade, da prece, do serviço aos necessitados.

Isabel, a irmã, amorosamente falou-lhe:

– Meu irmão, eu penso que o lugar do sacerdote é numa igreja, estimulando a fé e a esperança do povo; quando não, trabalhando em locais de sofrimento, aliviando as dores do próximo. Deixe a política

---

[33] Ordenar, ordem, sacramento católico, ministrado por um bispo, que torna o postulante um sacerdote católico.

aos políticos, você é tão inteligente; procure uma vila distante, espalhe lá a sua sabedoria, servindo aos seus irmãos.

– Cara irmã, uma lei que seja aprovada, um homem honesto que tenha um cargo, beneficiarão, não uma, mas todas as vilas...

Isabel, percebendo que não chegaria a nada, tomava a mão do irmão e mudava de assunto:

– Deixemos para lá o seu destino e vivamos o presente, conversemos sobre outros temas, não vamos perder esses momentos de convívio tão raros, em polêmicas...

Da mesma forma, não adiantaram os conselhos do pai.

Constância, a mãe, enfraquecida e doente dos pulmões, parecendo estar mais no céu do que na terra, vencendo sua fraqueza e suas dores, dirigiu-lhe palavras sensatas, carregadas de afeto e saturada de vibrações espirituais.

Manuel as ouviu com uma expressão dura, de boca calada. Nada respondeu.

— • —

Entre o Evangelho humilde e caritativo de uma pequena Paróquia, numa Vila qualquer e o palácio episcopal fervilhando de política, vaidade e ambição, Manuel decidiu-se pelo palácio. César falou mais alto no seu coração que Deus[34].

NEGÓCIOS E POLÍTICA

Havia uma certa afinidade entre a política de D. José e o comércio.

Na política a mercadoria a ser vendida ao público era a imagem do candidato. A política também era plena de negociações: negociar apoios, negociar divulgação, negociar projetos...

Manuel, na sua encarnação anterior, trabalhara décadas, vendendo e comprando; não poderia ser considerado um gênio, nem mesmo um

[34] "Dai a Cesar o que é de Cesar e a Deus o que é de Deus", Jesus.

mestre, mas sem dúvida era negociador habilidoso e vendedor com bom senso psicológico, tenacidade e senso de oportunidade.

Aquele tino comercial que estava no fundo da sua mente aflorou de forma imediata.

Embora sua pouca idade, foi pessoa de valia na campanha de D. José a deputado.

Preparou viagens, negociou apoios, publicou artigos laudatórios sobre o Bispo.

Para satisfação de todos os seus correligionários, o Bispo foi eleito deputado por São Paulo em 1826.

—•—

A atividade política prosseguiu febril e, em 1827, novo triunfo: D. Pedro I elegeu o Bispo para o senado.

Quase de imediato, outra vitória: D. José, Senador pela província por São Paulo, tornava-se Presidente do Senado do Império do Brasil, atingindo um dos mais altos postos do império.

—•—

O bispo do Rio de Janeiro reconheceu a importante contribuição do Padre Manuel em tantas vitórias, fiel, dedicado, habilidoso, inteligente; e tudo fez para mantê-lo a seu lado, prestigiando-o com missões de importância, vantagens e ganhos financeiros.

Manuel teve outro dividendo nesses anos de atividade política: partilhou a intimidade de figuras destacadas do império, conheceu os mecanismos dos gabinetes e partidos políticos; montou o que se chama hoje de "network", sua rede de relacionamentos profissionais.

A sua juventude o ajudava, pois o fazia notado:

– É surpreendente, esse moço de apenas vinte e poucos anos, parecendo um menino, já padre e servindo com tanta inteligência a D. José…

– É bom guardarmos esse nome, padre Manuel Álvares, ele vai longe…

Olhando-se no espelho de seu quarto, finamente decorado, o Padre Manuel, naquele ano de 1828, com uma expressão de arrogância, disse consigo mesmo:

– Meus familiares podem ter orgulho de mim; com apenas 26 anos sou íntimo do presidente do Senado, conheço as principais figuras do Império; e mais orgulho terão, pois antes do 30 anos serei Bispo…

Porém Manuel não via nem ouvia um Espírito atormentado, ladeado de alguns comparsas que dizia:

– Não apenas Bispo, mas meu Bispo, meu escravo Bispo… E deu uma sonora gargalhada, acompanhada por gestos de aprovação obscenos de seus comparsas.

Espíritos esses que não viam nem ouviam uma mulher desencarnada, de cabelos grisalhos, num dos cantos do quarto, com o rosto orvalhado de lágrimas, orando:

– Deus de misericórdia, socorre meu pobre filho, abrindo-lhe o coração para o verdadeiro sentido da vida. Que possa arrepender-se do caminho que tem tomado e perceber que esse poder mundano que almeja será apenas causa de desilusão e sofrimento. Auxilia também esses Espíritos endurecidos que, buscando o mal, encontrarão somente o mal. Socorre-nos a todos Senhor nas nossas imperfeições, e que eu possa acatar sempre a sua divina vontade com resignação e esperança…

Nesse momento suave claridade se fez no quarto, o líder dos Espíritos em sofrimento conclamou:

– Vamos embora daqui, estou sentindo coisas estranhas, deve ser algum amigo do Cordeiro buscando o impossível…

— • —

Percebendo a melhora do ambiente, que conseguira com suas preces, Constância, a mãe desencarnada, abraçou docemente Manuel, externando toda a sua ternura.

Firmou o pensamento, recordando cenas da infância do filho.

A expressão de Manuel tornou-se menos dura, sentiu uma saudade imensa da mãe que desencarnara há dois anos; um carinho pelo pai que amargava as dores da viuvez, pois era sincero no seu amor pela esposa, amor sem paixão, mas pleno de fidelidade e dedicação; uma vontade de conversar com a irmã, sensível e inteligente, que concentrava todas as suas forças na maternidade, posto que convivia com um marido insensível e algo brutal...

Decidiu interromper as suas atividades aquele dia e ir visitar o pai e a irmã.

EM FAMÍLIA

Junto ao pai expôs os triunfos políticos do Bispo e as relações que estabelecera com pessoas importantes.

O pai respondeu simplesmente:

– Meu filho, não me leve a mal, mas trabalho há 25 anos no governo, já vi tanta coisa, que não consigo mais me entusiasmar com política e gente que mora em palácio. O que eu gostaria muito é que você celebrasse uma missa pela Constância, sua mãe. Você poderia escolher uma igrejinha distante; assistiríamos apenas eu, sua irmã e a Dolores, que nos acompanha há tanto tempo que não sei mais, se é a criada ou uma pessoa da família. Você faria uma linda prédica lembrando sua mãe, eu podia chorar a vontade, sem constrangimentos, faria minhas preces acompanhando-o. Encerrada a missa sairíamos todos da igreja, afetuosamente unidos na dor e na esperança e com o coração mais leve e confiantes na bondade e na sabedoria de Deus.

O padre Manuel, se desconsertou, fez uma pausa, refletiu e respondeu:

– Sim, meu pai, farei isso e o avisarei.

Vendo o filho mais acessível, Álvaro arriscou mais um pedido:

– Mais uma coisa, meu filho: para completar o dia, poderíamos ir a uma rua qualquer, onde a miséria campeia, e distribuir alguns gêneros e roupas em memória de sua mãe, que tanto amava os pobres e desvalidos.

– Faremos isso também, meu pai, respondeu de forma lacônica Manuel.

Conversaram a seguir revivendo lembranças, e o Padre Manuel saiu mais aliviado.

Visitou a irmã, ouviu-lhe as queixas, comentou o pedido do pai, comeu bolos e doces que ela havia preparado especialmente para ele.

Aproveitando o momento de intimidade, falou à irmã das constantes dores de cabeça que sentia e que não sabia a causa. A irmã aconselhou-o a procurar um médico.

Celebrou a missa solicitada pelo pai.

Visitou os pobres junto ao pai e à irmã.

Não procurou o médico recomendado pela irmã.

Naquela semana seus interesses se modificaram, suas atitudes foram mais brandas.

— • —

Na semana seguinte, o Bispo D. José o chamou para montarem uma estratégia para combater o partido contrário.

Concentrou-se em levantar os pontos fracos dos adversários, onde poderiam ser atingidos, como solapar alguns apoios que haviam recebido.

A expressão dura e arrogante voltou, retornaram os obsessores.

Afeto, simplicidade, valores fundamentais da vida seguiram "cabisbaixos", para um cantinho esquecido do seu coração.

O BISPADO E A DESPEDIDA

Naquela época o governo brasileiro era quem indicava os Bispos do Brasil. Cabia ao Vaticano confirmar ou não as indicações feitas pelo governo.

Em 1832, graças ao apoio de D. José, Manuel foi indicado Bispo aos 30 anos.

Não chegou a ser confirmado pelo Vaticano; logo após a indicação, as dores de cabeça tornaram-se intensas, um mal-estar geral o prostrou.

Seis meses depois os pensamentos não lhe obedeciam, pequenos desvios de comportamento se agravaram rapidamente.

— • —

Em 1833, o Bispo do Rio de Janeiro, D. José Caetano da Silva Coutinho, entregava sua alma a Deus em meio a grave enfermidade, legando seus bens a instituições de caridade.

— • —

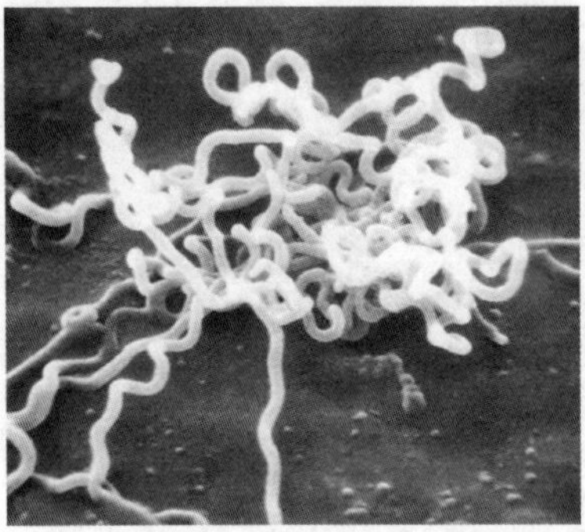

Treponema Pallidum
Bactéria espiroqueta causadora da sífilis.

Um ano depois era a vez do Padre Manuel partir para o plano espiritual, totalmente demente em virtude da neuro-sífilis, que os médicos da época não diagnosticaram.

Manuel despediu-se da carne dizendo coisas sem nexo, imobilizado na cama com tiras de pano, cercado pelos cuidados da irmã, pelo sofrimento inconsolável do pai e tendo o amparo possível, advindo das preces do nobre Espírito da mãe.

TUDO SE REPETE

Após alguns anos dementado no umbral, Manuel, graças às preces da mãe e ao auxílio de amigos de outras encarnações, pôde ser socorrido por benfeitores espirituais.

Conduzido ao Hospital da Luz, instituição espiritual, ligada a Portugal e ao Brasil, passou por longos tratamentos, refazendo-se.

ANALISANDO FATOS

Os Espíritos responsáveis pela sua recuperação, vendo que progredia, recobrando a consciência, recomendaram que passasse as últimas horas da tarde rememorando e refletindo sobre os acontecimentos de sua última encarnação.

Orientaram também que fizesse isso, no ambiente de solidão e paz, oferecido por um belo bosque, de árvores centenárias, que cercava o Hospital da Luz.

Todos os dias às 15 horas, seguindo as instruções recebidas, o padre Manuel dirigia-se ao bosque e ficava lá, imerso nas suas meditações até o pôr do sol, quando voltava para o hospital.

Quarta-feira, 15 de janeiro de 1840

Seis anos haviam se passado desde que desencanara.

Manuel, internando-se pelo bosque, aproximou-se de uma clareira, ao lado de um regato que serpenteava em meio as pedras. Naquela tarde uma funda expressão de tristeza desenhava-se no seu semblante, quando se sentou numa pedra.

Observou alguns cervos e outros animais beberem a água cristalina, enquanto um sabiá desferia seu canto em frondosa árvore.

Como comumente acontecia, o pensamento do padre Manuel divagava sobre suas experiências na última encarnação.

— • —

O que avançara nas conquistas morais? Quanto purificara o próprio coração? Havia se tornado mais humilde, mais amoroso, mais desprendido? Seu Espírito buscara mais a alegria do céu ou os prazeres da terra?

Teve a seu favor o "não": não fez isso, não fez aquilo, porém o que fez de efetivamente positivo? No campo da religião, lembrava-se de uma única missa rezada com devoção: a missa solicitada pelo pai e celebrada em favor da alma da mãe.

Quem auxiliou?

Sebastião

Lembrou-se de Sebastião, absolutamente negro, mostrando os dentes alvos, num imenso sorriso.

Sebastião era escravo de uma senhora de idade, Maria da Penha; executava a função de cocheiro, tomando conta de seus cavalos e conduzindo sua carruagem.

Conquanto escravo, num esforço imenso, Sebastião, ainda adolescente, apreendeu a ler sozinho.

A sua dona, tendo em casa uma biblioteca, permitiu que Sebastião tivesse acesso a ela, passando o jovem escravo a aproveitar todas as horas livres para ler; lendo, aprendeu a escrever corretamente e conseguiu ter até alguns conhecimentos de francês.

A velha senhora achou um desperdício mantê-lo como cocheiro e o alugou à diocese; com o dinheiro que recebia do aluguel de Sebastião, alugou outro escravo para ser cocheiro e ainda aumentou sua renda anual em mais de duzentos mil réis.

Alugueis.

7 Quem tiver hum preto que saiba cozinhar, e fazer todo o serviço de huma casa de homem solteiro, e o queira alugar, dirija-se a rua do Lavradio n. 101, ou annuncie por este Jornal.

8 Quem tiver para alugar dois pretos Padeiros, queira annunciar por este Jornal, ou dirigir-se a rua Nova de S. Bento n. 7 para tratar dos seus ajustes.

9 Quem quizer alugar hum armazem póde dirigir-se á rua da Cadeia n. 148 para tratar do ajuste.

10 Quem tiver e quizer alugar hum moleque de 15 a 16 annos para o serviço de huma casa, póde dirigir-se a rua da Cadeia n. 148.

11 Quem quizer alugar hum armazem na rua do Sabão, proprio para café, farinha, ou outros generos desta qualidade, procure na rua d' Alfandega n. 9, ou annuncie por esta folha para ser procurado.

Amas de Leite.

12 Quem tiver para alugar huma ama de leite dirija-se em casa do Illustrissimo S. Magregor Coronel dos Caçadores Estrangeiros, no caminho da praia Vermelha aonde achará com quem tratar.

13 Quem precizar de huma ama de leite para criar alguma criança, dirija-se á rua dos Ferradores casa n. 369, ao pé do Oratorio de Pedra para com ella tratar.

Achado.

14 No dia 10 do corrente achou-se huma preta nova que se julga estar perdida, a quem faltar a dita preta póde procurar na rua Nova de S. Bento n. 1, que dando os signaes certos se entregará.

Anúncio de aluguel de escravos
Um jornal do Rio de Janeiro 1828.

— • —

Quando o Padre Manuel começou a trabalhar na diocese junto ao Bispo D. José, Sebastião já estava lá.

Inteligente, prestativo, cortês sem ser subserviente, Sebastião logo chamou a atenção e conquistou a simpatia do padre Manuel.

O Padre Manuel, avesso à escravidão, considerava um contrassenso aquele homem inteligente e digno, sendo alugado como se fora um animal.

Passados alguns anos, tendo recebido algumas gratificações de D. José, o Padre Manuel se embrenhou numa negociação para comprar Sebastião de Maria da Penha.

A luta foi renhida, Maria da Penha, embora sua pouca instrução, valorizava cada real do seu patrimônio, e o padre não estava disposto a gastar um vintém desnecessariamente.

Depois de idas e contramarchas, ofertas e contraofertas, argumentações de parte a parte, durante semanas, finalmente foi lavrada a escritura de compra e venda que tornou o Padre Manuel proprietário legal de Sebastião.

No mesmo cartório, em seguida à escritura, o Padre Manuel registrou a carta de alforria de Sebastião.

— • —

Saindo do cartório, dirigiu-se à diocese.

Numa cena pitoresca, chamou Sebastião ao seu gabinete e disse-lhe:

– Sebastião, você acaba de mudar de dono duas vezes...

– Como assim, senhor Padre Manuel – falou humilde; com uma expressão algo atemorizada.

– Eu o comprei, fiquei seu dono, e a seguir o alforriei; agora vosmecê é o dono de si mesmo...

Sebastião ficou calado, tentando digerir a informação, depois compreendeu que estava livre; procurou no entanto manter a dignidade:

– Agora compreendo o que disse; muito agradecido, senhor; não sei o que dizer, a não ser que tentarei pagar o que gastou...

Mas não conseguiu, o pranto embargou-lhe a voz. Padre Manuel também se emocionou, mas para quebrar o clima de profunda afetividade que surgiu, falou algo irônico:

– Não pense nisso, homem; já falei com D. José, e o aluguel que a diocese pagava a Maria da Penha, é agora o seu salário; mas chega de tanta negociação; tomemos um copo de vinho para comemorar...

— • —

Ao lembrar-se do fato, sorriu; o que teria acontecido com Sebastião? Não mais tivera notícias dele...

De outro lado, quantos "Sebastião" não havia conhecido? Habitualmente os tratava como coisas, não os cumprimentava, ignorava-os, seu olhar superior não os via, somente lhes dirigia a palavra para dar ordens ou repreensões.

Fez pouco bem

Continuou lembrando-se de coisas boas que tinha feito: arrumou alguns empregos no governo para amigos pobres. Tratou com respeito e carinho aos pais e à irmã, mesmo na idade adulta, mas se a qualidade foi boa, a quantidade foi pouca, pois no geral foi um filho e irmão ausente.

E concluiu: poucos créditos para 14 anos de vida adulta; poderia ter feito muito mais: poderia ter ido para uma paróquia numa vila distante e ter feito tanta coisa; ou mesmo que não fosse, poderia ter alforriado muitos escravos...

As sombras se alongavam pelo bosque, os pássaros procuravam as árvores, aproximava-se a hora da Ave-Maria.

O ex-Padre Manuel ajoelhou-se ali mesmo e orou com simplicidade:

– Ave-Maria cheia de graça, o Senhor é convosco, bendita sois vós entre as mulheres, bendito é o fruto do vosso ventre.

Pequenina luz brilhava na sua fronte, quando voltou para seus aposentos no hospital.

Por que tanto sofrimento?

Certa tarde, caía uma chuva amiga, molhando as árvores, levantando da terra o cheiro característico.

Manuel havia avançado na tomada de consciência; sabendo-se Espírito, era capaz de, utilizando a própria mente, manter-se seco, deixando que a chuva o atravessasse, ou molhar-se, permitindo que as gotas de chuva aderissem à sua pele e às suas vestes.

Tomou a decisão de molhar apenas o rosto e as mãos.

— • —

No bosque, a chuva espalhava uma sensação de paz e os próprios animais pareciam como que recolhidos.

Passou a refletir sobre os sofrimentos que acompanharam a sua morte e se prolongaram por alguns anos no umbral.

O que fizera de tão errado para merecer tantas dores?

Não matara ninguém, não desviara dinheiro público, não destruíra lares.

Foi muitas vezes agressivo, arrogante e irônico nas lides da política, mas sempre procurou evitar ataques pessoais ou imiscuir-se na vida íntima dos adversários.

Houve o episódio de Teresa, em que prejudicou muito mais a si mesmo que a outros.

Houve outros tantos pequenos deslizes, porém somando tudo encontrava poucos débitos.

Chegou à conclusão de que não cometeu crimes que justificassem tantos anos de sofrimento.

Mas por que a justiça divina, a expressar-se nos níveis mais profundos de sua consciência, punira-o com tanta severidade?

— • —

A chuva molhava seu rosto, misturando-se às lagrimas, que uma profunda tristeza ia buscar do mais íntimo de sua alma...

Nesse momento, ouviu uma voz amorosa e firme, que lhe falava ao coração, posto que não via ninguém:

– Na verdade, meu filho, o seu erro foi "não fazer"; fostes omisso; fostes como um trabalhador que, enviado ao campo para efetuar uma semeadura, se deliciasse com a paisagem, se alimentasse nas horas aprazadas, se protegesse do sol, convivendo com os companheiros, conquistasse simpatias e, indo embora do campo, ao fim do dia, percebesse que, distraído, não tinha executado a tarefa.

E a voz acentuou uma sentença que lhe ficaria gravada na alma:

– Não tendo semeado, não teve as benesses da colheita.

E a voz prosseguiu, após pequena pausa, dando tempo para que ele assimilasse os conceitos:

– De alguma forma, o teu coração registra a dor daqueles que não ouviram as consolações do Evangelho; que não tiveram a palavra da fé e da esperança na justiça de Deus; dos órfãos que não foram abrigados; daqueles que erraram por não terem quem os alertassem; das crianças que não aprenderam a ler nem a orar; dos doentes que morreram sem esperança na vida futura. Em suma, sofres a dor do amor que não distribuíste.

A voz silenciou, Manuel levantou a cabeça, oferecendo o rosto para que a chuva o lavasse da tristeza e da vergonha.

Mais aliviado, pela tomada de consciência, orou com sinceridade em voz alta:

– Perdão, Bom Deus, perdão.

—•—

Um doce alívio espalhou-se pela sua alma; a chuva fecundava a terra; a experiência com suas dores fecundaria também a sua alma, e Deus, na sua bondade lhe daria a oportunidade de novamente semear o bem.

A chuva estava passando, uma pequena nesga de azul era visível por entre as árvores.

A luminosidade decrescia rapidamente, era hora de voltar ao hospital.

COMPARANDO

Quarta-feira, 23 de abril de 1840

Alguns meses depois, progredindo na sua recuperação, passou a recordar a penúltima encarnação, quando foi comerciante em Belém.

No seu passeio diário, dirigiu-se a uma parte do bosque onde havia um lago, sentou-se numa árvore caída; contemplou o sol, que, aproximando-se do horizonte, lançava sua luz de mistura com a sombra das árvores, nas águas do lago, criando efeitos multicores.

— • —

Dedicou-se naquela tarde a considerar as duas últimas encarnações:

Investira mais de um século naquelas duas experiências.

Comparando-as, rememorava as diferenças entre as duas vidas: numa fora comerciante, noutra padre; numa vivera longos anos, deixando extensa descendência; noutra morrera aos 32 anos, não deixando filhos.

Havia alguns fatos positivos na encarnação como padre: não escravizou ninguém, como fez indiretamente na encarnação como comerciante; não ganhou dinheiro com a expulsão de professores; ao contrário da encarnação anterior, amou sinceramente o Brasil, não levou ninguém à morte, não cultivou o luxo exagerado.

Porém, refletindo mais profundamente, suas últimas vidas, do ponto de vista íntimo, eram muito semelhantes:

- **Conseguir o renascimento:** projetos, preces, auxílio de amigos, suplicar à bondade de Deus que concedesse pais que o aceitassem.

• **O início promissor:** o mergulho na carne, a infância cercada de carinho, os estudos, os ideais da juventude.

• **Os interesses materiais:** os movimentos da vida adulta, as lutas, a acomodação, o esquecimento dos ideais que motivaram a encarnação, a prevalência dos interesses materiais, o domínio do orgulho e do egoísmo.

• **A morte:** o julgamento da justiça divina, a inconsciência, os sofrimentos nos umbrais, o longo despertar, o arrependimento.

• **A misericórdia divina:** o auxílio dos benfeitores, o refazimento, o reequilíbrio.

— • —

Nesse momento uma linda garça branca pousou à margem do lago, a poucos metros de distância.

Manuel parou suas reflexões, para olhar o pássaro. O sol declinava no horizonte, o céu tingia-se de amarelo e vermelho, os reflexos do céu se mostravam nas penas da garça, que não eram mais brancas, mas levemente amareladas.

Surpreso, Manuel viu inclusive um tom esverdeado nas penas da garça; elevou os olhos ao céu procurando a origem do reflexo e viu uma faixa de nuvens, efetivamente com um tom esverdeado; a luz amarela do sol combinava-se com o azul do céu, produzindo aquela cor inesperada.

Ficou encantado com o fenômeno ótico, a expressão de sofrimento se atenuou e disse à ave:

– Oh, bela garça, obrigado pela sua presença tão suavemente colorida...

O sol se punha. Manuel elevou uma prece a Maria, mãe de Jesus, e voltou ao hospital.

TERESA

Numa daquelas tardes formosas resolveu refletir sobre o seu relacionamento com Teresa.

O relacionamento com Teresa não foi bom; não tanto pela quebra do celibato sacerdotal.

—•—

Lembrava-se a propósito do Senador Martiniano de Alencar que conhecera pessoalmente.

Martiniano de Alencar era pároco no Ceará, apaixonando-se pela prima, levou-a para sua casa, assumidamente como esposa; teve muitos filhos e os legitimou.

José Martiniano de Alencar
Padre, senador e governador do Ceará, uniu-se a prima com quem teve inúmeros filhos, entre os quais o escritor José de Alencar.

Embora não casado legalmente, pois manteve o *status* de sacerdote católico, era bom pai e marido exemplar.

Tendo ocupado vários cargos políticos, chegou a Senador.

O cargo o obrigou a mudar-se para o Rio de Janeiro. Deixou de usar batina.

Aqueles que frequentavam sua casa respeitavam-lhe a esposa e os filhos.

A hierarquia católica não fez qualquer questionamento com relação à atitude de Martiniano de Alencar.

— • —

O Padre Diogo Feijó, homem exemplar também advogava a extinção do celibato sacerdotal no Brasil.

— • —

Se tivesse agido como o Padre Martiniano de Alencar, constituído família com uma moça a quem amasse, educado seus filhos no caminho da honra, certamente a consciência o absolveria.

Mas, no caso de Teresa, o que era manifesto? A leviandade, a ação oculta, o desprezo pelos sentimentos que devem unir um homem e uma mulher, a promiscuidade.

Balanço

Segunda-feira, 7 de setembro de 1840

No dia sete de setembro de 1840, lembrando-se da independência do Brasil, que ocorrera 18 anos antes, pensou na sua própria independência, na sua libertação dos vínculos que o prendiam às sombras.

A sua inteligência respondia racionalmente: o bem é melhor que o mal; os valores espirituais preponderam sobre os valores materiais; a humildade é a verdadeira liberdade; a maior riqueza é a caridade.

Entretanto, consultando o mais íntimo de seu coração e observando os seus atos nas últimas vidas, concluía que a elevação existia apenas na sua inteligência; na prática, os vícios do egoísmo e do orgulho ainda dominavam seu coração e na hora da verdade, do testemunho, da ação decisiva no bem, omitia-se; e, com a omissão, as suas crenças transformavam-se em palavras vãs.

— • —

Essas reflexões o entristeciam e amarguravam; recorria à prece e se aliviava.

— • —

Por vezes a sua mãe e amigos de outras vidas o visitavam, trazendo-lhe alegria e conforto.

Uma etapa se encerra

Quarta-feira, 23 de dezembro de 1840

Nesse dia foi chamado para uma conversa com o diretor do hospital, Silvério.

Silvério apresentava-se como um velhinho de cabelos e barbas brancas. Seu olhar entretanto revelava uma energia bondosa e uma autoridade moral que impunha respeito, acatamento, obediência.

Silvério iniciou a conversa, perguntando como Manuel se sentia.

– Sinto-me bem, desconsiderando a sensação de fracasso, e também uma certa desorientação; não sei para onde dirigir a minha vida, que objetivos fixar...

– Bem, o fracasso está no passado, e o que passou, passou, colheremos o fruto amargo de nossos desenganos e, se o fizermos com humildade e resignação, a colheita será o princípio do sucesso. Quanto a tua desorientação, vou lembrar-te de uma orientação de Nosso Senhor: "que cada um pegue a sua cruz e siga-me".

Silvério, vendo que Manuel se mantinha em silêncio e expectativa, apressou suas conclusões:

– No que me dissestes há uma afirmação relevante: "Estou bem", e quem está bem não necessita permanecer num hospital. Entrei em contato com teus companheiros de outras encarnações e eles te integrarão aos seus trabalhos. Aproveite o resto do dia de hoje para as despedidas. Amanhã teu antigo amigo de Belém, João Batista de Oliveira, virá buscar-te. Estás de alta. É esse o seu presente de Natal.

Depois de alguns segundos, Manuel respondeu:

– Não sei o que dizer... estou alegre por partir, mas sentirei saudade desse lugar, não sei como agradecer por receber tanto e não retribuir com nada...

– Agradeças a Jesus, vá e não caias em novos erros.

— • —

No dia seguinte, João Batista de Oliveira, o antigo capitão-mor e ajudante de sala do ex-governador do Pará, Mendonça Furtado, aparecia sorridente para levá-lo.

A Estrela da Luz

Manuel foi alojado junto ao grupo que trabalhava no plano espiritual sob as ordens de Mendonça Furtado.

O grupo se abrigava numa fortaleza denominada "Estrela da Luz".

Era semelhante na sua feição arquitetônica ao forte dos Três Reis Magos de Natal, no Rio Grande do Norte, com seus muros em formato de estrela.

Fortaleza dos Reis Magos
Natal, Rio Grande do Norte, a fortaleza "Estrela da Luz" no plano espiritual guardava alguma semelhança no seu formato.

Teria talvez, em linguagem terrestre, uns três quilômetros de diâmetro.

Abrigava algumas centenas de pessoas.

Dispunha de alojamentos, refeitório, salas de oração, salas de estudo, cavalariça e canil, pois os Espíritos por vezes se valiam desses animais em suas excursões.

O solo entre as diversas edificações era gramado, contendo, no entanto, pequenos jardins e caramanchões.

Toda pintada em branco e azul, transmitia uma alegria suave.

Encravada nos umbrais, próxima ao Rio de Janeiro, a fortaleza era cercada de paisagem nevoenta, embora por um fenômeno que não saberia explicar; quando se estava dentro dela, via-se um céu azul, com ocasionais nuvens brancas.

A INSTRUÇÃO

João Batista aproveitou o dia para instruir Manuel sobre as atividades do grupo.

Foram até um caramanchão formado por jasmineiros floridos que transmitiam o perfume característico.

Sentaram-se em bancos e João Batista principiou as explicações.

– Ismael é o governador espiritual do Brasil, nomeado por Jesus.

Estamos entre os milhões de Espíritos que lutam sob as suas ordens, como se fossem um grande exército. São lutas sem sangue, sem ódio.

São lutas para que a luz afugente as trevas; o bem triunfe sobre o mal; a verdade prevaleça sobre a ignorância.

A luta se desenvolve em três frentes:

- dentro de nós mesmos, trabalhando por cultivar as virtudes na nossa alma;
- no plano espiritual, onde enfrentamos as organizações trevosas;
- e, finalmente, na crosta terrestre, procurando influenciar o curso dos fatos para o bem.

– E como se organiza esse trabalho? – perguntou interessado Manuel.

– Comparando o exército de Ismael com um exército terrestre, veríamos em Ismael o comandante supremo, tendo abaixo dele os oficiais, que são os benfeitores espirituais, Espíritos iluminados cujas virtudes superam os vícios; esses oficiais se graduam em diversos estágios evolutivos: marechais, generais, coronéis, majores, etc.

Abaixo dos oficiais teríamos os praças, Espíritos com propósitos de corrigenda e trabalho no bem, mas ainda esmagados pela ignorância e pelos vícios morais, alguns detendo posições de chefia: os sargentos, cabos.

Finalmente aqueles outros, no grau mais baixo da hierarquia, não transmitindo ordens e apenas cumprindo as que recebem, os soldados.

– E onde o grupo de Mendonça Furtado se situa?

– Nessa imagem poderíamos ver em Mendonça Furtado o responsável pelo nosso pelotão, como um simples cabo, e nós, na escala mais baixa da hierarquia, atuando como soldados.

E acrescentou sorrindo:

– Embora nossa assumida inferioridade moral e intelectual, somos felizes e agradecidos a Deus por estarmos integrados no exército da luz e podermos ter tarefas que, de alguma forma, procedem de Jesus, a quem, em última instância, devemos o sentido de nossas vidas.

Manuel expôs uma dúvida:

– Eu entendi o que você falou, sei dos enganos de Mendonça Furtado, pelo menos na encarnação do século 18, mas a mim parece homem de grande inteligência e cultura.

– Mais inteligente do que nós, sem dúvida, pois é ele que nos transmite as instruções que recebe do mais alto; mas aprendi que existe uma única lógica verdadeira, a que procede dos ensinos de Jesus. Mendonça Furtado, embora toda a sua experiência e cultura acumulada, ainda não é capaz de raciocinar com desenvoltura em termos do Evangelho do Cristo; assim sendo, não consegue formular diretrizes, mas já é capaz de compreender as diretrizes que fluem do alto e procura executá-las, transmitindo-as aos seus colaboradores, que somos nós.

A TAREFA

Nesse momento foram interrompidos por Antônio Gonçalves, antigo sogro de Manuel, pai de Maria da Fé, que se apresentou sorridente:

– Então o amigo se instrui e se prepara para o trabalho...

Os dois levantaram-se para abraçá-lo e o convidaram para participar da conversa, pois Antônio estava num momento de folga.

Manuel tomou a palavra, expondo as suas dúvidas:

– O que João Batista falou foi importante, mas na prática, o que fazemos?

João Batista, fazendo uma expressão curiosa, tocou amigavelmente no ombro de Antônio:

– Responda essa questão, Antônio...

Antônio tomou a palavra:

– Diminuir o tráfico negreiro e trabalhar pela sua extinção no Brasil. Para tanto, atuamos em duas frentes:

• nos gabinetes de governo, sensibilizando as autoridades para repudiarem o tráfico;

• e junto aos capitalistas que financiam o comércio nefando, induzindo-os a encaminharem seus capitais a outros empreendimentos.

Dessa forma, pacientemente, vamos minando os apoios políticos e os recursos financeiros do tráfico negreiro.

– Então o nosso trabalho é, principalmente, na crosta terrestre?

– Não. Habitualmente os defensores do tráfico, capitalistas e políticos, são obsediados que têm profundas ligações com as trevas, consequentemente as nossas lutas se dão principalmente no plano espiritual; mas é comum nos deslocarmos até a Terra, para agir junto a encarnados.

– E como são atribuídas as tarefas?

– Mendonça Furtado, recebendo uma indicação de trabalho, designa uma dupla para agir junto a determinado investidor ou político. Como as vezes é um grupo de investidores, ele envia várias duplas para agirem de forma coordenada. É uma tarefa difícil, muitas vezes fracassamos, mas aos poucos vamos diminuindo a força política e financeira do tráfico, cuja origem primeira é a cobiça desenfreada e desumana.

– Há outros grupos fazendo coisa semelhante? – perguntou Manuel.

– Centenas, agindo em todo o Brasil, com relação ao tráfico; na luta contra a escravidão existem alguns milhares de grupos trabalhando nessa causa benemérita.

Mendonça Furtado

Desejando mais informações sobre Mendonça Furtado, Manuel perguntou:

– E Mendonça Furtado? Não sei nada sobre ele desde 1801, quando mergulhei na carne.

João Batista, muito ligado a Mendonça Furtado, informou o seguinte:

– Depois de aconselhar-se com os benfeitores espirituais, focou os seus esforços no combate ao tráfico negreiro, atuando inclusive no governo de D. João VI, em 1810, nas tratativas, obtendo a cooperação da Inglaterra, culminando com o compromisso de Portugal de cessar todo o tráfico nas costas da África. Infelizmente, os compromissos não foram cumpridos...

Manuel atalhou, interessado:

– Nas minhas lides políticas, acompanhei, em 1826, a assinatura do tratado entre o governo do Brasil e a Inglaterra, para extinguir o tráfico negreiro em três anos. Ao que me pareceu, não surtiu efeito; em 1831 assisti à vitória da lei apresentada por Diogo Feijó, que declarava "todos os escravos que entrarem no território ou portos do Brasil vindos de fora ficam livres". Logo depois, com a doença, perdi a consciência e não sei o que aconteceu.

– Mendonça Furtado e seus colaboradores participaram dessas duas batalhas – esclareceu Antônio. As assinaturas foram conseguidas, mas o tratado de D. Pedro I e a lei de Feijó não surtiram efeito e anualmente continuam chegando centenas de milhares de homens, mulheres e crianças, enodoando a moralidade de nossa pátria. E, se não fossem os esforços de centenas de grupos como o nosso, muitos mais chegariam. Continuamos lutando, e temos certeza de que Ismael sairá vitorioso e o tráfico será extinto.

E as instruções dadas pelos amigos prosseguiram por toda a tarde, naquela véspera de Natal.

Ao despedir-se, Antônio convidou Manuel a passar o dia em sua residência.

Era uma casinha escondida, num pequeno pomar entremeado de flores, sempre povoada de pássaros, situada em recanto espiritual próximo.

O detalhe mais bonito da casinha era o amor de Antônio Gonçalves e Isabel de Jesus, que, triunfando sobre os preconceitos, triunfara também sobre a morte.

— • —

No dia 25 de dezembro de 1840, nas preces comemorando o nascimento de Jesus, Manuel agradeceu o trabalho que lhe era oferecido no seio da sua família espiritual, com o coração batendo mais forte, partilhando a luz dos ideais pelos quais lutavam aqueles Espíritos.

Pediu por todos os companheiros e, especialmente, pelo "cabo" Mendonça Furtado.

Haviam contribuído para a difusão do tráfico no Brasil, incentivaram o crime e retardaram o progresso do país: agora, enfrentando dificuldades sem conta, reparariam, pelo menos em parte, os erros cometidos.

Em trabalho

Algumas semanas depois, Manuel foi chamado à saleta de Mendonça Furtado, juntamente com João Batista.

Após os cumprimentos habituais, Manuel mantinha uma atitude respeitosa e algo formal, hábito que adquirira nas raras reuniões que tivera com o antigo governador do Pará.

Mendonça Furtado, percebendo algum constrangimento, esclareceu:

– Manuel, não sou mais o governador, sou seu irmão, tentando aprender a servir a Jesus. Deixemos de lado o conceito de superiores e inferiores; sou apenas um companheiro de trabalho, com tarefas específicas.

Vendo que Manuel sentia-se mais a vontade, prosseguiu:

– Recebi a seguinte incumbência: impedir que dois irmãos, Gastão e Fernando, invistam seus capitais no tráfico. Residentes no Rio de Janeiro, venderam sua fazenda de café em Vassouras e estão com um bom dinheiro. Joaquim, um aliciador de financiamento para o tráfico negreiro, está preparando-se para convencer os dois irmãos a investirem seu dinheiro junto a Julião, proprietário de um navio, que tenciona fazer uma viagem até a África, mas não tem os recursos necessários; obsessores dos três se uniram para tentar realizar o negócio.

Mercado de escravos no Valongo
Quadro de J. B. Debret.

E, após pequena pausa, concluiu:

– Vão até lá, levantem a situação, vejam com quem podemos contar. Embora o objetivo central seja impedir que os irmãos façam esse negócio, procurem, se possível, auxiliar os demais envolvidos.

Após Mendonça Furtado passar mais alguns detalhes, despediram-se.

— • —

Algumas horas depois, estavam os dois soldados de Ismael trabalhando.

Localizaram as moradias dos dois irmãos. Ouvindo as conversas e procurando ler os pensamentos das pessoas da casa, compreenderam o que se passava.

Tendo morrido o pai, os dois irmãos haviam vendido a sua fazenda.

Pouco inteligentes e inexperientes, ficaram atordoados com tanto dinheiro, pois o pai, enquanto vivo, sustentava os dois com dinheiro medido e curto.

Gastão, o mais novo, era recém-casado; a mulher, muito jovem, 18 anos apenas, esperava um filho, absolutamente alheia e desinteressada de negócios, "coisa de homem".

Gastão era vaidoso e arrogante pela sua posição social; desastrado em termos de negócios, porém achando-se um hábil comerciante. Ganancioso, tinha em mente que, quanto mais rico, mais importante seria.

Fernando, o mais velho, era solteiro; suas preocupações maiores eram: qual a nova moda em chapéus? Ou: quando será o próximo baile na casa do Monteiro?

Vivia cercado de Espíritos levianos. Ganancioso, como o irmão, valorizava muito o dinheiro, indispensável na manutenção de sua vida de futilidades e esbanjamentos.

Havia um ponto de apoio entre os encarnados: a mãe, Eufrásia, senhora sensata e de bom coração, porém desorientada com a morte do marido; o que mais fazia era chorar, trancada no seu quarto.

O pai, Jacinto, desencarnado há pouco mais de um ano, ainda não adaptado à vida espiritual, ligava-se obsessivamente à antiga esposa, mas era pessoa com valores morais apreciáveis.

Joaquim, o agenciador, pessoa sem escrúpulos, destituído de qualquer senso moral, colocava o dinheiro acima de tudo.

Julião, o proprietário do navio, atolado em dívidas, desesperado, procurando um meio de safar-se da falência, já havia sido convencido por Joaquim.

Concluído o quadro, João Batista e Manuel sentiram-se desalentados.

Aquelas pessoas não lhes inspiravam nenhuma simpatia, nenhuma afinidade; mas lembrando-se que eram soldados do bem, deveriam cumprir o seu dever acima de suas predileções pessoais, lutar até o fim, submetendo-se aos desígnios de Deus.

— • —

Voltando à fortaleza "Estrela da Luz", submeteram a situação a Mendonça Furtado, que lhes disse:

– Vamos orar e ver o que os maiores decidem.

Dirigiram-se a uma das salas de oração e elevaram seus pensamentos ao céu, pedindo o auxílio na tarefa que receberam. A figura de um mentor lhes apareceu e os orientou:

– Teremos duas linhas de ação: esclareceremos o pai desencarnado que, fortalecido, auxiliará a mãe; teremos assim dois importantes pontos de apoio ligados aos corações de Gastão e Fernando: a mãe no plano material e o pai no plano espiritual; essa será a sua tarefa principal, João Batista.

Depois de pequena pausa, o mentor, pousando o olhar lúcido em Manuel, orientou-o:

– Localize investimentos no bem, que possam substituir a ação no tráfico e procure conduzir as negociações de maneira que os irmãos empreguem o seu capital sem enveredarem pelo crime.

E pousando a mão no ombro de Mendonça Furtado:

– Quanto a vosmecê, dê suporte aos dois nos momentos mais difíceis.

— • —

Os dois dedicaram-se com todo empenho à tarefa.

João Batista aproximou-se de Jacinto, o pai, conquistou-lhe a confiança; depois, com o auxílio de Mendonça Furtado, conseguiu esclarecê-lo.

Desvencilhada do marido, em poucas semanas Eufrásia recuperava sua antiga energia e postura; falou franca e energicamente com os filhos:

– Não os quero transformados em crápulas, negociando carne humana, mais vis que antropófagos, que devoram a carne movidos pela fome e pela ignorância; enquanto vocês pretendem fazer o mesmo movidos pela ganância. Não quero que vosmecês façam Jacinto, seu pai, homem honrado, chorar de vergonha no túmulo por ver o dinheiro que ele ganhou honestamente ser usado em velhacarias, às ocultas da polícia.

Os dois irmãos se atemorizaram com a veemência da mãe.

— • —

Joaquim, o corretor, nas suas noites era visitado por Manuel, que fixava a mente nos sofrimentos que enfrentou no plano espiritual em virtude de seus atos ligados ao tráfico, e a seguir, vencendo sua aversão natural, envolvia Joaquim transmitindo-lhe as mesmas dores. Se não conseguiu converter Joaquim ao bem, pelo menos tornou-o mais temeroso junto aos males que tentava praticar; inseguro, não conseguiu conquistar a confiança dos dois irmãos e também do dono do navio.

— • —

Na outra linha de ação, Manuel localizara um comerciante de tecidos que necessitava de aportes de capital para trazer seda e casimira da Europa. Manuel conseguiu aproximar o comerciante dos dois irmãos e de Julião, o dono do navio.

— • —

Por fim os dois capitalistas, o negociante de tecidos e o capitão do navio, acertaram as negociações.

Na hora de fechar o negócio solicitaram o apoio de Mendonça Furtado, que trouxe pequeno batalhão de soldados para cercarem a casa e evitarem a entrada de Espíritos trevosos; no momento mesmo da assinatura dos contratos, pressentiram que Espíritos superiores os apoiavam, sustentando-os na luta.

— • —

Lá se foram os capitais de Gastão e Fernando, transformados em ternos e vestidos: lucros para lojistas, alfaiates e costureiras; mais elegância para brasileiras e brasileiros.

Eufrásia, unida novamente a Jacinto, passou a auxiliar os filhos, moderando os seus maus hábitos.

Alguns obsessores de Fernando foram encaminhados ao bem.

Depois de todo aquele esforço, o coração de Manuel se abrandou, e sua antipatia pela família foi vencida, e passou a vê-los com compreensão e algum afeto.

Centenas de negros foram poupados; número pequeno se comparado às centenas de milhares que aportavam no Brasil; porém considerando que havia centenas de grupos como o de Mendonça Furtado, o resultado geral tornava-se apreciável.

A realidade brasileira e os sentimentos dos trabalhadores iam se modificando lentamente pela bênção do trabalho no bem.

Esse episódio durou seis meses, outros foram acontecendo, nem todos com tanto sucesso, mas sempre se plantando algum bem ao longo dos anos.

EUZÉBIO

Um dos alunos do seminário São José, que ficou gravado na memória de Manuel, foi Euzébio de Queiroz.

Em 1825, quando o Padre Manuel deixava o seminário de S. José, Euzébio ingressava, buscando apenas instrução, pois não desejava a carreira eclesiástica.

Manuel, que ainda mantinha estreitas relações com o seminário, tomou conhecimento e quis conhecer pessoalmente aquele menino de apenas 13 anos, que no entendimento dos professores, competia com eles em inteligência e saber.

Euzébio nasceu em Luanda, na África, em 1812; filho de um ouvidor; veio ainda criança para o Brasil.

Com 15 anos entrava na academia de Direito e se distinguia entre os colegas, homens já feitos.

Em 1832, com menos de 20 anos, obtinha o diploma de bacharel e assumia o cargo de juiz criminal.

Euzébio era abolicionista já de berço, pois o pai, grande amigo de José Bonifácio de Andrada e Silva, já na época da independência do Brasil, havia incentivado as colônias portuguesas da África a proclamarem também sua independência, unindo-se ao Brasil.

Com a doença e a morte, Manuel não teve mais notícias de Euzébio.

— • —

Assumindo em 1841 a luta contra o tráfico no plano espiritual, Manuel, que possuía forte admiração por Euzébio, ficou sabendo, com satisfação, que Euzébio tornara-se abolicionista e seguira a carreira política.

A nomeação de Euzébio como Ministro da Justiça, em 1848, trouxe grandes esperanças para os opositores do tráfico.

Em relatório enviado à Assembleia Geral, Eusébio considerava:

"O tráfico de africanos tem até hoje zombado das diligências para combatê-lo. Entretanto, os compromissos a que nos achamos ligados, altamente reclamam medidas prontas e eficazes para reprimi-lo".

De outro lado, parcela expressiva da opinião pública passava a ser contra o tráfico negreiro, como observava Euzébio:

"Felizmente vai se desvanecendo a opinião, que tanto se havia generalizado, de ser infalível a morte da nossa agricultura, logo que cessasse a introdução de novos braços escravos; e, pelo contrário, a opinião que vê na continuação do tráfico um grave perigo contra a nossa segurança interna vai fazendo notáveis progressos. É essa convicção que há de produzir a cessação completa do tráfico".

Essa mudança de opinião era produto das décadas de trabalho amoroso desenvolvido pelos soldados de Ismael junto às consciências.

Havia ainda mais dois fatores que favoreciam a extinção do tráfico:

- a pressão internacional liderada pela Inglaterra;
- o imperador D. Pedro II, abolicionista convicto, tinha grande peso político e autoridade moral junto ao povo, conquanto com as mãos atadas, pois a elaboração e aplicação das leis estavam a cargo da Assembleia Geral, que equivalia ao que hoje se denomina Congresso Nacional; ele, imperador, quanto a legislação interna, tinha apenas o poder de veto.

A Assembleia Geral

Na Assembleia Geral havia muitos deputados e senadores traficantes, ou subsidiados por traficantes; assim sendo, eram aprovadas leis para salvar aparências, para "inglês ver". Leis efetivas e consistentes contra o tráfico não passavam.

Havia deputados, desvinculados de qualquer ideário político, que procuravam a câmara simplesmente em busca da chamada "imunidade parlamentar", instituto que lhes garantia na verdade "impunidade" por impedir que os mecanismos normais da justiça os atingissem.

Em contrapartida, havia senadores e deputados abolicionistas, sinceros e idealistas.

Inúmeras instituições filantrópicas faziam do combate ao tráfico a sua bandeira, e também pressionavam o legislativo.

No congresso, as trevas e a luz portanto estavam quase equilibradas, porém com alguma vantagem para as trevas.

A LEI

Nesse cenário de fatores favoráveis e desfavoráveis, Euzébio, aproveitando projetos existentes, encaminhou uma lei que dava efetivo amparo ao combate do tráfico, estabelecendo em resumo:

- Eram apenados o dono do navio, o capitão e a tripulação.
- O dono perdia o navio, além de ser condenado, como os demais envolvidos, ao exílio e à multa.
- O apresamento era estimulado, pois navio apresado era vendido, sendo o produto da venda entregue ao apresador.
- A delação era regiamente recompensada, o delator recebia ¼ do valor do navio apreendido; a tripulação que colaborasse na delação recebia 40 mil réis por africano encontrado no navio.

Sabedor que a lei não basta, Eusébio também tomou as providências para que ela fosse apoiada pela opinião pública e tivesse os instrumentos necessários à sua aplicação.

A BATALHA

Larga faixa de trabalhadores espirituais foram arregimentados para agirem junto aos deputados e senadores, induzindo-os à aprovação da lei.

Mendonça Furtado e seus cooperadores, incluindo Manuel, cancelaram todas as folgas, no esforço ingente de tocarem o coração dos membros da Assembleia Geral, da imprensa, dos formadores de opinião.

No dia da votação, Espíritos superiores vieram até a Assembleia Geral, impedindo a presença das forças das trevas.

D. Pedro II
Imperador do Brasil.

O Imperador D. Pedro II, dedicado servidor encarnado de Ismael, jogou todo o seu prestígio, pressionando a Assembleia para a aprovação, consignando mesmo em despacho, *que preferia perder a coroa a consentir na continuação do tráfico*[35].

Em 4 de setembro de 1851, a lei 581 foi aprovada pela Assembleia Geral, reunida no Campo de Santana, no antigo palácio do Conde dos Arcos, local tão familiar a Manuel nas suas atividades políticas como padre.

A lei passou a ser conhecida como "Lei Euzébio de Queiroz".

Levada a D. Pedro II, o imperador a sancionou com grande satisfação, pondo-a imediatamente em vigor.

Eusébio de Queiroz, autor e Ministro da Justiça, tomou todas as providências para que a lei fosse posta em prática.

---

[35] Conforme informa Joaquim Nabuco em "O Abolicionismo".

Consequências

As estatísticas despencaram, as centenas de milhares de escravos que chegavam às costas brasileiras todos os anos foram reduzidas, segundo estimativas históricas, a poucos milhares no ano seguinte à promulgação da lei.

Os investimentos liberados pelo tráfico trouxeram grande progresso ao Brasil.

Os capitais que serviam às trevas passaram a servir à luz, financiando a construção de estradas de ferro, ampliando linhas telegráficas, instalando transportes coletivos e iluminação pública nas principais cidades do país, além de expandirem a indústria e a agricultura.

Euzébio de Queiroz teve que pagar o preço de sua dedicação às causas nobres. Adversários e pessoas ligadas ao tráfico montaram larga campanha de difamação, afirmando que a lei havia sido elaborada pela Inglaterra, e que Euzébio estava a serviço das indústrias inglesas.

Uma rematada tolice, pois o Brasil, essencialmente agrícola, não poderia confrontar a indústria inglesa, e o braço escravo era praticamente ausente de nossas poucas manufaturas.

Euzébio prosseguiu no entanto servindo ao país, contribuindo com outras leis como o "código comercial".

A luta Espírito a Espírito

Terminado o trabalho junto ao tráfico, a equipe de Mendonça Furtado dedicou-se ao passo seguinte, que era a abolição da escravidão no Brasil.

A feição mais humilhante da escravidão era a escravidão doméstica; a mais numerosa era a escravidão agrária.

E pelas décadas seguintes encontraríamos Manuel e seus companheiros, trabalhando pacientemente na crosta terrestre: sensibilizando um fazendeiro a alforriar seus escravos; junto a uma sinhazinha amolecendo seu coração para que libertasse uma mucama; auxiliando uma instituição que angariava fundos para alforriar escravos; conscientizando um deputado a aprovar alguma medida que favorecesse a abolição.

Mucama
Tendo ao lado o filho da Sinhá.

De outras vezes, os veríamos nos umbrais, auxiliando Espíritos de ex-escravos a libertarem-se da revolta; induzindo antigos escravocratas a reverterem seus sentimentos de culpa; concitando a todos a abandonarem o caminho do mal e a ingressarem na falange do bem.

Trabalho anônimo e modesto, estendendo-se ao longo dos anos, repetindo-se por décadas, aparentemente sem retorno, mas que ia mudando a consciência nacional, pessoa a pessoa.

Por volta de 1860, correu a notícia de que um apóstolo de Jesus havia reencarnado na França e iniciara sua tarefa pública, divulgando na Terra as realidades espirituais.

Era a terceira revelação que surgia, após a primeira feita por Moisés e a segunda levada a efeito por Jesus.

Seu nome era Hippolyte Léon Denizard Rivail e utilizava o pseudônimo de Allan Kardec.

Uma verdadeira plêiade de Espíritos superiores o rodeava e se manifestava em reuniões que realizava em Paris.

Os ensinos dos Espíritos superiores tomavam a forma de livros que iam se espalhando pelo mundo físico e espiritual.

A biblioteca da fortaleza "Estrela da Luz" recebeu os exemplares; irmãos que dominavam o francês logo os traduziram.

— • —

Aqueles livros significavam uma nova era para a humanidade, e com grande emoção Manuel recebeu um exemplar de *O Livro dos Espíritos* pelas mãos de Mendonça Furtado.

Foram organizados horários nas salas de estudo da fortaleza para que os Espíritos abrigados ali pudessem, em conjunto, debater as ideias codificadas por Kardec, para melhor aprendê-las.

O QUADRO FALANTE

Nas salas de estudo havia quadros com imagens de grande realismo semelhantes a fotografias, porém com três diferenças:

- as imagens eram coloridas;
- as imagens se movimentavam;

• o quadro produzia sons; se, por exemplo, era um quadro de pessoas conversando, ouvia-se o que diziam.

Manuel, toda vez que assistia uma cena no "quadro falante", ficava encantado.

Benfeitores esclareceram que, no futuro, o "quadro falante" existiria também na terra e seria comum, mesmo residências simples o teriam.

— • —

Através do "quadro falante", os Espíritos da fortaleza assistiam às reuniões que estavam ocorrendo em Paris, dirigidas por Kardec.

Podiam ver e ouvir os grandes vultos da humanidade: Sócrates, Platão, Paulo Apóstolo, João Evangelista, São Luiz, Santo Agostinho, Fénelon... transmitindo mensagens tocadas de grande beleza e profundidade.

Allan Kardec
Apóstolo de Jesus reencarnado, codificador da Doutrina Espírita.

Era frequente todos chorarem comovidos ao assistirem às reuniões conduzidas por Kardec.

Entendiam que uma nova era surgia para a humanidade, após milênios debatendo-se com o enigma da morte, os homens doravante poderiam vê-la como expressão da justiça e sabedoria divina.

Tendo acesso às leis naturais reveladas, notadamente a lei das reencarnações, teriam uma base segura para sua fé.

Os "transplantadores"

Benfeitores explicaram que o Brasil estava destinado a uma ampla tarefa, ligada ao desenvolvimento e à divulgação da Doutrina Espírita.

Nascido na França, acalentado por Kardec, o Espiritismo seria transplantado para o Brasil, tarefa a ser desempenhada por uma série de Espíritos elevados, aqui encarnados.

Esses Espíritos eram chamados de "transplantadores" e iam revelando-se aos poucos, para os Espíritos de condição evolutiva mais modesta, tais como Manuel e seu grupo.

Identificá-los, despertava grande entusiasmo, e era motivo de infindáveis conversas e reflexões.

— • —

Um dos primeiros a ser descoberto foi Luis Olímpio Teles de Menezes.

Em 29 de setembro de 1865, João Batista, sabendo que Manuel e Gaspar estavam de folga, chamou-os mentalmente.

Em poucos minutos estavam os três reunidos na fortaleza Estrela da Luz, sob o caramanchão predileto.

Os dois perguntaram quase ao mesmo tempo a João Batista:

– O que aconteceu?

– Algo surpreendente e muito auspicioso. Ontem o *Diário da Bahia* publicou um extrato, algo extenso da introdução de *O Livro dos Espíritos,* de Allan Kardec. Quem assinou a matéria foi um tal Olímpio Teles de Menezes.

– É para guardarmos na memória esta data: 28 de setembro de 1866, redarguiu Manuel, emocionado. Pela primeira vez a imprensa brasileira divulga as ideias espíritas. Ele deve ser um "transplantador". E o que mais você sabe?

– O texto saiu como resposta a um artigo, traduzido de um jornal francês, *Gazette Medicalle*, que tratava desfavoravelmente o Espiritismo – respondeu João Batista; são as informações que eu tenho.

– Vamos conhecer esse foco de luz? – sugeriu Gaspar.

Acatando a sugestão, poucos minutos depois estavam os três Espíritos amigos na capital da província da Bahia.

Lá, localizando Teles de Menezes, encontraram alguns Espíritos protetores que cuidavam da sua segurança; um desses Espíritos informou-os gentilmente:

– Teles de Menezes é um Espírito cheio de fé, heroico trabalhador na semeadura da Doutrina Espírita. Inteligente, culto, moralizado, há pouco mais de 10 dias fundou aqui em Salvador o "Grupo Espírita Familiar do Espiritismo". A força dos seus ideais tem um alto poder contagiante. Muitos baianos se unirão a ele. Quanto à sua vida pessoal é um simples taquígrafo[36] da Assembleia Provincial da Bahia, casado.

Os três manifestaram a intenção de manterem-se informados sobre as atividades de Teles de Menezes, no que o Espírito protetor prontificou-se a atendê-los.

— • —

Manuel e seus companheiros viram com surpresa os fatos, envolvendo o *Diário da Bahia* e Teles de Menezes, serem comentados por Allan Kardec na sua publicação, *Revista Espírita*, em novembro de 1865.

Nos anos seguintes acompanharam diversas campanhas objetivando desmoralizar Teles de Menezes por meio da imprensa, com caricaturas grosseiras, chacotas e notícias injuriosas.

O "transplantador" sofria ainda ataques provenientes do catolicismo e as amarguras da deserção de confrades vitimados pela vaidade e pela inveja.

---

[36] Taquígrafo, profissional que desenvolvia técnicas de anotação rápida e trabalhava como secretário anotando ditados, ou em parlamentos e tribunais registrando as falas.

Porém, em meio às adversidades orquestradas pelas trevas que utilizavam a ignorância e má fé dos homens, prosseguia Teles de Menezes na sua tarefa, semeando a boa semente.

Entre os inúmeros corações que sua palavra luminosa contagiou e que chamava de "irmãos espíritas", citamos alguns poucos: Inácio Cunha e José de Freitas, doutores em medicina; Manuel Souza Dantas e Alvaro Moncorvo Lima, governadores da Bahia; Visconde de Passé e Barão de Sauípe, grandes proprietários rurais; Aureliano Tosta, Francisco dos Santos, Gervásio da Conceição, Gentil Ibirapitanga, simples professores, alguns de primeiras letras.

— • —

Em 1869, em meio a grandes dificuldades, lançava o *Eco d'Além Túmulo*, primeiro jornal espírita do Brasil.

Nesse primeiro número, Manuel e seus amigos leram um artigo de Teles de Menezes, que muito os sensibilizou; um trecho desse artigo dizia assim:

"A ação moralizadora do Espiritismo demonstra-se, quando consideramos que o egoísmo, essa chaga cancerosa da Humanidade, originado pelo materialismo, negação de todo princípio religioso, é profundamente abalado por essa aurora celestial, que a Infinita Misericórdia do Onipotente se dignou enviar à Terra, como precursora dessa nova e bem-aventurada Era, em que os homens, melhor compreendendo seus recíprocos deveres, de boa vontade cumprirão os salutares preceitos de Jesus, O Divino Salvador.

É ainda a aurora precursora da nova era, porque à sua luz resplandecente vão-se dissipando as sombras da incredulidade, e pouco e pouco surgindo a fé e a esperança no coração daqueles que não possuíam tão cândidas virtudes...".

Em outubro de 1869, dava-se o movimento inverso, a palavra de Teles de Menezes, publicada no *Eco d'Além Túmulo* na Bahia, chegava até a França e vertida para o francês, era publicada na *Revue Espirite*, fundada por Kardec.

O *Eco d'Além Túmulo* conseguiu sobreviver por cerca de um ano e meio.

Uma grande dificuldade da época era que a Constituição garantia liberdade de credo e culto desde que as instituições religiosas não católicas não ofendessem a moral e os bons costumes e não desrespeitassem a religião oficial do império, o catolicismo.

A mesma norma atribuía à Igreja Católica opinar, se uma instituição religiosa não católica respeitava o Catolicismo e não ofendia a moral e os bons costumes.

E no processo de legalização das instituições espíritas a Igreja Católica opinava invariavelmente contra, mesmo que a instituição apresentasse as mais irrefutáveis provas de respeitar outras crenças e praticar a boa moral e os bons costumes.

Assim, a liberdade de culto garantida por lei tornava-se “letra morta”.

— • —

Além de Teles de Menezes, os membros do grupo de Mendonça Furtado foram localizando outros “transplantadores”, alguns ocupando altos postos na sociedade, outros ignorados pelo público, porém sempre se distinguindo por:

• Alta elevação moral a expressar-se principalmente pelas virtudes da caridade e da humildade;

• Grande capacidade intelectual;

• Superar lutas e dificuldades enormes através da completa renúncia pessoal.

— • —

Na encarnação do século 18, batalharam pelo progresso, seguindo as ideias de Pombal, com as mentes focadas na riqueza material dos governos e o coração corrompido pelo orgulho e ambição. Falharam.

E eis que agora viam um outro tipo de progresso que chegava ao Brasil, na esteira de uma nova era para a humanidade; progresso real, fortalecendo as mentes pela compreensão e purificando os corações pela fé.

Esse ideal contagiou profundamente seus corações.

—•—

Em 1869, Kardec partia para os planos maiores, deixando seu legado como alicerce sólido para os avanços da humanidade no conhecimento do espírito.

Os "transplantadores" não se abalaram com a partida do grande mestre francês e, sabendo que Kardec continuaria trabalhando no além pela causa, integrado à imensa plêiade de Espíritos superiores que servem a Jesus, prosseguiram destemidos na tarefa.

Pombal mostra o caminho

Logo no começo de 1841, quando Manuel se integrou ao grupo de Mendonça Furtado, numa reunião de orientação, um benfeitor espiritual lhe recomendou:

– Manuel, será de grande utilidade você acompanhar a encarnação atual do antigo Marquês de Pombal; visite-o com seus companheiros de trabalho, compartilhe as suas dores, socorra-o com suas preces. A vida dele é uma grande lição.

Após a reunião, conversando com seus amigos, Manuel soube que todos haviam recebido a mesma orientação e dedicavam o último dia dos meses ímpares ao seu antigo líder.

— • —

Mendonça Furtado o assistia mais frequentemente, dedicando-lhe boa parte de suas horas livres, em virtude dos fortes laços afetivos que o ligavam ao "amado irmão".

Manuel obedeceu à risca a orientação do mentor e passou a acompanhar a encarnação de Pombal.

Biografia de um escravo

O próprio Mendonça Furtado traçou para Manuel a biografia de Pombal nessa nova encarnação, em breve e dolorido relato.

– Meu irmão renasceu na África em 1800, com 8 anos foi capturado, separado dos pais e conduzido ao Brasil. Vendido a um engenho de açúcar em Pernambuco, recebeu o nome de João Cândido. Não falando uma palavra de português, foi tido como boçal. Crescendo em meio a sofrimentos e torturas, conseguiu sobreviver.

E prosseguiu com seu relato.

Encontro com Jesus

Cultivando um terno e puro amor por uma companheira de dores, na mocidade, viu a mulher amada ser estuprada pelo senhor, ficar grávida e morrer em plena gestação devido a maus-tratos.

Sepultada no cemitério dos escravos da fazenda, como se fosse um animal, um dos escravos, Joaquim, fez uma cruz de madeira e a colocou no túmulo.

Joaquim, para consolar João Cândido, contou-lhe a história de Jesus, na sua linguagem simples e ingênua.

Disse-lhe que Jesus, sendo muito bom, depois de muito sofrer, morreu numa cruz; porém ressuscitou e passou a mandar no Céu e na Terra. E Joaquim concluiu:

– O sinhô, os feitô, tudo mundo vai morrê, e quando chegá do lado de lá vão tê de pagá tudas as mardade qui fizeram; e nóis tamém. Mais nóis pode fala com Jesus pra pidi, pra desabafá, inté pra agradecê, e ele ouvi nóis e ajuda a tê pensamento bão.[37]

Vendo que as lágrimas molhavam o rosto de João Cândido, quebrou um galhinho de uma árvore em dois pedaços e, usando como fio uma fibra da própria casca, os amarrou, fazendo uma pequena cruz. Ofereceu a cruz a João Cândido, falando compadecido:

– Guarda essa cruiz com vosmecê, pra se lembrá do que eu falei e de que Benedita está no céu com Nosso Sinhô.[38]

João Cândido já ouvira falar em Jesus, de vez em quando vinha um padre na fazenda e rezava missa, que os escravos podiam assistir de longe, mas falava uma língua difícil e João Cândido não entendia nada.

---

[37] O senhor, os feitores, todos vão morrer, e quando chegarem do lado de lá vão ter de pagar todas as maldades que fizeram; e nós também. Mas nós podemos falar com Jesus para pedir, desabafar, até para agradecer, Ele nos ouve e nos ajuda a ter bons pensamentos.

[38] Guarda essa cruz com você para lembrar o que eu falei e que Benedita está no céu com Nosso Senhor.

Porém, naquele momento, quando sua alma sofria tanto, as palavras de Joaquim penetraram-lhe o coração, amparado por benfeitores espirituais.

— • —

É significativo notar que, na encarnação anterior, como Pombal, ouviu os mais eloquentes oradores sacros.

Porém as palavras penetravam na sua inteligência, no seu senso estético, admirando a arte da eloquência, mas seu coração permanecia indiferente.

Ali, aqueles conceitos imprecisos enunciados por Joaquim, eram a semente do Evangelho caindo sobre a boa terra de um coração liberto dos espinhos das ilusões, da dureza das pedras e da transitoriedade das estradas das coisas passageiras.

Mas continuemos com a narrativa de Mendonça Furtado.

— • —

– Os benfeitores espirituais também colaboravam, inspirando-lhe ideias cristãs; contava com minha fidelidade e afinidade de irmão, pois eu desencarnado tenho muita facilidade para envolvê-lo, transmitindo-lhe ideias e emoções consoladoras e que o induzam à resignação e à prática do bem.

Quando João Cândido era questionado por que trazia sempre consigo a cruz dada por Joaquim, respondia:

– É pra eu tuda hora lembrá de Nossu Sinhô.[39]

A FORÇA DA FÉ

Como era forte e tido como "bom reprodutor", foi forçado a relacionar-se com diversas escravas.

---

[39] É para que eu, a toda hora, possa lembrar-me de Nosso Senhor.

Afeiçoou-se a alguns dos seus filhos, mas muitos morreram ainda crianças, pois a mortalidade infantil entre os escravos era muito alta; em algumas fazendas chegava a 90%.

Escravo sendo castigado
Quadro de J. B. Debret.

Os poucos que sobreviveram foram vendidos.

Não sobrou nenhum.

Quanto aos que morreram, dizia:

– Eram anjinhos, agora estão lá no céu brincando com Nossu Sinhô...

Quanto aos que partiram:

– Nossu Sinhô levou eles pra um lugá mió.[40]

— • —

Um tormento terrível na vida de João Cândido eram os obsessores.

Tendo semeado ódios, Espíritos dementados o atormentavam, principalmente à noite, provocando pesadelos.

Certa noite veio a sua mente rezar para "Nossu Sinhô". Agarrado a cruz que Joaquim lhe dera, falou a Jesus:

---

[40] Nosso Senhor os levou para um lugar melhor.

– Nossu sinhô, tira esses pensamento ruim da minha cabeça, tô tão cansadu; ajuda esse pobre negro desamparado...

Aquela noite dormiu melhor; passou a rezar todas as noites; rezava também pelos seus companheiros de sofrimento.

— • —

O pé direito da senzala era bem baixo, menos de um metro, como era praxe na maioria das fazendas; isso tornava a senzala muito desconfortável, evitando que os negros lá ficassem, em vez de irem para o trabalho.

João Cândido acordava muito cedo, quando principiava a madrugada.

A primeira coisa que fazia era sair logo da senzala; olhando as estrelas que ainda brilhavam no céu, fazia igualmente sua prece:

– Nosso sinhô qui prantô tudas as istrela no céu, pranta tamém arguma alegria no meu coração e no coração dus meu irmão.[41]

João Cândido achava linda essa fórmula, e pensava consigo mesmo:

– Cumé que nasci essas palavra bunita na cabeça de um negro burru cumo eu?

— • —

E Mendonça Furtado encerrou a narrativa:

– E aí está, Manuel, a biografia de meu irmão, tendo hoje 40 anos, sua vida é cheia de solidão, dores, humilhações. Porém, pela misericórdia de Deus, conseguiu descobrir a prece e pela prece vai tendo consolo, esperança e até alguma alegria.

Manuel notou que os olhos de Mendonça Furtado estavam vermelhos, mas preferiu não fazer comentários.

---

[41] Nosso Senhor que plantou as estrelas no céu, plante alguma alegria no meu coração e dos meus irmãos.

Acompanhando a vida de um escravo

Desde aquele tempo Manuel passou a acompanhar a vida de João Cândido, dedicando um dia a cada dois meses ao antigo todo-poderoso reformador de Portugal.

Manuel viu João Cândido envelhecer entre muitas surras, coberto de cicatrizes, trabalhando duro de sol a sol nos canaviais, com poucas alegrias e muita prece.

Exemplificando a caridade

Nos primeiros anos, Manuel acreditava estar na posição de benfeitor do antigo líder, auxiliando-o nas suas dores e provações.

Com o tempo, porém, ficou em dúvida, sobre quem auxiliava quem.

Certo é que apoiava João Cândido com suas preces; e, na medida do permitido pela justiça divina, transmitia-lhe fluídos curativos e envolvia o senhor e os capatazes para serem menos cruéis.

De outro lado, aprendia com o escravo em situações como a seguinte:

— • —

No eito, um escravo magrinho, adolescente ainda, trabalhando ao lado de João Cândido quebrou a enxada. Nervoso, começou a tremer com medo das chicotadas, castigo para quem quebrava as ferramentas.

João Cândido, vendo o que se passava, disse com um tom de compaixão:

– Fica carmo, vamu troca de enxada, eu tô mais custumadu a apanhá, num ligo mais.[42]

O jovem negro trocou a ferramenta com João Cândido e continuou trabalhando de cabeça baixa.

---

[42] Fique calmo, vamos trocar de enxadas, eu estou mais acostumado a apanhar, não ligo mais.

•

João Cândido, serenamente, chamou o feitor:

– Sinhô feitô, eu quebrei a enxada numa pedra.[43]

Manuel observou o feitor, incorporado por um obsessor, vir a cavalo e falar enraivecido:

– Negro safado e descarado...

Aplicou meia dúzia de chicotadas nas costas de João Cândido, e depois, tirando o pé do estribo, ainda deu-lhe um pontapé no rosto, jogando-o ao chão.

Vá pegar outra enxada na carroça, vagabundo.

João Cândido sofreu o castigo com uma estranha alegria interior, pensando:

– Pelo meno servi pra arguma coisa, livrei esse coitadinho de apanhá...[44]

Na hora em que pararam o trabalho para comer o angu[45], os companheiros que lhe partilhavam o infortúnio disseram, cheios de revolta, maldizendo o feitor:

– Um dia ainda nóis mata esse miseravi e ispaia as tripa na cerca...[46]

João Cândido retrucou:

– Carece não, Nossu Sinhô morreu na cruiz e num matô ninguém, dispois foi pru céu e ficou juntinho do pai dele, e agora ele tá vendo tudo.[47]

E depois, com os olhos perdidos na distância, como se estivesse vendo muito longe, completou:

---

[43] Senhor feitor, eu quebrei a enxada numa pedra.

[44] Pelo menos servi para alguma coisa, livrei esse coitado de apanhar...

[45] Angu: mistura de água com fubá e sal usada para alimentar os escravos.

[46] Um dia ainda nós matamos esse miserável e espalhamos suas tripas pelas cercas...

[47] Não precisa, Nosso Senhor morreu na cruz e não matou ninguém, depois foi para o céu e ficou junto do pai dele e agora ele está vendo tudo.

– Nois vamu trabaiá, fazê açuca pro sinhô vendê e ganhá muito dinheiru; dispois num sei onde, uma criança vai cumê um doce, com o açuca qui nois fizemu e vai se alegrá, e a risadinha dela, que nois num vamo ouvi, vai alegra nois tamém...[48]

Escravos moendo cana
Quadro de J. B. Debret.

— • —

Essas atitudes de João Cândido calavam fundo no coração e na mente de Manuel.

Incorporando a atitude cristã

Aos cinquenta e poucos anos, estando sem condições de serviços pesados, foi conduzido à casa grande como escravo doméstico, cumprindo as mais humilhantes tarefas.

[48] Nós vamos trabalhar, fazer açúcar para o senhor vender e ganhar muito dinheiro. Depois uma criança, não sei onde, vai comer um doce com o açúcar que nós fizemos vai se alegrar, e a risadinha que ela vai dar e que nós não vamos ouvir vai nos alegrar também...

Escravos no ambiente doméstico
Quadro de J. B. Debret.

Gostava de fazer pequenos favores, e era querido pelos outros escravos, que não o entendiam, mas gostavam dele:

– Perdeu o juízo de tanto sofrer, mas tem bom coração...

Na casa grande o Senhor era homem duro e indiferente, mas as crianças brancas gostavam dele e pediam que lhes contassem histórias.

E ele, com um sorriso, inventava histórias de bichos e plantas, falando bem de todo mundo com sua voz grave e bondosa.

— • —

Nessa época porém passou a brilhar uma luz diferente nos seus olhos.

Quando Manuel ia visitá-lo ficava surpreso, não só com o brilho de seu olhar, mas com pequenas luzes brancas brilhando sobre sua carapinha e era acometido de funda emoção.

Encerrando a encarnação

Bem velho foi expulso do engenho; doente, seguiu seu caminho.

–Vô imbora da fazenda, e dispois vô imbora do mundo, mais Deus é bão, e Jesuis vai vê a cruiz na minha mão, e vai vê meu sofrimento, e vai mi dá uma palhoça no céu e vô cunhecê meu pai e minha mãe.

Longe da fazenda, febril e quase sem forças, ainda conseguiu caminhar uma boa distância para dentro do mato, longe da estrada.

– Num quero qui a minha carniça com seu chero incomode argum viajante, e também essa minha carne velha vai tê serventia pra dá de cumê a argum bicho esfomeadu.

Centenas de Espíritos o acompanhavam, amigos de outras encarnações, escravos que ele havia auxiliado, admiradores que conheciam sua história, inclusive Manuel, chorando e contendo os soluços.

E morreu em paz aos 76 anos, rodeado de uma multidão de amigos espirituais, que oravam por ele.

Envolvido por todas aquelas vibrações amorosas, desligado do corpo, imerso em sono reparador, foi levado por uma entidade maternal para os planos superiores.

— • —

Despertando no plano espiritual, em poucos dias viu-se moço e forte; uma luz diferente se irradiava de seu Espírito.

Havia vencido a dura prova.

A VITÓRIA

Poucos meses depois do desencarne, Pombal recobrou o seu acervo cultural, a inteligência, o magnetismo pessoal, acumulado ao longo dos séculos.

Mas estava completamente diferente. A sua energia era doce e mansa. A sua cultura e inteligência não mais feriam ou atemorizavam; ao contrário, orientava e conduzia com tanta humildade que não se percebia a sua superioridade.

A antiga dureza e arrogância se evaporaram; frequentemente era terno, compreendia profundamente as pequenas e as grandes dores e via com compaixão as misérias dos Espíritos que ainda se debatiam sob as más tendências.

— • —

O pelotão de Mendonça Furtado ficou muito sensibilizado, quando descendo de planos mais elevados, João Cândido veio visitá-lo, agradecendo o amparo de todos e oferecendo suas ponderações amorosas e sábias.

—•—

Toda essa transformação interior aconteceu num período de apenas 76 anos.

Paradoxos

Seu plano de vida contrariava tudo de suas encarnações anteriores.

• Antes, preparando-se em estudos para sua elevada missão; agora, um analfabeto.

• Antes, pais amorosos conduzindo sua educação; agora, criado na orfandade como um animal selvagem.

• Antes, o homem encantador de conversa inteligente e sedutora; agora, mal se expressando num linguajar arrevesado "se fio", "sinho", "nego veio num intendi palavra difici[49]".

• Antes, o homem bem casado recebendo testemunhos de afeto, riquezas e posição social das duas esposas que tivera; agora, a solidão, o relacionamento sem afeto, obrigado a produzir filhos para serem vendidos como animais.

• Antes, os irmãos devotados; agora, sem família.

• Antes, as oportunidades de auxiliar a muitos, ocupando altos cargos; agora, desprovido de recursos e poder, um simples escravo.

• Antes, tendo inumeráveis seguidores; agora, caminhando atrás dos irmãos de sofrimento, com correntes ao pescoço.

A receita

Meditando sobre aquela vida que se encerrou em 1876, Manuel e os outros companheiros concluíram que era esse o caminho; o velho líder

---

[49] Negro velho não entende palavra difícil.

de outros tempos, depois da queda do século 18, levantou-se e no corpo de um escravo lhes mostrou o caminho da liberdade e do progresso.

Sua estranha receita, de privar-se de tudo, da instrução, da família, da oportunidade de realizações, o havia levado a aprender as realidades mais profundas, integrar-se na família universal, realizar o mais importante.

— • —

Manuel, no plano espiritual, havia tido notícias dessas encarnações de duras provações.

Algumas como a medicação necessária aos terríveis desvios de Espíritos dementados.

Havia também estudado encarnações em que Espíritos pediam essas provas difíceis para evoluírem mais rapidamente. Mas isso não tocava profundamente seu coração.

Com Pombal foi diferente; durante 36 anos acompanhou suas lutas, participou de suas dores, orou para que tivesse forças; viu sua transformação passo a passo.

Decidindo

Manuel sentiu novamente vontade de voltar para a carne, seguir a receita de Pombal, ser um outro João Cândido, triunfar, mudar de plano, iluminar sua alma e iniciar uma nova etapa de evolução espiritual.

Fez uma profunda prece de gratidão a Pombal, que, com suas dores, como escravo, lhe devolveu a esperança e ensinou o rumo a seguir.

— • —

Conversando sobre essas conclusões íntimas com os companheiros, surpreso descobriu que eles também tiveram a mesma ideia, inclusive Mendonça Furtado, que disse entusiasmado:

– Doravante vou orar frequentemente a Deus, para que me conceda uma oportunidade semelhante à que concedeu a meu irmão, na sua misericórdia.

Redenção

A luta foi árdua e longa.
Pombal / João Cândido

Pequenino grão de areia,
Entreguei-me ao vento
Que vinha do céu
E inflava as velas brancas
Do navio negreiro.

Pequenina semente,
Entreguei-me à terra,
Fonte fecunda
De alimento
E argila e madeira e metal,
Que se cobria de um canavial
Tão verde e extenso...
E eu fui também germinando,
Crescendo numa senzala...

Ofereci meu lombo
Ao sol luminoso e quente,
À chuva acariciante e fria,
Coisas abençoadas por Deus.
Ofereci meu lombo

Ao chicote humilhante,
Prolongamento do braço do feitor,
E à salmoura ardendo em fogo.
Dores abençoadas por Deus.

Nos meus ouvidos
Não entrou uma voz de mulher,
Ou uma voz de homem,
Dizendo: – meu filho!

Nos meus ouvidos
Entraram muitos palavrões
Encharcados de desprezo,
Saídos de bocas arrogantes...
E a bondade de Deus
Transformou tudo isso
Numa doce humildade.

Nos meus ouvidos
Entraram sons de passaredo
Saudando o alvorecer;
Entraram sons de cascatas
Gritando alegria e limpeza;
Entraram sons de orações simples:
"Pai-nosso", "Ave-Maria"

Tive a alegria de ter a mulher amada,
Tive a alegria de ter filhos,
Porém tudo foi tirado.
Alguns foram enterrados,
Outros uma carroça levou
Cruzando a porteira da fazenda...

Tive a alegria do corpo forte,
Tive a alegria do milho doce
Transformado em angu e paçoca,
Pamonha e pipoca...

Porém a alegria maior,
Foi ver a corrente quebrada,
Da verdadeira escravidão,
Que se refletia no meu olhar:
Livre da ganância e do olhar matreiro;
Livre da vaidade e do olhar alcoviteiro;
Livre da crueldade e do olhar de adultério;
Livre da cobiça e do olhar de inveja;
Livre da arrogância e do olhar superior...

Na hora derradeira

Meu olhar ficou sereno e manso,

E nele se viam raios

De bondade e compaixão,

De humildade e resignação,

De sinceridade e compreensão...

E assim fui embora dessa terra

Agradecendo sol e chuva;

Agradecendo vento, navio e corrente;

Agradecendo milho, água e feitor;

Agradecendo África e Brasil;

Agradecendo principalmente

Nossa Senhora e Nosso Senhor.

E encerro com um conselho:

Humildade e resignação,

Caridade e perdão,

São o melhor caminho,

Para nossa elevação.

CENÁRIO NEBULOSO

Para planejar a encarnação é necessário ter uma ideia do cenário onde ela se desenvolverá.

Mas havendo mudanças tão rápidas e radicais naquelas décadas finais do século 19, como imaginar o século 20?

As ciências descobriam todos os dias novas leis naturais e em decorrência eram inúmeras as novidades tecnológicas: o transporte terrestre por milênios se apoiara na tração animal; o trem de ferro eliminara o cavalo nas distâncias maiores, mentores alertavam que no século 20 o cavalo desapareceria também das ruas, mas como imaginar isso?

Bonde puxado a burro
Foto do século 19.

O telégrafo permitia a comunicação a distância por meio do código morse, mas havia notícia de que as pessoas poderiam conversar a milhares de quilômetros, uma ouvindo a voz da outra; como imaginar isso?

E a sociedade, como seria? As mulheres deixariam seu natural recato e pudor, sua fragilidade e assumiriam destaque nas atividades políticas e econômicas, tomando decisões?

Nesse mundo que surgiria, como seriam as relações de trabalho, permaneceriam os turnos de 72 horas semanais, o trabalho infantil, a servidão no campo? Os benfeitores diziam que não, mas o que substituiria essa estrutura?

E a saúde? Seriam descobertas curas de doenças como a tísica, a asma, o estupor, e tantas outras? Surgiriam novas doenças?

E as religiões? As religiões vinham ao longo do tempo perdendo muito de sua brutalidade, execuções públicas em razão de crença haviam praticamente desaparecido. Essa tendência permaneceria? Surgiriam novas religiões? O materialismo e o ateísmo se ampliavam, isso se confirmaria?

Os benfeitores de condição elevada detinham uma visão aproximada do futuro; mas os Espíritos de evolução mais modesta sentiam uma dificuldade imensa em imaginar como seria o mundo em que viveriam.

A única coisa que sabiam era: o mundo do futuro seria muito diferente do mundo atual.

Objetivos claros

Os objetivos gerais da evolução humana permaneciam além do tempo, além das culturas, além dos costumes; o amor ao próximo e a Deus a se expressarem em caridade e a humildade é certo continuariam as guias mestras por milênios.

Desejavam aqueles Espíritos adotar a receita das duras expiações e provações demonstrada eficiente a seus olhos por João Cândido.

Privação de liberdade exterior para conquista de liberdade íntima.

Profunda purificação do Espírito por meio de sofrimentos no corpo carnal.

Sublimação de sentimentos, levando-os a abraçar fraternalmente a humanidade toda, incentivada pela ausência do aconchego da família carnal.

Erradicação profunda da ganância pela falta de recursos.

Anulação da arrogância e da prepotência por humilhações generalizadas.

Porém não desejavam apenas dores, queriam contribuir com a divulgação no Brasil das ideias codificadas por Allan Kardec.

Não almejavam o título de "transplantadores", mas de alguma forma queriam participar do grande movimento que se formava ao redor das ideias espíritas.

Objetivos e meios

Se os objetivos eram claros, a feitura dos planos de vida ficava muito complicada pela ignorância do cenário.

Por exemplo: privação de liberdade.

Para o ex-Pombal foi simples; na época de planejar, havia a escravidão, Pombal conhecia a escravidão, suplicou aos benfeitores uma encarnação como escravo.

No mundo de 1880 existia a escravidão, mas no século 20 ela teria desaparecido. O que no século 20 seria privação de liberdade? Não conseguiam imaginar.

Como seriam as atividades espíritas no Brasil? Como se encaixarem nelas?

Quais seriam as fontes de humilhação? Quais problemas físicos ou doenças seriam apropriadas?

Nessa dificuldade, o grupo entendeu que a solução seria a prece.

— • —

Aquele pequeno grupo de Espíritos, sob a chefia de Mendonça Furtado, reunia-se frequentemente e elevava suas preces, solicitando que Ismael, o anjo guardião do Brasil, lhes permitisse voltar e redimir suas almas, abandonando de vez o orgulho e a ganância e aproximando-se da estrada da caridade e da humildade, saindo da estagnação em que se encontravam há tanto tempo.

A Resposta

Findava-se o ano de 1880, João Cândido havia desencarnado há quatro anos.

A noite era de beleza singular; estrelas brilhantes povoavam o céu; a lua, quase nova, era pequena tira curva de prata a meio ângulo sobre o horizonte.

Numa das salas de oração da Fortaleza da Luz, o pelotão do Exército de Ismael, liderado por Mendonça Furtado, orava fervorosamente.

A noite ia chegando ao fim, uma luminosidade difusa, quase imperceptível, indicava a chegada da madrugada.

Nesse momento, tornou-se visível entre eles João Cândido.

O antigo Marquês de Pombal comparecia na sua aparência da última encarnação.

Sorridente, com a carapinha levemente grisalha, vestindo uma roupa de algodão cru, descalço.

Os sofrimentos da última encarnação haviam suavizado sua expressão; luzes suaves escapavam de seu tórax e de sua fronte indicando sua ligação com Espíritos mais elevados.

Abraçou um a um dos ali presentes, demorando-se um pouco mais com Mendonça Furtado, o "amado irmão".

Depois, dirigiu-se ao grupo, mais ou menos nesses termos:

– Caros irmãos, companheiros das falanges de Ismael, aqui vim encarregado pelos nossos maiores, trazer-lhes boas notícias. Suas preces foram ouvidas.

Aguardou breves instantes, olhando amorosamente aqueles semblantes que passaram a transmitir esperança e alegria mesclada a expectativa.

– Foram traçadas as diretrizes maiores para as suas encarnações a se desenrolarem no século vindouro.

Inicialmente vou expor o mecanismo das expiações que enfrentarão: no século 20, na província de São Paulo, os leprosos serão confinados em grandes hospitais que se transformarão em prisões em virtude da ignorância humana.

Os doentes desses hospitais sofrerão, além das dores próprias da doença, a privação da liberdade, a separação da família e as mais diversas humilhações.

Esses hospitais serão o cenário da sua redenção. Internados lá, alguns sairão pela morte, desencarnando nessas instituições.

Outros serão libertados pela cura, mas arrastarão sequelas mais ou menos graves até o final da vida.

A maioria experimentará a cegueira.

Serão dores profundas que atingirão o mais íntimo de seus corpos espirituais, regenerando suas estruturas de forma a libertá-los não somente das consequências dos atos reprováveis que praticaram, mas também atingindo a própria causa dos seus males e entrave de sua evolução a manifestar-se no egoísmo do apego às coisas materiais e no orgulho enceguecedor.

Será um banho na carne, muito dolorido, mas ao mesmo tempo, com extenso efeito curador, para seus Espíritos acomodados.

As possibilidades da existência irão se fechando como um funil, de sorte a terem como única saída a vivência esclarecida do Evangelho de Jesus.

Notando que os seus ouvintes empalideciam, João Cândido fez pequeno parêntese para aliviar a tensão.

– Coragem, bom ânimo, destemor. Estão à minha frente soldados de Ismael; eu posso testemunhar o resultado dessas vidas saturadas de dores.

Mergulhei na carne envolto em sombras, sendo lá, no fundo de minha alma, sugado pelos parasitas do orgulho e da ambição, e voltei para cá liberto dessas correntes, agradecendo a Deus.

Estamos tão acostumados ao orgulho e à ambição, que não sabemos o quanto é prazeroso não padecer essas enfermidades morais.

E continuou, mantendo o sorriso nos lábios.

– Mas a misericórdia de Deus permite que tenham dois grandes alívios nas suas dores. O primeiro é que estarão juntos, a amizade sincera que os une e que foi sedimentada em todos esses anos de trabalho será um grande conforto em meio às dores que enfrentarão.

O segundo apoio que terão será uma instituição espírita que os abrigará trazendo-lhes a bênção da compreensão, do consolo e do trabalho.

Vocês contribuirão para a espiritualização do Brasil, como soldados de Ismael, que continuarão sendo, de forma anônima e modesta; a transformação maior que realizarão entretanto será a espiritualização de vocês mesmos.

Nossa família espiritual empenhou muitos créditos para que vocês pudessem ter essa oportunidade e dedicará ainda o melhor de seus esforços para que vocês triunfem.

Quando voltarem outra vez para o plano espiritual, estarão com seus corações purificados das ambições materiais, amigos de Jesus, e poderão muito nos auxiliar nos ideais de construção de um mundo melhor.

Falando em nome de nossa família espiritual, sentimo-nos nessa reunião como aquela família terrestre que despende seus recursos para que alguns filhos tenham a oportunidade de cursar importante universidade, porém faz isso com alegria e confiança, pois sabe que, passados alguns anos, aqueles filhos voltarão com diplomas universitários, não somente felizes e realizados, mas em condições, inclusive, de auxiliar os que ficaram na retaguarda, trabalhando no reerguimento de todos.

O primeiro a reencarnar será Mendonça Furtado; caberá a ele fundar a instituição que será a escola, o lar, a oficina de trabalho e cura, abrigo que os defenderá dos inimigos que residem em vocês mesmos, onde suas almas se fortalecerão e purificarão abraçando a nova crença e propagando-a.

Os outros o seguirão mantendo e desenvolvendo sua obra.

Ânimo, companheiros, somos todos Espíritos obscuros e endividados, mas Jesus tudo pode, e com ele venceremos.

João Cândido deu outras informações sobre o plano reencarnatório do grupo.

Quando encerraram a reunião com uma prece de gratidão pela misericórdia do alto, o sol se levantava no horizonte, espargindo sua luz e mostrando-lhes na alvorada que a bondade divina sempre oferecerá novas oportunidades de elevação, iluminação e vida.

— • —

Após aquela reunião, Mendonça Furtado desligou-se de suas tarefas na chefia da equipe para dedicar-se integralmente à preparação para sua nova vida que deveria iniciar-se em cerca de dez anos.

Mendonça Furtado foi substituído por Miguel, o antigo Bispo de Belém, que havia retornado da carne já há algum tempo e tinha se familiarizado com as atividades do grupo.

Neve em Isna
Foto dos dias atuais, liga dos amigos de Isna.

É noite alta.

Fabrício, benfeitor espiritual, dirige-se a Portugal, chega em Oleiros e procura a pequena freguesia de Isna.

É março, aqui e ali ainda se encontram alguns vestígios de neve.

Entra numa casinha pobre, no fogão, que serve de lareira, crepitam algumas achas de madeira.

Uma camponesa de aproximadamente 40 anos dorme ao lado do marido.

Cinco filhos entre 16 e 6 anos espalham-se pela casa, alguns dormem juntos no mesmo leito para melhor se aquecerem.

Embora pobre, sente-se na casa uma atmosfera de limpeza, alegria digna e trabalho.

Luzes iluminam a cabeça e o tórax de Fabrício, olha ternamente a mulher e toca-lhe a fronte delicadamente com sua mão que emite pequenino raio de luz.

Despertada, Constância abandona o corpo físico, depara-se com Fabrício:

– Que alegria tê-lo aqui, meu pai espiritual!

Fabrício abre os braços e a acolhe com paternal afeto, abraçando-a suavemente.

– A noite está muito bonita, vamos até algum recanto da natureza onde possamos conversar.

Fabrício tomou Constância pela mão e a conduziu a um recanto do plano espiritual.

Era uma alameda florida, que conduzia a uma mistura de residência e templo, iluminada com luz suave.

Havia música e perfumes indescritíveis no ar.

Constância observou:

– Durante o dia, em meio aos meus afazeres domésticos, notei algo diferente, no balanço que o vento dava às árvores, no canto dos pássaros, na música do pequeno regato e pensei: uma boa nova se aproxima, nos sonhos da noite me encontrarei com meus maiores, que me darão um presente...

– De fato, Constância, Manuel, o filho de teu coração, tem-se dedicado ao trabalho e amealhou alguns créditos nos últimos 40 anos de trabalho no plano espiritual; poderá se candidatar a uma reencarnação plena de oportunidades no século vindouro, mas os créditos de que dispõe são insuficientes para essa bênção...

– Não poderia acolhê-lo mais uma vez nos meus braços e correr os riscos de algum eventual novo fracasso?

– Desta vez não poderás oferecer-lhe o teu vaso carnal, mas se quiseres, poderás conceder-lhes teus créditos, de sorte que outra mãezinha o acolha. Teus trabalhos e renúncias, tanto na carne como no plano espiritual, produziram um tesouro de bênçãos, que você poderá dispor como desejar.

– Meu maior tesouro é a felicidade dos que amo e aprender a servir a Deus; disponha de meus créditos em favor de Manuel...

– Ele tem fracassado seguidamente, e pode, novamente, por tudo a perder...

– Mas um dia triunfará, uma nova e boa oportunidade para meu querido Manuel será o melhor presente para o meu coração de mãe...

– Assim o pediste, assim será feito, minha filha...

Ainda prosseguiram por mais de uma hora naquela região do plano superior trocando ideias e afetos...

Depois Fabrício a conduziu de volta ao corpo físico.

— • —

No dia seguinte, Constância levantou-se particularmente feliz e pensou consigo mesma:

– Estou tão alegre como quando percebo que vou ser mãe mais uma vez...

Na verdade o seria indiretamente, ao ser uma das responsáveis pelo futuro mergulho de Manuel na carne.

— • —

E quem diria que naquela freguesia de Isna, perdida nas serranias de Portugal, haveria um inestimável tesouro, o tesouro do amor materno...

Domingo, 13 de maio de 1888

Notícias

Sabedores de que seriam trabalhadores espíritas no Brasil na próxima encarnação, Manuel e seus amigos procuraram inteirar-se mais ainda dos movimentos espíritas.

Acompanharam agremiações espíritas, notadamente a Federação Espírita Brasileira fundada por Elias da Silva e seus companheiros em 1884.

Elias da Silva
Um dos fundadores da Federação Espírita Brasileira.

Observavam com interesse vários "transplantadores"; Adolfo Bezerra de Menezes[50], deputado e empresário, de condição espiritual elevadíssima, era o que mais lhes chamava a atenção.

— • —

Em termos pessoais, Manuel teve de volta no plano espiritual sua irmã Isabel, Espírito pelo qual tinha grande afeição e que inclusive foi sua esposa Maria da Fé na penúltima encarnação em Belém.

Isabel desencarnou velhinha, lúcida, após uma vida de lutas como mãe e avó, e voltava com sentimentos mais sublimados, e um afeto mais intenso por Manuel, irmão que jamais esqueceu.

Foi abrigada na Mansão da Luz, instituição do plano espiritual.

Manuel passou a dedicar a maior parte de suas horas de folga à irmã, colaborando na sua adaptação à nova condição de desencarnada.

---

[50] Uma de suas mais importantes biografias se encontra no livro *Bezerra de Menezes, O Médico dos Pobres*, Editora Aliança. (Nota da Editora).

Prenúncios da Abolição

Nos anos da década de 1880, a luta sinalizava o fim da escravidão no Brasil.

"Nos espaços, Ismael e suas falanges procuravam orientar os movimentos republicanos e abolicionistas, com alta serenidade e esclarecida prudência, no propósito de evitar os abomináveis derramamentos de sangue por desvarios fratricidas.

Ismael trazia então a sua atenção carinhosa voltada para a solução do problema abolicionista, que deveria resolver-se dentro da harmonia de todos os interesses e estreme do sangue das guerras civis. Confiando ao Senhor as suas expectativas, falou-lhe o Mestre:

– Ismael, o sonho de liberdade de todos os cativos deverá concretizar-se agora, sem perda de tempo. Prepararás todos os corações a fim de que as nuvens sanguinolentas não manchem o solo abençoado da região do Cruzeiro. Todos os emissários celestes deverão conjugar esforços nesse propósito e, em breve, teremos a emancipação de todos os que sofrem os duros trabalhos na terra bendita do Brasil."[51]

O grande enviado redobrou suas atividades nos bastidores da política administrativa, acionando suas falanges.

—•—

O pelotão agora liderado por Miguel ficou encarregado de trabalhar no setor denominado "A pressão do amor".

Consistia o trabalho em influenciar familiares de vultos da política, da imprensa, do empresariado, notadamente dos parlamentares, para que pressionassem pais, maridos e filhos a agirem favoravelmente à abolição.

---

[51] *Brasil Coração do Mundo, Pátria do Evangelho,* Humberto de Campos/Chico Xavier.

A ABOLIÇÃO

No início de 1888, o generoso imperador D. Pedro II, já com graves problemas de saúde, foi afastado do trono, sob a influência dos mentores invisíveis da pátria.

Assumiu a Regência a princesa Isabel; André Rebouças, líder abolicionista negro, assim a definia:

"Aquela que não pode ver lágrimas, nem ouvir soluços de pobres, infelizes e de escravos, no amor santo de Mártir do Cristianismo Inicial, aspirando menos a glória da Terra do que anelando a benemerência no Céu, junto a Jesus, o Redentor dos redentores."[52]

Princesa Isabel
Regente do império do Brasil.

Os acontecimentos se precipitam; em 8 de maio, terça-feira, o Ministro da Agricultura, Rodrigo Silva, genro do já falecido Euzébio de Queiroz, o mesmo da lei que extinguiu o tráfico, apresentou o projeto que abolia a escravidão:

"Augustos e Digníssimos Senhores Representantes da Nação – Venho, de ordem de Sua Alteza Imperial, Regente em nome de sua Majestade o Imperador, apresentar-vos a seguinte proposta:

Art. 1.º É declarada extincta a escravidão no Brazil. Art. 2.º: Revogam-se as disposições em contrário. Palácio do Rio de Janeiro, 8 de Maio de 1888. Rodrigo A. da Silva."

Joaquim Nabuco, deputado líder dos abolicionistas na câmara, "empurrou" o projeto e, no dia seguinte, quarta-feira, houve a primeira votação: 89 a favor e apenas 9 deputados contra.

As votações se sucederam, sendo o projeto sucessivamente aprovado.

---

[52] Referenciado por Joaquim Nabuco em *A minha Formação*, Ediouro.

Encerramento de uma luta

No dia 13 de maio de 1888, uma multidão de Espíritos veio até o Rio de Janeiro, entre eles alegre e emocionado estava Manuel, o antigo acionista da Companhia de Comércio do Grão-Pará, empresa destinada ao tráfico e também comerciante de negros em Belém no século 18, mas que já contava com quase 50 anos de serviço na luta contra a escravidão no século 19.

Ao seu lado os outros membros do grupo, inclusive Mendonça Furtado, que se afastara para as atividades de preparação de sua nova vida na Terra, tendo a seu crédito 90 anos a serviço da abolição. E outros também estavam ali com mais de 200 anos de serviço à causa.

Na multidão se faziam visíveis entidades luminosas vindas das altas esferas e também soldados modestos como Manuel, sem maiores luzes, mas com a alegria de ter servido ao cordeiro de Deus.

Naquele domingo, ao entrar no recinto do Senado, Joaquim Nabuco e outros líderes do movimento abolicionista foram saudados com chuvas de pétalas de rosa, lançadas pela galeria.

Finalmente, a lei recebeu a sua final aprovação no Senado.

—•—

Faltava apenas a sanção da Regente.

A Princesa Isabel estava em Petrópolis, mergulhada em fervorosas preces pelo pai, muito doente em Milão, na Itália.

João Alfredo, chefe do ministério, opina que não devem incomodá-la, que a lei fosse encaminhada no dia seguinte.

Nabuco, influenciado por Espíritos superiores, discorda e convence João Alfredo; mandam chamar a princesa.

Ela concorda e vem.

Os deputados e senadores dirigem-se até o paço imperial. Nabuco ainda tem pétalas de rosa nos cabelos e na roupa.

Paço Imperial
Multidão aclamando a Princesa Isabel após a abolição.

A multidão os acompanha em delírio.

Nesse dia inesquecível, uma onda de claridades compassivas descia dos céus sobre as vastidões do norte ao sul da Pátria do Evangelho.

A multidão de Espíritos que acompanha os fatos vê o próprio Ismael, o anjo guardião do Brasil, tornar-se visível e envolver a princesa no ato da assinatura.

Emocionado, em lágrimas, Manuel ajoelhou-se, tocado pela energia purificada, amorosa e alegre de Ismael.

Em meio ao pranto, viu que inúmeros Espíritos faziam o mesmo.

Entre os encarnados, José do Patrocínio, o grande lidador encarnado do abolicionismo, não vê, porém sente a energia de Ismael e também se ajoelha aproximando-se da princesa. Erroneamente historiadores viram aí servilismo, subserviência, quando o fato de Patrocínio ajoelhar-se foi percepção mediúnica inconsciente.

A cidade do Rio de Janeiro transbordou em festa que se espalhou por todo o país, como observou até o frio e cético Machado de Assis: *"foi o único dia de delírio público que me lembro ter visto"*.

A NOITE

"E nessa noite, enquanto a princesa Isabel sentia na sua grande alma, as comoções mais ternas e mais doces, os pobres e sofredores, recebendo a generosa dádiva do céu, iam reunir-se, nas asas cariciosas do sono, aos seus companheiros de imensidade, levando às alturas o preito do seu reconhecimento a Jesus que, com a

sua misericórdia infinita, lhes outorgara a carta de alforria, incorporando-se, para sempre, ao organismo social da pátria generosa dos seus sublimes ensinamentos."[53]

Naquela mesma noite, reuniu-se o grupo de Espíritos do qual fazia parte Manuel.

Miguel, que liderava o grupo, assumiu a palavra e disse-lhes:

– Nesse dia alegre para todos nós, serei tão breve quanto a lei pela qual lutamos todas essas décadas. No século 18 fomos cúmplices no crime de instalar a escravidão no Brasil. Hoje assistimos como obreiros da liberdade à abolição da escravidão. Com o término dessa luta também se encerram nossas tarefas na Fortaleza da Luz.

Fez pequena pausa, as fisionomias continuavam sorridentes e alegres, mas com um ar de interrogação.

– Conforme instruções de nossos maiores, ficaremos agora subordinados a Fabrício, Espírito elevado que nos orientará na preparação de nossas encarnações que ocorrerão no próximo século. Seremos alojados doravante na Mansão da Luz. Amanhã, às 15 horas, Fabrício estará aqui para conduzir-nos. Aproveitemos as horas restantes para as despedidas e reflexões.

—•—

No dia seguinte, Manuel despediu-se dos inúmeros amigos que fizera naquele recanto do mundo espiritual; os irmãos que cuidavam da segurança, das provisões, do esclarecimento, saúde, etc.

Ia embora daquela casa onde vivera quase cinquenta anos com o coração cheio de dívidas de gratidão.

Quanto às sugestões de Miguel, cumpriu-as em parte: abraçou muito, chorou muito, riu muito, prometeu muito manter contatos e pouco refletiu; preferiu calar o cérebro e abrir o coração.

[53] *Brasil Coração do Mundo, Pátria do Evangelho*, Humberto de Campos/Chico Xavier, FEB.

— • —

À tarde chegou Fabrício.

Aparentava um homem de 50 anos, cabelos brancos e luminosos; tez morena, olhos lúcidos. A sua desenvoltura intelectual, limpeza moral e profunda humildade cativaram a todos. Reunido o grupo, inicialmente cumprimentou um a um, com carinho paternal. Em seguida disse algo assim:

– Pela graça do Senhor, foi-me dada a tarefa de, pelas próximas quatro décadas, servi-los, auxiliando-os a prepararem-se para a próxima encarnação.

Essa preparação envolverá preces, trabalho, estudo, esforço íntimo de renovação.

Aparentemente estão bem, mas no fundo de seu corações continuam, conquanto adormecidos, os germes do egoísmo e do orgulho.

Tanto estão ali, que com as condições propícias da vida material, voltam a manifestar-se.

A preparação consiste em dar-lhes condições de novamente na carne, novamente manifestando-se a enfermidade do egoísmo e do orgulho, possam desta vez erradicá-la e voltarem curados, e assim libertos, alcançar novo patamar evolutivo.

O Senhor me agraciou também com outras tarefas, mas terei em cada um, um filho do coração, a quem me caberá educar, com amor e energia, para as provas que enfrentarão.

Quis buscá-los pessoalmente, para testemunhar que os quero, como presentes do céu, que a bondade de Deus me confia.

Todos o ouviam com profunda emoção, as ondas de amor paternal, que Fabrício irradiava, os contagiava; e aqueles Espíritos sentiam-se novamente crianças e adolescentes. As lembranças dos pais e mães que tiveram nas últimas encarnações lhes aflorava no sentimento. Uma onda de profunda alegria os envolvia, e não conseguiam conter um sorriso que se esboçava em todos os semblantes.

Esses sentimentos, que Fabrício fazia aflorar em seus corações, davam-lhes a perceber os elevados dons de amor, elevação moral e poder mental do "pai espiritual" que a misericórdia divina lhes proporcionava.

A seguir Fabrício concluiu, abrindo os braços, como um pai que conduzisse os filhos:

– Vamos, meu filhos, vamos alegres e esperançosos para o lar que o Senhor nos preparou.

— • —

Fabrício trouxera consigo cinco carruagens espaçosas, puxadas por lindos cavalos brancos.

Acomodaram-se e partiram.

— • —

Uma fase da jornada evolutiva de Manuel se encerrava e outra estava nascendo.

Depois de trotarem por alguns minutos, os cavalos, ao receberem um comando dos cocheiros, elevaram-se no ar, voando como se fossem Pégasus sem asas.

Depois de atravessarem uma camada de névoas densas, corriam sob um céu azul com nuvens brancas, que iam adquirindo as mais variadas cores.

Num dado instante, a estrela vespertina começou a brilhar, fulgurante.

Todos olhavam pelas janelas o céu belíssimo, em silêncio.

Manuel refletia sobre a bondade de Deus, derramando-se ininterrupta sobre a sua vida; naquele mesmo dia, dera-lhe o carinho paternal de Fabrício e um lar onde se abrigar.

E no futuro, o que a bondade de Deus lhe daria?

Linha do Tempo

Livro 2 – Novas experiências

1778
- Reencarna-se Constância, a que foi mãe de Manuel e que planeja novamente tê-lo por filho.
- Reencarna-se Álvaro Álvares, futuro pai de Manuel.

1788 - 1794
- Manuel permanece nos umbrais expurgando seu egoísmo e recuperando sua consciência.

1792
- D. João assume a Regência de Portugal em virtude das doenças mentais da rainha e sua mãe, D. Maria I.

1795
- Manuel é resgatado pelo ex-Bispo de Belém, D. Miguel.

1797
- Manuel passa a viver com Maria da Fé no plano espiritual.

1799
- Napoleão assume o poder e inicia uma série de conquistas na Europa e África.

1800
- Nasce no Brasil, a mulata Teresa, filha de um fazendeiro com uma escrava; para evitar constrangimentos, o pai alforria a mãe e envia as duas com algum dinheiro para o Rio de Janeiro, com a condição de nunca mais o procurarem.
- Pombal, com o auxílio da mãe, reencarna na África como negro.

1801
- Álvaro Álvares, já funcionário da Alfândega de Lisboa, casa-se com Constância Figueiredo. Passam a residir num pequeno apartamento perto do porto de Lisboa.

Setembro de 1802
- Manuel Gonçalves renasce como Manuel Álvares, filho de Álvaro Álvares e Constância.

1804
- Napoleão é coroado imperador e intensifica suas ações de conquista, vai deixando por onde passa um rastro de sangue e lágrimas.

1805
- Maria da Fé renasce como filha de Álvaro Álvares e Constância, recebe o nome de Isabel; é a irmã caçula de Manuel.

Novembro de 1807
- As tropas napoleônicas sob o comando do general Junot invadem Portugal, para cumprir a promessa de Napoleão de que riscaria Portugal do mapa geográfico da Europa.

29 de novembro de 1807
- A corte portuguesa foge para o Brasil, poucas horas antes da tomada de Lisboa pelas tropas de Junot.
- Acompanhando a fuga da corte, seguem também para o Brasil o casal Álvaro e Constância e seus filhos Manuel e Isabel.

1808
- A família de Álvaro instala-se no Rio de Janeiro.
- João Cândido (ex-Pombal) aos 8 anos é capturado e conduzido ao Brasil como escravo.

1812
- Nasce em Luanda, em Angola, Eusébio de Queiroz, futuro autor da lei que eliminaria o tráfico negreiro.

1816	• Manuel, aos 14 anos, ingressa no Seminário S. José com o objetivo de servir a Jesus como sacerdote.
Setembro de 1820	• D. João VI volta para Portugal, deixando aqui seu filho. Ismael, governador espiritual do Brasil, declara que a independência se fará sem sangue, apoiada na figura frágil do príncipe D. Pedro, que será conduzido pelo espírito de Tiradentes.
9 de janeiro de 1822	• A corte portuguesa, planejando regredir o Brasil a simples colônia, força a volta do príncipe D. Pedro a Portugal. • D. Pedro desobedece a ordem no conhecido episódio do Fico, proclamando na prática a independência do Brasil, iniciando sua organização política desvinculada de Portugal.
10 de janeiro de 1822	• As tropas portuguesas, sob o comando de Jorge de Avilez, tomam o Monte Castelo. Manuel é expulso do seminário que é invadido. • Avilez ameaça bombardear a cidade e levar o príncipe a força para Portugal.
12 de janeiro de 1822	• Manuel se arma e se junta no Campo de Santana às milícias que se formam para resistir ao exército português.
13 de janeiro de 1822	• Ismael se condói das mães que oram aflitas pelos seus filhos, envolve Jorge de Avilez e o induz a capitular retirando-se para aguardar em paz o retorno para Portugal.
7 de setembro de 1822	• D. Pedro I, envolvido por Tiradentes, proclama formalmente a Independência do Brasil com o célebre grito “Independência ou Morte”.

1823 • Manuel, seminarista, inicia um relacionamento com Teresa; baseado em carências sexuais, esse relacionamento duraria muitos anos.

1824 • Casa-se Isabel, a irmã de Manuel; ela não é feliz no casamento.

1825 • Manuel, já de saída do seminário, conhece Euzébio de Queiroz, futuro autor da lei que eliminaria o tráfico negreiro.

• O Bispo D. José convida Manuel para ser seu assessor, oferecendo-lhe promissora carreira na política.

• A outra alternativa é Manuel tornar-se pároco, obedecendo ao seu plano encarnatório e trabalhar pelo Evangelho.

• Entre o Evangelho e a política, ordena-se, escolhe a política e se põe a serviço do Bispo D. José.

1826 • O Bispo D. José é eleito deputado pela província de São Paulo. O Padre Manuel destaca-se na campanha eleitoral.

• Morre Constância, a mãe de Manuel.

1827 • O Bispo D. José é eleito senador pelo Imperador D. Pedro I, e a seguir é nomeado presidente do Senado.

1828 • Derradeiros esforços para conduzir o Padre Manuel ao Evangelho.

1832 • O Padre Manuel é indicado para Bispo.

• Manifestam-se os sintomas da neuro-sífilis que se agravam rapidamente.

1833	• Desencarna o Bispo D. José.
1834	• O Padre Manuel desencarna em avançado processo de demência.
1834 - 1838	• Manuel prossegue dementado no Umbral, mas vai recuperando a lucidez graças aos esforços de Constância, a mãe, igualmente desencarnada.
1839	• Manuel é conduzido ao Hospital da Luz, instituição do plano espiritual, onde prossegue seus tratamentos.
1840	• Já parcialmente recuperado, Manuel passa a refletir sobre as suas existências passadas, recuperando-se aceleradamente.
23 de dezembro de 1840	• Manuel recebe alta do Hospital da Luz e é encaminhado a trabalho.
24 de dezembro de 1840	• Manuel é alojado na fortaleza Estrela da Luz, instituição espiritual, onde fica sob as ordens do ex-governador do Grão-Pará, Mendonça Furtado.
1840 - 1851	• A tarefa do grupo conduzido por Mendonça Furtado é combater a escravidão, especialmente o tráfico de escravos.
1841	• Manuel passa a acompanhar a encarnação de Pombal como o escravo João Cândido.
1851	• A lei Euzébio de Queiroz praticamente extingue o tráfico no Brasil.

1852 - 1888	• Extinto o tráfico, o grupo de Mendonça Furtado, ao qual pertence Manuel, dedica-se a apoiar a abolição, efetuando um trabalho de convencimento, brasileiro a brasileiro.
1860	• Manuel toma conhecimento da missão de Kardec na França.
1865	• Surge o primeiro grupo espírita no Brasil e Manuel passa a acompanhar o movimento espírita brasileiro e os missionários encarregados de "transplantar" o movimento espírita da França para o Brasil.
1876	• Desencarna João Cândido (ex-Pombal) redimido após uma vida de provações.
1878	• Desencarna aos 74 anos Isabel, irmã de Manuel, que na encarnação anterior fora Maria da Fé, sua esposa.
1880	• Numa noite, retirada da carne, Constância avaliza a próxima encarnação de Manuel. • João Cândido (ex-Pombal) traça em linhas gerais as futuras encarnações do grupo.
13 de maio de 1888	• É abolida a escravidão no Brasil. • Manuel encerra sua participação na luta contra a escravidão.

LIVRO 3
PREPARANDO-SE

Onde o personagem principal envida todos os esforços, preparando-se para sair vitorioso na dura prova que escolheu.

RUMOS DO AFETO

Ao chegar à Mansão da Luz, em vez de ser alojado na própria Mansão, Manuel instalou-se numa casinha, situada nos seus arredores, semelhante àquela mesma que habitara com Maria da Fé, noventa anos antes.

O convívio entre aqueles Espíritos tão queridos fortaleceu sobremaneira as energias de ambos.

Isabel comentou isto:

– Há tanta afinidade entre nós, Manuel, que a razão me diz que ela não pode ser fruto dos poucos anos que convivemos no Rio de Janeiro.

Manuel, que havia recebido instruções de Fabrício sobre esse tema, manifestou-se com prudência, ocultando o fato de anteriormente terem sido marido e mulher:

– De fato, minha irmã, somos amigos há muitas encarnações, mas por ora não é conveniente, dado o seu estado de adaptação, de penetrarmos nesses laços antigos que nos uniram.

Isabel respeitou as reservas de Manuel e não entrou mais no assunto.

— • —

Na verdade o núcleo do afeto constituído de afinidades, dívidas de gratidão, objetivos comuns, experiências compartilhadas, é único.

Os diversos tipos de afeto: maternal, filial, paternal, conjugal, fraternal, são apenas faces, aspectos dessa essência a se manifestarem, quando aquele núcleo é submetido a uma determinada circunstância.

Na encarnação de Belém, com ambos em idade reprodutiva, solteiros e carentes, aquele núcleo mostrou a face do amor conjugal.

Na encarnação transcorrida no Rio de Janeiro, nascendo irmãos, sendo criados juntos, a face fraternal veio à tona.

Numa outra encarnação em que Manuel viesse como filho de Isabel/Maria da Fé, o mesmo núcleo afetivo construído em milênios mostraria sua feição maternal/filial.

Para um Espírito desencarnado bastante consciente, como Manuel, o importante era o afeto; a preponderância dessa ou aquela feição era secundária.

— • —

Voltando à casinha onde morava com Isabel, por vezes extenuado emocional ou mentalmente, ao ficar na presença daquele Espírito que se ligava a ele por um afeto profundo, Manuel sentia-se completamente à vontade, amado, compreendido e em pouco tempo estava fortalecido e disposto para novas tarefas.

Ao exercerem alguma atividade juntos, a presença de um junto ao outro sempre era uma fonte de alegria, a tornar mais prazerosos os momentos agradáveis, e menos amargos aqueles que fossem desagradáveis.

Manuel concluiu que o mais importante era o amor, a compreensão, a afinidade, a confiança, o apoio mútuo; aqueles sentimentos manifestarem-se na forma conjugal ou fraternal era indiferente.

— • —

Alguns anos após o desencarne, Isabel descobriu que havia sido Maria da Fé, esposa de Manuel, com quem havia tido inúmeros filhos.

Conversaram longamente sobre a experiência que tiveram em Belém, e concluíram que deveriam procurar desenvolver a face fraternal do seu afeto, encarando com naturalidade as lembranças de sensualidade provenientes da penúltima encarnação, porém sem incentivá-las.

PLANOS

Na definição de uma nova encarnação, devemos optar, inicialmente, por um dos dois métodos de planejamento disponíveis:

• **encarnação padronizada**: a maioria das encarnações é feita dessa maneira. Por exemplo: o padrão para encarnações para aqueles que temos o vício da avareza é voltar à Terra em situações paupérrimas, onde movidos pela extrema necessidade não tenhamos condições de acumular bens, aprendendo a gastar o dinheiro; o planejamento, nesse caso, é muito simples, pode ser feito em alguns dias e os fatos da nova existência serão conduzidos pelas leis evolutivas naturais.

• **encarnação planejada**: em que a encarnação será planejada em detalhe, cabendo inclusive ao reencarnante tomar decisões, assumir compromissos e responsabilidades, tendo sua encarnação reflexos em muitas outras. Esse planejamento pode consumir décadas ou até séculos, dependendo da importância das tarefas que o encarnante irá executar.

Fazendo uma comparação grosseira para fixar o conceito:

Para cursar o ensino fundamental basta que se dirija a uma escola pública e se faça a matrícula. O currículo escolar é padronizado, as aprovações se sucedem em exames igualmente padronizados.

Para fazer um curso de pós-graduação existirão muitas opções, o próprio aluno escolherá: o estabelecimento que ofereça o curriculum mais adequado, o tema de sua tese, a bibliografia mais adequada, etc.

A encarnação padronizada é o ensino fundamental, a planejada é o curso especializado.

— • —

Os cinquenta anos de trabalho sincero, perseverante, feito com boa vontade, conquanto em tarefas humildes, deu a Manuel o direito de ter uma encarnação planejada, apesar dos problemas morais que trazia no seu íntimo.

Como seus créditos espirituais não bastassem, Espíritos mais adiantados de sua família espiritual, entre os quais Constância, sua mãe, conforme vimos em capítulo anterior, endossaram a sua pretensão.

Mal comparando, seria como que pelo seu esforço conseguisse notas mínimas para ingressar numa faculdade, porém lhe faltassem recursos suficientes para arcar com as despesas provenientes dos estudos, que foram então supridas por parentes em melhor situação financeira.

—•—

O fato de uma encarnação ser planejada ou padronizada não é garantia de sucesso, exemplo disso foram as duas encarnações de Pombal.

A encarnação do século 18, como reformador de Portugal, foi planejada e preparada por quase dois séculos, riquíssima de oportunidades, destinada a ser marcante na história de vários países.

Embora todo esse planejamento, não foi levada a bom termo, e todo aquele tesouro de oportunidades de fazer o bem, conquistar gratidão e créditos, foi na sua maior parte desperdiçado.

Já a encarnação como escravo no século 19, foi decidida em algumas semanas, influenciou muito pouco as encarnações dos que conviveram com ele, seguindo os mesmos padrões de outros milhares de encarnações de africanos: encarnar na África, ser aprisionado, conduzido às colônias, trabalhar em serviços pesados em meio a humilhações e sofrimentos.

No entanto, essa encarnação padronizada foi bem aproveitada e transformou-se em sucesso.

Diretrizes

A preparação de Manuel para a encarnação duraria algumas poucas décadas envolvendo trabalhos e estudos.

Expor essa preparação com alguma riqueza de detalhes exigiria vários volumes, o que foge ao âmbito deste livro.

Podemos no entanto listar os pontos principais:

• Definição do corpo físico, durabilidade, aparência, doenças, entre as quais estavam predefinida a lepra e a cegueira.

• Familiarizar-se com a lepra por meio de estudos e auxílio a leprosos encarnados.

• Apoio aos companheiros do grupo reencarnatório para fortalecer laços de simpatia e amizade.

• Apoio ao núcleo familiar que o acolheria, tanto para fortalecê-lo como para estabelecer simpatias.

• Conhecer o movimento espírita por meio de estudo e apoio a grupos espíritas na Terra.

A preparação de Manuel para a futura existência na Terra compreendia atividades teóricas e práticas.

Refletindo e planejando

A definição dessas diretrizes principais e um primeiro detalhamento consumiram cerca de cinco anos, prazo devido, em parte, a encarnação ser longa; o corpo físico de Manuel seria projetado para durar mais de 80 anos.

A definição dos principais acontecimentos da encarnação era igualmente demorada:

• Inicialmente o próprio Manuel buscava localizar cada item de transformação, por exemplo: na encarnação do século 18 ele sentia um certo orgulho profissional devido a sua atividade comercial, orgulho esse que gostaria de erradicar.

• Refletindo mais, encontrava uma circunstância que bem definia a motivação desse orgulho, por exemplo: uma circunstância que espicaçava o seu orgulho era a capacidade de fretar navios que cruzavam o Atlântico, trazendo valiosas mercadorias e tendo polpudos lucros.

Carrinho de mão
Meio de transporte a ser usado por Manuel.

• Com o auxílio da prece e numa exaustiva busca, planejava uma circunstância contrária, que anulasse o delito e o vício anterior, por exemplo: efetuar entregas domiciliares, por alguns anos, de gêneros alimentícios, a pé, conduzindo um carrinho de mão, derramando suor e recebendo em paga algumas moedas.

• Tendo definido a circunstância, estabelecia o resultado almejado da prova: efetuar as entregas alegremente, reconhecendo a dignidade do trabalho honesto e a oportunidade de ser útil.

• Tendo já amadurecido suficientemente o item, apresentava-o a Fabrício para que fosse aprovado e consequentemente encaixado na próxima encarnação.

Esse planejamento, ainda que em linhas gerais, envolvia dezenas e dezenas de acontecimentos relevantes, levando consequentemente perto de 60 meses para ser delineado.

A república

Manuel, após a sua transferência para a Mansão da Luz, tendo como objetivo preparar-se para a sua próxima encarnação que ocorreria na terceira década do século 20, não mais participou das atividades políticas do Brasil.

Porém acompanhava o que se passava na sua futura pátria.

Inúmeros amigos ainda trabalhavam nesse setor de atividade; por eles soube que Ismael dera as instruções para que cooperassem na proclamação da república, essa seria a última intervenção direta do Plano Espiritual na política brasileira.

Deveriam uma vez mais lutar para que a transição do regime monárquico para o republicano se desse sem derramamento de sangue.

A proclamação da República seria o ato da maioridade coletiva da sociedade brasileira; sendo considerado maior, o povo brasileiro deveria assumir a responsabilidade de autogovernar-se.

Proclamação da República
Óleo sobre tela, Benedito Calixto.

Após a proclamação, as falanges de Ismael iriam dedicar-se exclusivamente ao Brasil Espiritual; articulando todas as possibilidades em favor do Evangelho.

Com relação às instituições políticas, não se envolveriam mais diretamente nos seus processos e decisões, mas desenvolveriam todos os esforços para espiritualizá-las, desenvolvendo a sua "melhor parte".

— • —

Na hora derradeira de sua vida política, D. Pedro II deu o testemunho de sua altura moral.

A república não era surpresa para ele, até a via com bons olhos, porém imaginava que, proclamada a república, ele e sua família continuariam no país como cidadãos comuns.

Muitos republicanos lhe deviam o apoio e a garantia de liberdade de opinião e expressão.

Porém, eis que chegaram os republicanos, amigos da véspera, ao poder, e um dos seus primeiros atos foi decretar a sentença de exílio, não somente para ele, imperador, como para todos os seus descendentes.

E isso não era devido a nenhum crime que houvessem praticado, eram escorraçados da pátria, que tanto amavam, devido ao enorme apreço que o imperador e a princesa regente gozavam junto ao povo.

Ofereceram ao imperador deposto vultosa soma em dinheiro para que não levantasse o país em armas; providência que ele já tomara, concitando os monarquistas a não derramarem sangue brasileiro a pretexto de formas de governo.

Quanto ao dinheiro, ele respondeu que "bastava lhe dessem um travesseiro com terra brasileira para que descansasse a cabeça na hora da morte".

De início ficou chocado, não pela república, mas pela injustiça e brutalidade de quem, até o dia anterior, protestava amizade.

Entretanto, em poucas horas recuperou o bom ânimo e disse a propósito:

– Em suma estou satisfeito, é a minha carta de alforria. Agora posso ir aonde quiser.

— • —

Manuel acompanhou esses fatos com alguma tristeza, e comentou com os amigos:

– Antes tínhamos um Império que na verdade era uma república; praza a Deus, que à semelhança de nossos vizinhos da América do Sul, não venhamos a ter uma república que na verdade seja uma ditadura.

ELE VAI NA FRENTE

Miguel e Gaspar, muito ligados a Mendonça Furtado, acompanharam de perto sua reencarnação.

Mendonça Furtado também era muito querido por Manuel, porém acompanhou sua reencarnação mais de longe.

— • —

Seus pais foram dois imigrantes italianos: ele, Clemente Quáglio, 21 anos, muito interessado em educação; ela, Adelaide, pouco mais jovem.

O casal residia num vilarejo chamado Monte Alegre[54], nome muito apropriado dada a beleza do lugar, município de Amparo, estado de São Paulo.

Clemente trabalhava como professor e, embora a pouca idade, ia se destacando em virtude do seu manifesto talento nas atividades pedagógicas.

Adelaide engravidou logo após o casamento; benfeitores espirituais intervieram na formação do feto, selecionando cuidadosamente o espermatozoide adequado, para que aquele corpo que estava se formando viesse a dar o necessário suporte às provações que o reencarnante deveria suportar, especialmente à possibilidade de contrair lepra.

— • —

No dia 14 de novembro de 1892, uma segunda-feira, Adelaide deu à luz um risonho e saudável bebê.

---

[54] Hoje Monte Alegre do Sul, município a 130 Km da capital.

O pai, Clemente, amante da poesia italiana, resolveu dar-lhe o nome de Virgilio[55] Quáglio.

— • —

Depois de passar 133 anos no plano espiritual, Francisco Xavier de Mendonça Furtado, ex-governador do Grão-Pará, ex-Secretário de Estado da Marinha e Negócios Ultramarinos de Portugal, retornava ao mundo como filho de um simples mestre-escola, num vilarejo do Estado de São Paulo.

Pensador destacado, em encarnação anterior, corrompeu a mente popular com ideias como o "lucro através da escravidão"; político, compartilhou do fechamento de dezenas de colégios.

Já estimulado porém pelo autoburilamento, voltava à carne, buscando a profissão laboriosa de professor, seguindo os passos do pai.

— • —

Manuel, por vezes ia visitar o casal, envolvendo com carinho aquela criança, que fora seu "chefe" nas tarefas de combate a escravidão por mais de quarenta anos.

Era comum emocionar-se e elevar fervorosas preces por ele e sua nova família.

No futuro, aquele menino seria uma das pessoas-chave na futura encarnação de Manuel; seria mesmo, como o próprio Manuel diria, um século depois:

– Virgilio Quáglio foi a pessoa mais importante da minha encarnação.

---

[55] Virgilio vem de Publius Vergilius Maro, considerado o maior poeta latino, viveu no século 1 a.C. Sua obra mais conhecida é *Eneida*.

Manuel e seus companheiros desconheciam a lepra, doença que seria determinante na sua próxima encarnação.

Logo no início de 1893, Fabrício os reuniu e disse-lhes:

– Meus queridos filhos, é hora de vocês se familiarizarem com a enfermidade que os acompanhará por longos anos na Terra, segundo o conceito dos homens, porém segundo as leis que regem a evolução dos espíritos a lepra será um valioso tratamento das suas chagas morais. Como já diziam os antigos romanos – não é a escola que ensina, é a vida. Nessa linha de pensamento os nossos maiores autorizaram vocês a trabalharem em alguns hospitais para leprosos, no Estado de São Paulo, onde vocês terão sua próxima encarnação.

– Vocês deverão apresentar-se nesses hospitais, amanhã, às 20 horas; os Espíritos, que lá trabalham, lhes darão as instruções necessárias. Aproveitem a oportunidade que o céu lhes concede.

SÃO PAULO

No dia seguinte, Manuel, Gaspar e João Batista dirigiram-se à cidade de São Paulo, conforme as instruções recebidas.

—•—

A São Paulo daquele tempo era uma cidade pequena, com cerca de 70.000 habitantes.

A cidade, por muito tempo tivera seu centro definido pelos Mosteiros de São Bento, Convento de São Francisco com sua famosa academia de Direito e o Convento do Carmo.

Porém, a cidade, a partir da abolição, passou a crescer vertiginosamente, com o afluxo de imigrantes.

Em 1891, havia sido inaugurado também o imponente Viaduto do Chá com sua elegante estrutura de ferro vinda da Alemanha[56] e a avenida Paulista, que se povoava de lindos palacetes, construídos pelos barões do café.

São Paulo em 1890
Vale do Anhangabaú tendo ao fundo o Viaduto do Chá.

Destacava-se ainda os Campos Elíseos, primeiro dos bairros planejados de São Paulo.

Ao lado desses bairros nobres começavam a desenvolver-se bairros pobres cheios de imigrantes, principalmente italianos, com suas casas pequenas e cortiços.

A cidade possuía iluminação pública a gás nas suas principais ruas.

O transporte público era feito por meio de bondes que circulavam sobre trilhos e ônibus que cruzavam as ruas; algumas poucas ruas eram pavimentadas e a maioria era de terra. Ambos os veículos eram tracionados por burros.

— • —

O bairro da Luz, destino de Manuel e seus companheiros, devia seu nome ao Convento da Luz; tinha de notável o Jardim da Luz, originado ainda no século 18, e o quartel da Força Pública[57].

O bairro da Luz era uma região afastada, mas aproximava-se rapidamente do centro, em virtude do crescimento da cidade.

---

[56] Que seria posteriormente demolida e substituída pela estrutura de concreto que persistiu até o século 21 e tornou-se um dos cartões postais da cidade.

[57] Que daria posteriormente origem à polícia militar.

HOSPITAL DOS LÁZAROS[58]

No bairro da Luz, na rua João Teodoro, estava situado o Hospital de Lázaros.

Funcionava num velho prédio inaugurado em 1820; bastante decadente, era constituído de três corpos, um transversal, na frente e dois longitudinais; o hospital tinha: consultório, capela, enfermaria, sacristia, alcovas para as freiras; dormitório, refeitório e pátio para recreio eram separados em dois conjuntos, um para homens e outro para mulheres.

Hospital dos Lázaros
São Paulo, próximo ao Parque da Luz. Demolido em 1904.

Havia um médico responsável, os serviços de enfermagem e administração ficavam a cargo das freiras, auxiliadas por pacientes que exerciam as tarefas de enfermeiros, cozinheiros, lavadeiras, etc.

[58] Lázaro, lazarento, morfético, leproso, hanseniano são sinônimos. A legislação brasileira prescreve nos dias de hoje a palavra hanseniano por considerar as demais ofensivas, mantivemos as denominações arcaicas por serem as utilizadas na época.

———•———

Do ponto de vista espiritual, os trabalhos eram conduzidos por Antônia, Espírito de grande dedicação e saber, que contava com dois assistentes e vários colaboradores.

LÚCIA E AS EXPECTATIVAS

Manuel, Gaspar e João Batista foram atendidos por Lúcia, assistente de Antônia, que os acolheu com carinho fraternal e, após os cumprimentos e apresentações, principiou expondo-lhes algo sobre a lepra:

– Caros irmãos, existem duas lepras: a lepra, **doença física**, infecciosa, provocada pelo "mycrobacterium leprae", identificado por Hansen[59] há quase 20 anos, doença incurável nos dias de hoje, raramente mortal, mas que enfraquecendo o paciente, permite a outras enfermidades se instalarem. É uma enfermidade como tantas outras, que, com suas dores, leva à purificação do espírito.

E após pequena pausa continuou:

– A segunda lepra, bem mais grave que a primeira, é a lepra, **doença social**: ao longo dos milênios, a ignorância humana foi acumulando mitos, preconceitos, temores injustificados, ideias trevosas sobre a lepra. Em virtude desse fato social, o doente é objeto dos comportamentos os mais irracionais e descaridosos pela maior parte da sociedade, que em vez de ampará-lo, o condena, tratando-o como "um perdido", "amaldiçoado", etc. Assim sendo, o doente sofre mais com as agressões da sociedade do que pela ação do agente infeccioso.

– Mas, pelo que sei, a facilidade de contágio é o que mais atemoriza as pessoas e o que as leva a atitudes absurdas; isso é verdade? – questionou Miguel.

---

[59] Cientista Norueguês, identificou o bacilo que leva seu nome em 1873.

– Não – argumentou sorrindo Lúcia. – Esse é um dos mitos, na verdade cerca de 90% da população é imune ao mal.

— • —

Percebendo que os três mantinham-se em silêncio, para criar um clima de maior camaradagem, provocou-os com uma pergunta:

– Porém, estou me alongando em demasia. Digam-me: quais as suas expectativas face ao trabalho que pretendem desenvolver? Gostaria de ouvi-lo, João Batista.

– Pretendo nesse contato, com a morfeia, compreender essa prova e fixar que em tudo há sempre a bondade de Deus, sua misericórdia e justiça, para que quando, no futuro, eu tiver que passar pelos mesmos sofrimentos, não perca a fé.

Era visível, na expressão fisionômica de João, o quanto aquela atividade, que estava iniciando, tocava as suas fibras mais íntimas.

A seguir falou Gaspar:

– Compartilho as expectativas de João, porém quero acrescentar algo que brota do fundo do meu coração: servindo e auxiliando esses nossos irmãos nas suas dores, espero adquirir méritos para também ser auxiliado nas minha futuras dores. Não digo isso como quem busque recompensa pelo bem que consiga fazer, mas sei de minhas fraquezas e o quanto necessitarei de auxílio para não fracassar.

Manuel, que havia ficado por último, algo pálido, informou:

– Os motivos expostos por João Batista e Gaspar são meus, porém também estou aqui para aprender; aquele que sabe, não caminha em trevas. Quantas vezes na minha próxima existência não me depararei com situações inusitadas, mas tendo armazenado no fundo de minha alma essa experiência, certamente tomarei decisões mais acertadas. De outro lado, sou um tanto “fechado” e esse contato mais próximo com a dor certamente me dará um coração mais receptivo.

Lúcia retomou a palavra:

– Fico feliz com tão bons propósitos, que Deus permita que eles se realizem; vamos agora conhecer o hospital na sua feição material?

O Hospital dos Lázaros, que pertencia a Irmandade da Santa Casa de Misericórdia, impressionou os três com a escassez de recursos e com a falta de higiene. Embora tivesse o título de "hospital", a instituição era apenas um depósito de doentes.

Além dos enfermos encarnados, o lugar era utilizado por Espíritos dementados que se ligavam a alguns doentes.

A seguir, Lúcia apresentou-lhes o hospital espiritual que existia numa dimensão paralela ao hospital físico.

– Aqui, no Hospital Chagas de Luz, tratamos os desencarnados recentes, e conduzimos alguns encarnados para o socorro preciso libertando-os do corpo físico por algum tempo durante o sono. É também nossa base de operações, não apenas para reuniões, preces, aprendizado e refazimento, mas também local onde armazenamos nossos equipamentos e medicamentos fluídicos.

– Pelo que depreendi, o hospital espiritual não atende somente os doentes internados no hospital físico... – falou Manuel procurando entender melhor.

– Isso mesmo, enquanto o hospital físico atende algumas poucas dezenas de pacientes, pois muitos se vão, tangidos pela ausência dos recursos que não encontram aqui, nosso hospital espiritual atende algumas centenas de pacientes que vagam na região da capital, ou ficam reclusos nas suas casas, escondendo seu mal das autoridades e da sociedade. Há ainda aqueles outros que têm a moléstia e não sabem, pois as condições de diagnóstico são muito limitadas.

O contraste entre as instalações físicas e espirituais era gritante. Na instalação espiritual a higiene era absoluta e as vibrações, salutares.

A seguir, Lúcia disse, brincalhona:

– Estou tratando-os como visitantes, no entanto vocês estão aqui para ser companheiros de trabalho.

João Batista aproveitou a pequena pausa que Lúcia fizera, e falou sorrindo, no mesmo tom:

– Eu me questiono: o que faremos aqui? Não possuo conhecimentos médicos, não me sinto habilitado nem a ser um simples enfermeiro espiritual.

– Sim, você tem razão; com o passar do tempo e o convívio, espero que vocês aprendam bastante coisa sobre a hanseníase. Porém a nossa diretora, sabedora de suas limitações, já designou, em linhas gerais, as suas atividades.

Lúcia parou por alguns instantes, observando que efeito iriam ter suas palavras, e continuou:

– Vocês serão a "a voz do amigo".

Como assim? – indagou Gaspar.

– Os nossos pacientes estão mergulhados em provações muito duras, com suas forças físicas debilitadas, vão dando os primeiros passos na purificação espiritual. A moléstia enfraquece as paixões, os instintos mais baixos, as muralhas do egoísmo e do orgulho começam a ruir, e as feridas abertas são janelas por onde a alma entrevê as claridades espirituais. Nessa situação, mais dóceis e receptivos, a sua sensibilidade aumenta e podem receber conselhos que os induza às reflexões. É comum que aqui, em semanas, ocorram transformações íntimas que anos de experiência, num corpo saudável, não conseguiram produzir.

Manuel atalhou:

– Mas como poderemos transmitir essas lições? Não somos Espíritos elevados, e buscamos uma encarnação com as mesmas provas para conquistar essa iluminação interior.

– Sabemos disso, porém a solidariedade aliada a boa-vontade produz milagres. A primeira regra é entrar em sintonia com esses irmãos, atentos ao conselho de Paulo, apóstolo – sofrer com os que sofrem, chorar com os que choram, efetuando essa sintonia de forma integral, dedicando-se ao conhecimento de suas dores, enganos e desenganos, buscando sentir-lhes as emoções mais íntimas, compreendendo seus raciocínios, acompanhando-os nas suas experiências – completou Lúcia.

– Mas essa será uma tarefa demorada; como conciliar todo esse tempo de aproximação e sintonia com um socorro rápido de que muitos necessitam? – perguntou João Batista.

– A busca dessa sintonia para atingir condições de trabalho levará semanas e irá se aprofundando ao longo de meses, e até anos, em alguns casos; consequentemente o trabalho não envolverá situações de urgência que serão atendidas por outras equipes. Além do que, com o socorro da prece, certamente serão auxiliados e intuídos por nossos maiores, que se encontram em planos mais altos. O trabalho valerá também como importante fator de desenvolvimento da mediunidade intuitiva.

—•—

Lúcia deu muitas outras instruções e, por fim, designou para cada um dos três tarefeiros dois pacientes, junto aos quais deveriam ser a “voz do amigo”.

Um dos pacientes para os quais Manuel deveria ser "a voz do amigo" era Antunes.

A HISTÓRIA DE ANTUNES

Antunes havia sido alfaiate em Itu[60], cidade próspera, na época, cheia de barões do café e imigrantes italianos.

Antunes morava numa chácara aprazível, distante meia légua[61] da cidade, onde era estabelecido com sua alfaiataria.

Casado, não tivera filhos, mas criava um sobrinho cuja mãe falecera, e era para ele como um filho; já com 16 anos aprendia o ofício do tio, trabalhando na alfaiataria.

— • —

Há dois anos, numa tarde ensolarada, Antunes costurava, distraído, um paletó; sem saber como, ao ver a agulha enroscar-se observou que ela havia entrado pela palma e saído pelas "costas" da sua mão esquerda.

Aflito, sua primeira preocupação foi não sujar de sangue o paletó que deixou cair ao chão.

Retirou a agulha, colocou água na bacia, lavou a mão, tomou de uma tira de algodão e a enfaixou.

– Repentinamente, sentou-se, pálido, em silêncio.

O sobrinho, que mantivera a cabeça baixa, costurando a calça de uma casaca, levantou a cabeça e perguntou:

– O que aconteceu, tio?

---

[60] Cidade do Estado de São Paulo, distante 100 km da capital.

[61] Meia légua = 3 km.

– Nada, apenas furei a mão com a agulha... Acabou a linha cinza, vá comprar quatro carretéis na loja de armarinhos.

— • —

O sobrinho saiu, Antunes permaneceu sentado, imóvel, com uma suspeita corroendo sua mente, como um ácido que fosse sendo despejado.

Ele não havia sentido dor alguma com a penetração da agulha. Ele sabia que a insensibilidade era sintoma de morfeia[62]; lembrou-se igualmente de algumas manchas que haviam surgido no seu corpo. Estaria doente?

Discretamente, dirigiu-se ao fundo da alfaiataria, acendeu uma vela, aproximou a mão até queimar alguns pelos e não sentiu nada.

— • —

Não fez nenhum comentário com o sobrinho.

À noite, ao banhar-se, examinou com mais cuidado as manchas; haviam se multiplicado, uma inclusive estava soltando uma secreção.

Deitou-se, falou muito pouco com a mulher e passou a noite pensando no que fazer.

— • —

Poucos dias depois tomou sua decisão, natural de Itu havia acompanhado um caso de morfeia, a casa e o estabelecimento do paciente queimados, a mulher e os filhos tidos como doentes e expulsos.

O doente, sofrendo a miséria e a execração pública, recolheu-se ao Hospital de Lázaros de Itu, sofrendo toda sorte de privações.

Havia também observado bandos de doentes, vagando pelas estradas e vivendo da mendicância.

— • —

---

[62] Morfeia, sinônimo de lepra, hanseníase.

Hospital dos Lázaros
Hospital dos Lázaros de Itu.

Inventou uma história, com o auxílio da mulher e do sobrinho: raramente o acometia uma tosse seca; exagerou a tosse sinalizando tuberculose; inventou uma viuvez para a sogra, que vivia em Itanhaém[63]. Em virtude disso resolvera vender a casa e a alfaiataria para viver junto da sogra.

Pôs o plano em prática e em três meses estava sem a casa, sem a alfaiataria, mas com o dinheiro; tocaram para São Paulo.

Lá se separaram; a esposa e o sobrinho iriam para Ribeirão Preto[64] onde realmente moravam os seus pais, e ele ficou em São Paulo.

Heroico deu a maior parte do dinheiro para a esposa, pedindo que dissesse a todos que havia morrido em São Paulo.

A esposa chorou um pouco, o sobrinho estava consternado, mas os dois estavam aterrados com a suspeita de morfeia e partiram aliviados ao encontro dos familiares.

Em São Paulo, Antunes procurou o Hospital dos Lázaros, submeteu-se a alguns exames de muco nasal e sensibilidade; o médico confirmou o diagnóstico de morfeia e ele foi internado.

---

[63] Cidade litorânea do Estado de São Paulo a 111 Km da capital.

[64] Cidade ao norte do Estado de São Paulo, a 313 Km da capital.

Para evitar constrangimentos aos familiares, deu um nome fictício, dizendo-se solteiro e vindo de Guaratinguetá[65].

A MEDALHA

Depois de levantar todas essas informações, Manuel, numa manhã iluminada, olhava Antunes, que se entretinha, sentado num banco, no pátio destinado aos homens, jogando cartas.

Manuel pensava:

– E agora, o que eu faço? Como me tornar a "voz amiga" de Antunes? Por onde começar?

— • —

Deixou Antunes entregue ao jogo ingênuo, dirigiu-se ao pomar, cheio de pássaros atraídos pelas frutas, e passou a refletir.

De certa forma identificava-se com Antunes.

Antunes era boa pessoa, afável, honesto, um único vício: o cigarrinho de palha, que não dispensava. Mas, como ele em encarnações passadas, Antunes não detinha o tesouro da caridade. Não vestira os nus, não alimentara os famintos, não visitara prisioneiros nem doentes... Ao desencarnar se defrontaria com o vácuo do egoísmo. Se as leis humanas nem sequer mencionavam o egoísmo nos seus códigos, as leis divinas o situavam como o primeiro delito.

Pediu às forças do bem que o inspirassem, que pudesse ser a voz amiga que direcionasse Antunes para a fé, para a esperança e principalmente para a caridade.

E ali, naquele pomar, veio-lhe à mente, como resposta do céu, Antunes acariciando, com os dedos, uma medalha de Nossa Senhora das Dores, que sempre carregava ao pescoço, pendurada numa correntinha de prata.

---

[65] Cidade do Estado de São Paulo, situada no Vale do Paraíba a 176 Km da capital.

— • —

Após o almoço, Antunes deitou-se no seu leito. Manuel dirigiu toda a força de seu pensamento para a medalha de Nossa Senhora das Dores, Antunes distraidamente pegou a medalha.

Manuel passou a dizer-lhe mentalmente:

– Fale com ela, diga das suas dores também, abra o seu coração...

Antunes, induzido por Manuel, passou a relembrar sua vida: a infância, a morte do pai, o padrasto, os choques, os novos irmãos que o detestavam, a partida, o casamento, a ausência de filhos carnais, ... e finalmente a doença.

Manuel foi acompanhando-o nessas recordações, aprofundando-se nos seus sentimentos. A seguir dirigiu os pensamentos de Antunes para as experiências religiosas.

Antunes ganhara a medalha da esposa, que era devota da Santa.

Manuel impulsionou seus pensamentos para que se recordasse das preces da esposa e de sua devoção.

Finalmente conseguiu que Antunes fizesse uma prece a Nossa Senhora das Dores.

Para outros, poderia parecer pouco, mas para ele foi um grande sucesso. Agradeceu aos céus a feliz inspiração.

— • —

Continuou trabalhando a cabeça de Antunes, a prece foi deixando de ser um mero recitativo e foi se transformando em diálogo.

Muita vez, quando Antunes conversava com sua "santinha", tendo nas mãos a medalha de Nossa Senhora das Dores, na verdade falava com Manuel em pensamento.

Nessas conversas mentais, Manuel, em prece, procurava informá-lo de coisas simples como: o valor da oração; a paz originada da resignação; o mundo maravilhoso que aguarda após a morte aqueles que sofreram bem; a necessidade de remover mágoas e ressentimentos; a inutilidade da queixa.

Motivou Antunes a trabalhar na rouparia, fazendo consertos nas roupas dos outros pacientes;

Antunes descobriu aí a alegria de ajudar pacientes mais pobres que ele.

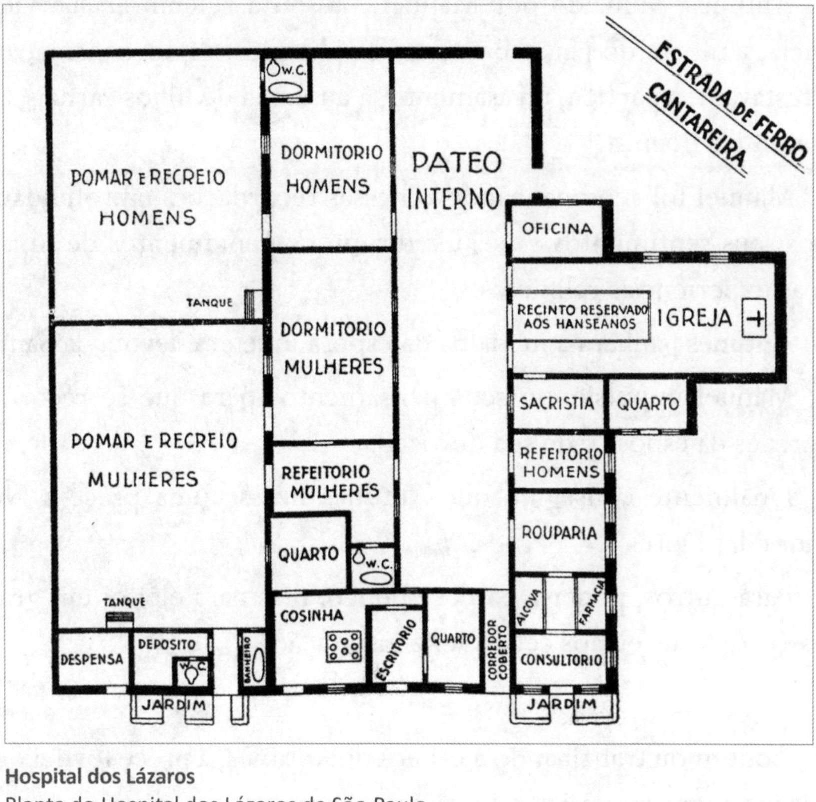

Hospital dos Lázaros
Planta do Hospital dos Lázaros de São Paulo.

A MENDICÂNCIA

Antunes mantinha sua reserva em dinheiro com muito cuidado, conduzindo-se com economia, valendo-se do teto e da alimentação do hospital, que era pouca e ruim.

Seus gastos restringiam-se a compra de produtos de higiene, complemento à alimentação do hospital e pequenos auxílios aos pacientes mais carentes.

Porém ocorreu o inesperado: um dos pacientes furtou seu dinheiro, abandonando o hospital em seguida.

A provação tornou-se mais difícil, a tuberculose se instalou e avançava rapidamente; começaram a surgir as primeiras hemoptises.

A única fonte de renda que se apresentava era a mendicância.

— • —

Por vezes Manuel o acompanhava na caminhada difícil até as escadarias próximas ao Mosteiro de São Bento.

Mosteiro de São Bento
Foto de 1862, de Militão Pacheco.

Para suavizar-lhe as dores, Manuel lembrava-lhe cenas da infância, os suspiros na época de namoro e noivado, provocava-o, para que relembrasse passagens engraçadas de sua vida.

E Antunes ia conversando consigo mesmo, o tempo passando mais rápido, esquecido de suas dores, ignorando que conversava com um Espírito.

Nas escadarias em meio às humilhações, Antunes recolhia algumas moedas; por vezes era enxotado a pedradas, como um cão vadio.

E lá se ia ele de volta, febril, no longo trajeto até o hospital, com o rosto banhado em lágrimas, questionando, por que ele, que tanto amara o trabalho, que sempre ganhara seu dinheiro honestamente, desde os 12 anos de idade, tinha, agora, no fim da vida que passar por aquilo.

Manuel igualmente se comovia e chorava também, motivado pela solidariedade e amizade sincera; chorava ao pensar que estava se preparando, por meio do convívio com Antunes, para a mesma provação na sua encarnação futura.

Mas não bastava chorar. Era necessário elevar o bom ânimo de Antunes.

Manuel induziu Antunes a tomar de sua medalha, que lhe daria forças na caminhada, e se passou um diálogo na mente de Antunes, mais ou menos assim:

Antunes:

– Nossa Senhora que está aqui nessa medalha, ajude-me a chegar ao Hospital, não quero ficar aqui caído e sofrer mais ainda, é tudo tão longe... o sol brilha e eu sinto tanto frio... ajude-me, só me restou a Senhora...

Manuel:

– A caminhada às vezes é difícil, mas não é impossível; lembre-se da sexta-feira da paixão, em Itu, quando você segurando uma vela acompanhava a procissão da via sacra, com as pernas boas, o céu era...

Antunes:

– Limpo, eu de braço dado com a minha mulher, ao lado do sobrinho, íamos rezando "padre-nossos" e "ave-marias", parando de vez em quando nas chamadas estações, onde eram lembrados os acontecimentos da paixão de Jesus: Jesus carregando a cruz, Jesus caindo a primeira vez, encontrando a mãe, encontrando Simão Cirineu...

Manuel:

– Nosso Senhor sofreu naquela caminhada, foi pregado na cruz, era a sexta da tristeza, e o sábado...

Antunes:

– Era bem alegre, a folia da malhação do Judas, o baile na casa do seu Nicolau à noite...

Manuel:

– E essa alegria era porque...

Antunes:

– Jesus ressuscitou, no sábado de manhã...

Manuel:

– Depois da caminhada difícil, a morte; depois da morte, a vida nova...

Antunes repetiu várias vezes, saboreando a sentença:

– Depois da caminhada difícil, a morte; depois da morte, a vida nova...

Manuel:

– E no domingo de páscoa, a peixada feita pela mulher, com peixe fresquinho pescado no Tietê...

Antunes:

– Era muito gostosa, depois um copo de vinho, um cigarro de palha, a soneca à tarde...

Manuel:

– Hoje é a caminhada difícil, amanhã virá a morte, depois a vida nova...

Antunes:

– Hoje é a sexta-feira, dia da caminhada difícil e da morte; depois virá o sábado da alegria e do baile, depois o domingo da peixada... Mas Jesus não dançava, nem comia peixada com a família?!

Manuel:

– Os divertimentos depois da morte devem ser diferentes. O que importa é se resignar e ir até o fim, não desanimar: a caminhada difícil, a morte e a vida nova.

Antunes, várias vezes:

– Não desanimar: a caminhada difícil, a morte e a vida nova...

Manuel:

– Já estamos chegando, só mais três quadras, graças a Deus o tempo passou e...

Antunes:

– Nem senti, só mais três quadras, graças a Deus e a minha santinha nem senti… não devo durar muito… morrendo vou sair desse hospital para a vida nova; como é que será? Talvez muito anjo tocando e ninguém dançando? Sei lá, mas o certo é que terá uma vida nova…

— • —

Por fim ocorreu a libertação; Antunes desencarnou; foi acolhido no "Hospital Chagas de Luz"; transferido aos enfermeiros que cuidaram da sua reabilitação.

O trabalho de Manuel estava concluído, Lúcia lhe passou novos pacientes para continuar sua atividade.

Manuel optou pela caridade que ajuda e passa, e achou melhor não se apresentar para Antunes.

Se a Deus aprouvesse, se reencontrariam mais tarde em outra vida.

Surge o Guapira

Os anos passando, a cidade de São Paulo crescendo vertiginosamente; em 1900, a sua população era o triplo da de 1893, quando Manuel iniciou seu trabalho no "Chagas de Luz".

Com o crescimento da cidade, o Hospital dos Lázaros, cercado de residências, passou a criar grande incômodo.

O governo estadual desapropriou o terreno onde estava o Hospital dos Lázaros, para que a Santa Casa de Misericórdia, com o dinheiro, construísse um novo hospital.

Esse novo hospital foi construído no Jaçanã e inaugurado em 1904, recebendo o nome de Hospital Guapira.

Tão logo inaugurado, recebeu os pacientes do antigo Hospital dos Lázaros que foi imediatamente demolido.

O hospital espiritual "Chagas de Luz" também foi transferido para o mesmo espaço do Guapira, sofrendo ampliações, pois com o crescimento populacional da cidade, aumentou o seu campo de ação.

Manuel continuou exercendo suas atividades.

— • —

Por cerca de trinta anos Manuel exerceria a função de "voz amiga" no "Chagas de Luz"; nesse período aprendeu muito, porém ficam aqui algumas poucas dicas, para aquele que queira ser "a voz amiga":

• Focar o raciocínio e o coração no outro, esquecendo completamente de si mesmo. A "voz amiga" está para servir.

• Apoiar-se constantemente na prece, consciente da própria ignorância e da falta de autoridade moral.

• A voz amiga é alegre, esperançosa, cheia de fé e bom ânimo, sobretudo amorosa.

• Sugerir, informar, lembrar, deixando sempre ao outro a tomada de decisões, que deverão ser respeitadas, por mais que contrariem nossa maneira de ser e pensar.

• Buscar conhecer cada vez mais o outro, para compreendê-lo nas suas virtudes e fraquezas, nos seus potenciais e limitações.

• Expressar-se, sempre que possível, dentro de temas, valores, vocabulário, próprios do outro.

• Ver defeitos e quedas com serenidade e compaixão, como um médico observando sintomas de uma doença. Ele não os atenuará, a pretexto de caridade, nem lhes atribuirá excessiva importância alegando necessidade de alarme. Aferindo sua real gravidade providenciará os medicamentos na dosagem correta, tendo em vista o bem do doente.

• Fazer o melhor, tendo em vista que o melhor em determinados casos poderá ser a busca da solução; em outros será um paliativo para atenuar dores e sintomas.

• Abster-se de comentar o mal.

• A "voz amiga" é o oposto da "voz obsessora".

Considerando que a futura encarnação do grupo abrangeria, por décadas, trabalhos junto a instituições espíritas, no mesmo mês de janeiro de 1893 em que os enviou ao Hospital dos Lázaros, Fabrício também determinou que se apresentassem na instituição espírita "Verdade e Luz".

Sexta-feira, 25 de janeiro de 1893

Na manhã desse dia festivo, quando se comemorava o aniversário da cidade de São Paulo, que completava 339 anos, Manuel, Gaspar, Miguel, João Batista e alguns outros se apresentaram na instituição "Verdade e Luz".

O Grupo Espírita "Verdade e Luz"

Situava-se à rua Lavapés, número 4, próximo da praça da Sé, marco zero da cidade de São Paulo.

A sede da instituição abrangia um vasto salão, que fazia parte da residência de Antônio Gonçalves da Silva, um "transplantador".

Numa edificação ao lado, no número 6, funcionava a Tipografia Espírita, que editava um jornal também denominado *Verdade e Luz*.

O grupo de Espíritos enviados por Fabrício foi recebido por Afonso, um dos inúmeros colaboradores espirituais que cercavam Antônio Gonçalves da Silva.

Enquanto os cumprimentava efusivamente, disse:

– Sejam bem-vindos, é com grande alegria que os recebemos; como de praxe, a seara é grande e poucos os seareiros...

– Nós também estamos muito satisfeitos com a oportunidade de cooperar com vocês, respondeu Miguel, falando em nome do grupo.

– Bem, primeiramente vou informá-los a respeito de Antonio Gonçalves da Silva, pois de certa forma ele é o centro de nossas atividades.

A seguir, Afonso apresentou a biografia de Antonio Gonçalves em largos traços.

ANTONIO GONÇALVES DA SILVA

Batuíra
Antonio Gonçalvez da Silva.

Antonio Gonçalves da Silva é um Espírito de grande elevação, tendo servido a Jesus já no século 2º com grande dedicação.

Destacou-se na história do Brasil, encarnado nos primórdios da colonização portuguesa sob o nome de João Ramalho, fundador das cidades de São Bernardo e Santo André, na capitania de São Vicente, e desencarnado em 1580.

Nessa nova encarnação a serviço do Brasil, nasceu em Portugal em 1839, tendo emigrado para cá aos 11 anos.

Depois de passar pelo Rio e Campinas, radicou-se em São Paulo, exercendo a modesta tarefa de entregador de jornais.

Dotado de grande capacidade intelectual não somente entregava os jornais, mas também os lia.

Ativo, amigo fervoroso do trabalho e do estudo, aprendeu o ofício de tipógrafo.

Conquanto não se tenha tornado um homem de letras passou a escrever corretamente, com objetividade e clareza.

Dispondo de elevados dotes de coração, participou da campanha abolicionista, abrigando escravos foragidos e publicando, ele mesmo, um pequenino jornal defendendo a causa.

Em virtude de sua estatura baixa, sempre correndo daqui pra ali, recebeu o apelido de Batuíra, ave comum nas várzeas de São Paulo, o apelido foi incorporado ao nome passando inclusive aos descendentes.

Empreendedor, montou um teatrinho nos fundos de uma taverna, que comportava até 200 espectadores e era comum lotar a casa. Suas peças faziam grande sucesso, principalmente entre os jovens estudantes da Academia de Direito do Largo S. Francisco.

Incursionou também pela pequena indústria, fabricando charutos.

Com todas essas atividades, ao longo dos anos, amealhou algum capital que lhe permitiu comprar uma área de terreno no Lavapés.

Vendendo material de demolição, lotes de terreno, construindo casas de aluguel, comprando novas áreas, beneficiando-se da valorização imobiliária, numa cidade de crescimento acelerado, foi aumentando seu patrimônio

Dessa forma, o portuguesinho que entregava jornais tornou-se um abastado proprietário de imóveis, graças ao trabalho árduo, constante, inteligente e honesto.

— • —

A dor da morte de um filho de apenas 12 anos levou-o ao Espiritismo; depois de participar de alguns centros, fundou o "Verdade e Luz" na sua residência.

E continuando, verificando a surpresa dos novos trabalhadores, prosseguiu Afonso:

– Adquirindo uma pequena tipografia, transferiu as máquinas para o edifício vizinho da sua casa e a utiliza para divulgação da Doutrina, por meio do jornal que tem o mesmo nome do grupo espírita: *Verdade e Luz*.

E concluiu:

– Não há uma separação nítida entre a residência e o grupo espírita, como não há entre a vida particular e as atividades espíritas, pois sendo extremamente caridoso, Batuíra distribui alimento aos famintos, roupas aos necessitados, hospeda em sua própria casa os sem-teto.

– Hoje mesmo estão três jovens pobres morando na sua residência, enquanto se tratam de dolorosos processos obsessivos que os vitimaram.

Manuel e seus companheiros observaram também algumas pessoas à porta de sua cozinha, provavelmente aguardando alimentos.

Afonso explicou que o salão era utilizado para reuniões espíritas normais e também para palestras, assinalando que o tema predileto de Batuíra era *O Evangelho segundo o Espiritismo*, livro organizado por Allan Kardec.

—•—

Dirigiram-se à tipografia, onde viram o próprio Batuíra, com seu avental de tipógrafo, compondo o jornal *Verdade e Luz*.

Curiosos se aproximaram e viram destacadas na própria caixa de tipos:

"Fora da caridade não há salvação."

"Nascer, morrer, renascer ainda e progredir sempre. Tal é a lei."

Embora com a vestimenta suja de tinta, duas entidades luminosas o assessoravam, e dele mesmo promanava intensa luz.

Afonso aduziu:

– O jornal vai bem. Iniciado com uma tiragem de 3.000 exemplares, aumenta ano a ano, e seus números são distribuídos por todo o Brasil.

– Ele concentra a divulgação espírita apenas no jornal? – perguntou Manuel.

– Não, além do jornal, Batuíra espalha livros espíritas aos quatro ventos, tudo isso arcando com a maior parte dos custos; por anos transformou trabalho em economias, economias em imóveis, e agora vai transformando seus imóveis em "Verdade e Luz" por meio do trabalho que nunca cessa.

— • —

Conhecido o local físico, Afonso os convidou a conheceram o local do ponto de vista espiritual.

Trocando a faixa de percepção, em poucos segundos Manuel e seus amigos viram extensas instalações.

O salão onde Batuíra fazia suas exposições sobre *O Evangelho segundo o Espiritismo* abrigava confortavelmente 2.000 desencarnados, tendo aparelhos espirituais de projeção de imagem e som; ao lado, diversas enfermarias para acolher doentes desencarnados; bem como celas para reter Espíritos violentos e dementados. Extenso muro cercava todo o conjunto, efetuando a defesa espiritual. Dezenas de entidades em vários níveis evolutivos trabalhavam, valendo-se do ponto de apoio daquele médium cristão.

Gaspar falou emocionado:

– Que maravilhosa usina de trabalho caritativo!

– Os Espíritos que aqui operam, inclusive o próprio Batuíra, têm uma verdadeira devoção ao trabalho: verdade e luz são produtos do trabalho, ao mesmo tempo que o trabalho deve ser verdadeiro e iluminado.

– E quem é o diretor espiritual da instituição? – questionou Miguel?

– O *Verdade e Luz* está subordinado àquela que é conhecida na terra como Isabel[66], a Rainha Santa de Portugal. Espírito de notável elevação, imprime nesta casa a tônica de serviço ao Senhor, na pessoa do próximo.

---

66 Isabel, Rainha de Portugal, é o mesmo personagem que comparece no livro *Nosso Lar* como Veneranda, a Ministra da Regeneração, que por volta de 1940 completou um milhão de horas de trabalho útil, sem interromper, sem reclamar e sem esmorecer.

O TRABALHO

A seguir, Afonso passou a explicar as tarefas que lhes caberiam na instituição.

– O trabalho aqui é muito variado, não será definida uma tarefa específica, qual tiveram no "Chagas de Luz". No *Verdade e Luz* farão de tudo um pouco, atendendo às necessidades que surgirem:

- Orientarão Espíritos que aqui comparecem, atraídos pela luz que se irradia deste lugar, como um farol para aquele que está perdido no mar;

- Transportarão Espíritos necessitados de assistência e que não têm condições de se locomover;

- auxiliarão os frequentadores a vencerem os empeços criados pelas trevas e a participarem com regularidade das atividades;

- farão a segurança do local quando necessário.

– Além disso Batuíra é uma verdadeira usina, planeja fundar outras casas espíritas, expandir a parte assistencial, promover a união dos Espíritas do Estado, e todas essas atividades, algumas vezes inspiradas diretamente por Isabel, devem ser secundadas.

Depois, dirigindo-se especialmente a Gaspar:

– Quanto a você, que tem no programa da futura encarnação atividades de propaganda doutrinária, suas atividades serão direcionadas principalmente para o jornal e a distribuição de livros.

E por todo aquele dia Afonso os instruiu, para que, a partir do dia seguinte, se dedicassem ao *Verdade e Luz*.

—•—

Manuel repartia o seu tempo entre o "Chagas de Luz", o *Verdade e Luz*, auxiliava Maria da Fé que teria um plano de vida com outro foco, e mantinha relacionamento com antigos familiares e amigos.

Embora todas essas ocupações que encurtavam sobremaneira o seu tempo, Manuel procurava acompanhar o movimento espírita.

A USINA DE ENERGIA

Batuíra, no entanto, não se restringia ao "Verdade e Luz", prosseguia fundando grupos espíritas em São Paulo, Minas Gerais e Rio de Janeiro.

Atuava também como médium de cura.

Em 1904, Batuíra transformava o centro espírita "Verdade e Luz" na "Instituição Cristã Beneficente Verdade e Luz", que foi ampliada com mais duas chácaras localizadas em Santo Amaro, onde foram organizados o socorro aos órfãos, viúvas, tratamento de enfermos e obsidiados.

Toda essa energia na realização do bem contagiava, sobremodo, os colaboradores encarnados e desencarnados no trabalho.

E Manuel e seus companheiros, arrastados pela corrente de força e trabalho nascida em Batuíra, também dedicavam o melhor de si à atividade espírita.

Como já haviam aprendido, acompanhando outros "transplantadores", as maiores dificuldades vinham sempre daqueles espíritas que traíam seus compromissos e abriam portas para as trevas, nas atividades da luz.

Nesses casos, a resposta do Evangelho era clara: beneficiar os que caíam, com a oração, e servir mais.

— • —

Dois espíritas exemplares, nessa época, suscitaram a mais viva e sincera admiração de Manuel: Anália Franco e Eurípedes Barsanulfo.

ANÁLIA FRANCO

Anália Franco foi, efetivamente, um Espírito missionário.

Professora, educadora, jornalista, poetisa, abolicionista e republicana.

Anália Franco

Intelectual de porte, sua inteligência dava mais brilho a sua bondade e compaixão.

Já quase cinquentona, aderira ao Espiritismo por volta de 1899.

Em 1901, pôs em prática a instituição que seria a grande base para sua ação: A Associação Feminina e Beneficente e Instrutiva de São Paulo.

A Associação Feminina era constituída apenas de mulheres, inicialmente umas duzentas, e objetivava o estabelecimento de:

- escolas maternais;
- escolas profissionais;
- bibliotecas;
- asilos e albergues para crianças e senhoras desamparadas;
- socorro médico a todos os amparados.

Ou seja, a Associação Feminina era um centro multiplicador, promovia a criação de instituições beneméritas voltadas à mulher e à criança.

Dino Bueno, catolicíssimo e médium do bem

Anália procurou o apoio do Secretário do Interior e Justiça do Estado de São Paulo, Dino Bueno.

Dino Bueno, doutor em direito civil, professor da Academia de Direito do largo S. Francisco, mantinha o hábito de estudo, levantava-se pela madrugada, todos os dias, e dedicava coisa de uma hora ao estudo, "para começar bem o dia".

Valorizando o trabalho, afirmava:

"— Não pode, senhores, repousar aquele que tem por fim a ciência, e, por cruzada, o espancamento das trevas da ignorância que rodeiam o mundo; não

pode inebriar-se na alegria de um passo feito, pois são infindos os que restam por fazer; o trabalho é sem repouso; o repouso – o esforço da vida inteira".

Prezava as obras de beneficência, tendo doado ao longo da vida, imóveis de sua propriedade, à instituições de caridade.

Da mesma idade de Anália, catolicíssimo, recebeu proposta de Anália, espírita, com simpatia e sincero entusiasmo:

"Revelando o vosso programa um grau de civilização que honra, sobremaneira, o nosso Estado e, preenchendo, realmente, os reclamos de uma cidade populosa e industrial como São Paulo, tenho a satisfação de vos declarar que, para a realização dele, podeis contar com as facilitações a meu alcance..."

E assim o fez, cedendo inclusive a Anália alguns imóveis do Estado, removendo entraves burocráticos na constituição da Associação Feminina, e prestigiando pessoalmente a inauguração da instituição.

— • —

E esses acontecimentos se deram porque Dino Bueno foi, nessa ocasião, como em muitas outras, médium dócil das Forças do Bem.

As suas qualidades morais faziam com que registrasse e pusesse em prática as inspirações que lhe fluíam do mais alto, embora sua posição de católico, ignorando os livros espíritas e os mecanismos do fenômeno mediúnico.

Isso comprova que, em mediunidade, as condições morais vêm em primeiro lugar e são indispensáveis, o conhecimento do fenômeno é auxílio importante e desejável, mas fator acessório.

Batuíra e Anália

Mas, o que Manuel tem a ver com tudo isso?

Tem a ver que, na São Paulo provinciana, todos se conheciam e rapidamente estabeleceu-se um vínculo entre Batuíra e Anália.

Anália por vezes abrigava crianças desamparadas recolhidas por Batuíra, e Batuíra a auxiliava com recursos financeiros e orientações espirituais.

Não era incomum ver Batuíra, altaneiro e vibrante, entrando na Associação Feminina Beneficente para visitar alguma criança que ele havia entregue ao coração amoroso de Anália, como certa menina paralítica e obsedada que exigia cuidados constantes.

Invisível aos olhos carnais, o Espírito Manuel também comparecia à instituição de Anália para o desempenho de alguma tarefa relacionada com o Verdade e Luz.

A OBRA DE ANÁLIA FRANCO

Anália, tendo uma capacidade de trabalho excepcional, imprimiu seu ritmo à instituição: em apenas dois anos havia fundado nada menos que 28 escolas, além de vários albergues e orfanatos.

Ao longo de quase 18 anos de profícua existência, em meio a dores morais sem conta, a Associação Feminina Beneficente, sob a liderança de Anália e de seu devotado esposo, espalharia suas ações para vários estados, fundando:

- 55 escolas maternais;
- 3 liceus;
- 3 escolas para alfabetização de adultos;
- 2 escolas de idiomas;
- 7 escolas profissionalizantes;
- 2 colégios;
- 24 creches;
- 14 outras instituições de beneficência.

Além da fundação de instituições, Anália atuou no campo das artes:

- compôs vários hinos;
- escreveu e dirigiu cerca de um dezena de peças teatrais;
- escreveu poemas, crônicas, contos publicados em jornais;
- escreveu alguns livros, entre os quais:

A filha do artista (romance espírita);
Manual das mães (3 volumes);
Leituras infantis;
Lições aos pequeninos.

— • —

Manuel procurou acompanhar a vida e a obra de Anália Franco, aprendendo com a grande missionária o valor da educação, do trabalho no bem e a grande motivação de vida que o Evangelho de Jesus encerra.

A MISSIONÁRIA VOLTA AOS PLANOS SUPERIORES

E, para encerrar a referência a Anália Franco, um trecho de uma carta sua a uma companheira de trabalho, pouco antes de morrer, em que nos dá a dimensão de suas lutas:

"Estou lutando com enorme falta de recursos para o sustento do meu pessoal e dos asilos mal administrados. Imagine que se não fora o raiozinho de fé que tenho, era para enlouquecer.

Só aqui tenho 140 bocas para sustentar sem receber as verbas e sem contar senão com escassas esmolas.

A minha situação nunca foi tão precária como atualmente.

O Clero, não podendo com o povo, insuflou o governo contra mim, de modo que nem os meus ordenados, que tanto auxiliavam o sustento das crianças aqui, nem isso eu recebi.

Os espetáculos, com a baixa do café, estão dando a terça parte do que davam.

Enfim, a crença espírita é o que me sustenta ainda neste mar de sofrimentos e lutas.

Todos os dias peço a Deus que me dê forças para não perder a coragem..."

Desligou-se da carne em janeiro de 1919, retornando ao plano espiritual superior, onde continuaria promovendo a criação de instituições beneficentes.

Batuíra muda de plano e intensifica o trabalho

Em meados de 1908 Batuíra doou, com o consentimento da esposa, todos os seus bens à Instituição Cristã Beneficente Verdade e Luz.

Por essa época escreveu no jornal *Verdade e Luz*, mais um artigo dirigido às "Excelentíssimas Damas de Caridade da Diocese de São Paulo[67]":

"Só temos a agradecer à Divina Providência o ter abençoado o nosso pequeno trabalho, permitindo-nos apreciar o resultado dos nossos esforços no transcorrer de dezoito anos."

...

"Enquanto a Divina Providência nos der força, faremos o que pudermos para convencer os nossos adversários de que os nossos maiores desejos tem sido, são e serão o adiantamento de toda a humanidade. Saibam as nobres damas que ainda continuamos com o mesmo afã no empenho de aliviar os sofrimentos de nossos irmãos, sem indagarmos a que seita ou religião pertencem. E como entre nós a Católica é a mais numerosa, mais trabalho temos com os crentes dessa religião."

Três meses depois, em 22 de janeiro de 1909, Batuíra desencarnava.

— • —

Já no plano espiritual, prosseguiu suas atividades, intensificando sua ação de apoio ao movimento espírita e às obras de caridade.

---

[67] Batuíra vez por outra escrevia esse artigo dirigido às damas de caridade católicas, pois a maioria de seus assistidos era católica, e ao praticar a caridade jamais fazia qualquer discriminação religiosa.

O seu desencarne não produziu maiores abalos nas tarefas de Manuel e Gaspar, que continuaram nos seus trabalhos junto ao movimento espírita, sob a orientação geral de Batuíra, desencarnado.

EURÍPEDES BARSANULFO

Uma das instituições que Batuíra e sua equipe apoiava era o Colégio Allan Kardec, na cidade mineira de Sacramento, fundado por um médium devotado: Eurípedes Barsanulfo.

Colégio Allan Kardec
Fundado por Eurípedes Barsanulfo em Sacramento, Minas Gerais.

Em 1910, a equipe espiritual do Verdade e Luz foi convidada para presenciar a inauguração da sede reformada do colégio.

O próprio Batuíra, já desencarnado, encarregou-se de conduzi-los até Sacramento.

Foi uma festa de luz.

Nessa oportunidade Manuel ficou conhecendo não só o colégio, mas também Eurípedes, o seu fundador.

— • —

Passada a inauguração do colégio, vez por outra Manuel ia visitá-lo, procurava informar-se sobre o andamento daquele primeiro colégio espírita do Brasil e também colher notícias de seu fundador.

— • —

Curiosamente, Batuíra, como Espírito, manifestava sua presença ao médium Eurípedes, apresentando-lhe à visão espiritual um raio de luz.

Por vezes, estando mesmo ao quadro negro, Eurípedes interrompia a aula e dizia aos alunos:

– Vi um facho de luz verde, verde-esmeralda, é Batuíra afirmando sua presença entre nós...

— • —

O colégio Allan Kardec, contrariando os preconceitos da época, tinha turmas mistas de meninas e meninos.

Seguia o método do educador suíço Pestalozzi, com ensino apurado tanto de ciências humanas quanto de exatas.

As classes mais adiantadas tinham aulas de astronomia, dadas nas noites estreladas, inclusive com alguns instrumentos de observação; as de botânica e zoologia eram ministradas no campo, para que os alunos aprendessem no contato com a natureza.

Entre as matérias Eurípedes incluiu o estudo de *O Evangelho segundo o Espiritismo* e de *O Livro dos Espíritos.*

— • —

Porém o maior valor do Colégio era indiscutivelmente a presença de Eurípedes.

Aplicadíssimo ao estudo e ao trabalho, Eurípedes atuava também como médium de cura, aliviando as dores tanto dos doentes de Sacramento como também do resto do Brasil e mesmo do exterior, que sabedores de suas faculdades, a ele recorriam por meio de cartas.

Recebia, por meio da faculdade mediúnica, alicerçada num coração puro e iluminado, grandes vultos do cristianismo, como Maria, Mãe de Jesus; Francisco de Assis e Vicente de Paulo. Depois de sua morte foi revelado, por intermédio da mediunidade de Chico Xavier, que Eurípedes nos seus desdobramentos teve a ventura de encontrar-se inclusive com Jesus.

Sofreu muitas perseguições.

Acompanhando sua trajetória, Manuel aprendeu como um médium deve conduzir-se: seriedade, serenidade, disciplina, raciocínio iluminado e coração entregue inteiramente a Deus, ao Cristo e à Caridade...

Um desdobramento

Eurípedes Barsanulfo

Eurípedes desdobrava-se do corpo físico com muita facilidade, nesses desdobramentos efetuava curas, encontrava-se com Espíritos superiores, recebia revelações.

Um desses desdobramentos, pouco antes de sua morte, o retrata como médium e nos informa de sua interessante personalidade:

O texto é de Corina Novelino[68], sua biógrafa:

"Certa manhã, Eurípedes sentou-se a sua mesa de trabalho, e viram-no em atitude de recolhimento.

...

Porém dirigiu-se à secretária:

– D. Amália, prepare-se para anotar o que vou descrever. São Vicente de Paulo está ao meu lado e convida-me para um passeio muito longo, na companhia dele. Trata-se de uma excursão no plano espiritual..

Estamos andando e a paisagem é a mesma.

Avistamos uma árvore muito frondosa, ao longe, e caminhamos na sua direção. Estamos nos aproximando... Chegamos...

---

[68] *Eurípedes, o homem e a missão*, IDE, Instituto de Difusão Espírita.

Eurípedes descreve a amenidade da sombra daquela árvore, onde o viajor exausto encontra conforto e descanso.

Após significativa pausa, Eurípedes prossegue:

– D. Amália, esta árvore é tão maravilhosamente bela que não encontro comparação para que a senhora tenha uma ideia do seu esplendor. Na Terra nada existe que se assemelhe a fulgurância dela. Todavia, tentarei um recurso comparativo: Imagine a senhora que este vegetal seja constituído inteiramente de ouro lavrado, batido pelos raios solares e terá uma ideia remota da realidade. Em cada folha há uma palavra escrita – assinala Eurípedes – como Deus. Jesus. Amor. Justiça. Tolerância. Paz. Esperança. Luz. Renúncia. Devotamento. Beneficência. Trabalho. Compreensão.

E novamente à secretária:

– D. Amália, não é preciso que eu leia mais. A senhora compreendeu muito bem a significação dessa árvore magnificente. Como a interpretaria a senhora?

A árvore simboliza, a meu ver, o Cristianismo puro porque consubstancia todos os princípios salvadores exarados por Jesus.

Sua interpretação está boa, mas conversaremos a este respeito, quando fizermos um estudo mais detalhado do assunto.

Nessa altura prossegue:

– São Vicente convida-me a prosseguir na viagem. Saímos. A estrada é a mesma. Andamos sempre sem parar. Avisto uma escada ao longe. Vai da Terra ao Infinito. Digo infinito, D. Amália, porque não diviso o seu fim.

A seguir, Eurípedes narra que alcançaram a escada, começaram a subir até atingirem o último degrau, quando São Vicente informou:

– 'Meu filho, está terminada a nossa missão na Terra. Estamos atingindo outra esfera.'

– D. Amália – diz Eurípedes – a estrutura desse mundo é desconhecida para mim. Não lhe conheço os elementos físicos. Mas, para que a senhora tenha uma ideia aproximada do embasamento cósmico deste Plano, imagine-o constituído de mármore ou de jaspe[69]*. Porém de mármore com reverberações*

---

[69] Jaspe: variação de quartzo colorido e opaco; as cores mais comuns são vermelho, amarelo e verde, conquanto ocorra de todas as cores.

fascinantes. A superfície esplende-se em luminosidades próprias, verdadeiramente estonteantes. Não consigo traduzir senão vagamente para que a senhora tenha uma pálida visão da realidade.

São Vicente acentua 'Meu filho, este plano é uma mansão de Paz e bem-aventurança. Aqui é a morada daqueles que souberam bem desempenhar a sua tarefa de Amor, na Terra. É aqui a sua morada, meu filho.'

Prosseguindo, Eurípedes informa:

– E agora, D. Amália, vejo chegar um número incalculável de cartas e telegramas... a senhora talvez tenha de tomar uma secretária para auxiliá-la na hora do agradecimento. (Eurípedes referia-se às mensagens de condolência que chegariam por ocasião de seu falecimento que se anunciava próximo).

O transe sonambúlico chegara ao fim.

D. Amália ficou em dúvida se despertava o médium ou não, que permanecia na mesma posição de recolhimento, decide-se:

– S' Eurípedes! S' Eurípedes!

– Senhora! Estou desperto...

Ele sorriu de leve."

—•—

Dois meses depois desse desdobramento, em novembro de 1918, Eurípedes deixou a Terra e voltou ao plano espiritual superior.

—•—

Conquanto, a partir de 1913, Manuel tenha reduzido suas atividades junto ao movimento espírita, acompanhou os acontecimentos que envolveram os dois missionários até o término de suas encarnações.

A PROPOSTA DE FABRÍCIO

Em julho de 1912, Fabrício chamou Manuel e Gaspar para uma conversa.

Depois dos cumprimentos disse-lhes com sua voz serena e magnética:

– Dentro de poucos meses vocês completam 20 anos de dedicação aos leprosos e à implantação da Doutrina Espírita no Brasil. Acumularam experiência, tanto da moléstia quanto do trabalho espírita, que serão os dois eixos da sua próxima encarnação.

No entanto, estão distantes da carne há muitas décadas, sua estada no plano espiritual vai chegando ao fim; é hora de seus Espíritos irem se focando na próxima etapa de sua vida.

É necessário que vocês iniciem a partir de agora a adaptação ao novo meio em que irão viver, para que seu mergulho na carne se dê sem traumas nem choques.

Vendo que os dois estavam com uma expressão algo angustiada, Fabrício fez breve pausa e aduziu com tom paternal:

– Por que essa onda de pesar transborda de seus corações?

Manuel foi o primeiro a falar:

– De um lado sei do valor da experiência que se aproxima, dos benefícios que vou extrair das dores e trabalhos na carne, mas continuo me sentindo despreparado, e a possibilidade de fracasso depois de décadas de esforço preparatório me assusta, e um arrepio de pavor percorre o meu ser, quando percebo que o momento se aproxima.

A seguir foi a vez de Gaspar:

– Venho de uma série de oportunidades perdidas; há quase seis séculos tento a redenção na carne e os avanços são mínimos; o balanço de cada experiência na carne sempre fecha no vermelho, mais débitos que créditos; sinto-me como um atleta que procura acumular resignação para suportar mais uma derrota na competição que irá enfrentar.

Meus filhos, aferrem-se à esperança e colham nela a alegria; Deus não nos fez para a dor, Deus nos fez para a alegria e principalmente para o amor; nenhuma luta é vã, e mesmo na derrota a alma vai acumulando a experiência que por fim lhe dará a vitória.

Voltando-se especialmente para Manuel, continuou:

– Você tem razão, Manuel, quando diz que ainda não está preparado; realmente não estão; temos ainda uma década pela frente para fortalecer seus Espíritos, mas creia que vocês têm todas as condições para estarem plenamente preparados para nascerem novamente; depende apenas de vocês aproveitarem bem esses 12 anos que lhes restam.

A seguir, voltando-se para Gaspar:

– Não se iluda, Gaspar, a resignação é alicerce para sua vitória na próxima encarnação, plena de dores físicas e morais; suportar e vencer, esse é o sentido da resignação, pois resignação sem esperança é acomodação, e acomodação é impensável para honrados soldados de Ismael, como vocês têm se mostrado.

E, aliando as palavras aos seus dons magnéticos, os dois viam encantados os olhos de Fabrício tornarem-se de um verde luminoso e irradiante, como se emitissem luz puríssima, que lhes penetrava a alma, fazendo-os sentir que ondas de esperança e alegria povoavam-lhes a alma.

Vendo que estavam na "sintonia" adequada, Fabrício prosseguiu:

– Jesus nos informa que o reino dos céus é para aqueles que se assemelham às criancinhas e afirma mesmo que "*aquele que não receber o reino de Deus como uma criança, nele não entrará*".

– Pelos próximos 12 anos os pequeninos serão seus mestres, com eles aprenderão a pureza de coração, a confiança, a alegria pura, a inocência; aos pequeninos caberá ministrar-lhes a derradeira lição, a mais importante para sua vitória e ascensão a planos mais altos: a pureza de coração.

Boa parte da nossa família espiritual encarnará nos próximos quatro anos, além do que as suas famílias carnais já estão se constituindo e em pouco tempo os seus irmãos mais velhos estarão nascendo; e todas essas crianças necessitam carinho, proteção e mesmo amigos invisíveis que brinquem com elas.

Ao protegê-las, ampará-las, participarem de suas vidas, de seus medos, alegrias, visão de mundo, vocês irão acumulando no fundo de seus corações a certeza de que vocês também, independentemente de suas formas, são crianças queridas de Deus.

Um sorriso suave e terno estampava-se no semblante de Fabrício.

Contagiados, Manuel e Gaspar sorriam também, embevecidos pela inesperada proposta de Fabrício.

Tornava-se claro para eles que a luta na Terra principiaria pela infância, e que o período infantil era o alicerce da encarnação.

Após alguns momentos saboreando os conceitos expostos por Fabrício, Manuel perguntou:

– Deixaremos de vez nossas tarefas junto ao Hospital Guapira e às instituições espíritas fundadas por Batuíra?

– Não, informou Fabrício, porém informarão seus superiores que restringirão gradualmente os seus horários de cooperação à medida em que forem encarnando as crianças às quais vocês deverão dedicar-se. A partir de 1913, dedicarão aos leprosos e ao movimento espírita apenas algumas horas por semana, para não perderem de todo o contato.

– Cada um de nós cuidará de um grupo de crianças, ou faremos a tarefa em conjunto? – perguntou Gaspar.

– Trabalharão em conjunto. Quanto mais aperfeiçoarem sua habilidade de conviver com seus futuros companheiros de jornada, valendo-se do ambiente favorecido do plano espiritual, em que estão agora, maior será a chance de conviverem harmoniosamente na próxima encarnação, onde compartilharão por décadas, trabalhos e lutas, sendo um o arrimo do outro.

E após outras instruções, Fabrício, ao despedir-se, recordou-lhes:

– Aproveitem para abastecer seus corações, alimentando-os com os afetos paternais despertados por essas crianças e lembrem-se de que na próxima encarnação vocês não terão filhos carnais.

— • —

Saindo da entrevista com Fabrício, Manuel comentou:

– Estar com Fabrício é estar perto do céu, ele sempre consegue transmitir uma sensação de alegria, de esperança, de paz...

– Ele desenvolveu bastante a "caridade da presença". A sua presença, em sí, já é uma dádiva de amor ao próximo – redarguiu Gaspar.

Candinha

No mês seguinte, principiando suas atividades, acompanharam a encarnação de Amália, Espírito que fora esposa de João Batista, em Belém.

Amália era um Espírito inteligente, refinado, sensível, amante das artes, com grande apreço pela música, culto e dedicado.

Após as despedidas, numa cena tocante, Amália foi unida a sua mãe.

Manuel, Gaspar e Maria da Fé, especialmente, que eram muito ligados a ela, sentiram bastante e procuraram dar todo apoio a João Batista, que voltaria a conviver com a esposa na carne apenas 40 anos depois, pois havia um casamento programado entre eles.

Gaspar e Manuel, já nas suas novas funções, acompanharam a gestação de Amália, contribuindo para que tudo transcorresse em harmonia.

— • —

Nove meses depois, em abril de 1913, Amália, a antiga esposa de João Batista de Oliveira, nasceu em Ribeirão Preto, Estado de São Paulo, num lar de imigrantes italianos, e teve o nome de Cândida Cruzi.

Os dois amigos passaram a ter novas preocupações: "Candinha está com cólicas intestinais..."; "Candinha quase caiu do berço..."

— • —

Certa tarde, Manuel encontrou-se com Gaspar, para a "troca de turno" junto a Candinha:

– Gaspar, aconteceu uma coisa extraordinária...

– O que foi, Manuel?

– Candinha falou pela primeira vez, ouvi nitidamente "papá"...

– "Papá", de papai?

– Não, "papá" de comida mesmo.

– Graças ao bom Deus, ela não tem problemas de apetite...

– Está aprendendo a falar antes de dar os primeiros passos...

– Ela é uma gracinha...

– Principalmente quando dorme – disseram rindo em conjunto os dois Espíritos.

— • —

O seu trabalho se focava na segurança; providenciar para que nenhum acidente atingisse a mãe ou a criança, tanto na gestação como nos primeiros anos de vida, fossem esses acidentes derivados de circunstâncias fortuitas ou provenientes de desafetos do plano espiritual.

Sempre que o tempo lhe permitisse, Maria da Fé o acompanhava nessas suas tarefas.

Acompanhemos uma dessas excursões.

Leonor transforma-se em Adelaide

Tremembé
Década de 1920, estação da estrada de ferro *Central do Brasil*.

Em abril de 1914, Manuel e Gaspar seguem com pequena caravana de Espíritos até o vilarejo de Tremembé, no Vale do Rio Paraíba, Estado de São Paulo.

Entre eles, muito pálida, está Leonor, antiga dama da nobreza de Portugal.

Leonor ora frequentemente para que Deus lhe dê forças, face a longa provação que irá enfrentar; vários futuros companheiros de provação a acompanham também, elevando suas preces pelo sucesso da amiga: Manuel, Gaspar, Miguel, João Batista de Oliveira, que dentro em pouco encarnarão também.

Especialmente Miguel, que tem um carinho paternal por Leonor, está profundamente emocionado.

Chegam a uma residência pobre.

O casal: ele, Joaquim, pedreiro; ela, Margarida, prendas domésticas.

Muito jovens, recém-casados, são deixados em paz, no pequeno quarto, envolvidos por uma proteção fluídica; após o relacionamento sexual, adormecem.

Leonor formula sua última prece antes da encarnação:

– Deus de bondade e Misericórdia, dai-me forças para suportar a prova com coragem, que eu possa quitar meus débitos com resignação e alegria, confiante na sua bondade e misericórdia. Que eu possa ter presente que esses sofrimentos me darão o bem precioso da liberdade e da consciência purificada. Que eu possa ser fiel e dedicada.

A seguir, num último gesto, beijou as mãos de Miguel, o antigo Bispo de Belém, pedindo-lhe:

– Não permita que o esquecimento da carne leve-o a esquecer-se de mim, pois confio no seu apoio para vencer na prova... Precisarei mais que nunca de seu carinho e de suas orientações, não deixe de transmitir-me a sua força...

– A força está em Jesus, mas pedirei ao Bom Deus que me permita auxiliá-la.

Os benfeitores espirituais aplicam passes em Leonor, enquanto todos, tocados pela emoção, se ajoelharam em prece.

O corpo espiritual de Leonor foi regredindo, até ficar bem pequenino.

A mãe, Margarida, foi retirada do corpo para receber Leonor; logo a seguir, os benfeitores selecionaram entre os milhões de espermatozoides que estavam no seu ventre, aquele que devia fecundar o óvulo de sorte a transmitir as características genéticas necessárias às provas que Leonor deveria enfrentar, especialmente a purificação do seu perispírito, por meio da lepra.

— • —

Manuel e Gaspar levavam seu carinho ao casal pobre que receberia Leonor como filha, auxiliando os dois jovens esposos em problemas corriqueiros de saúde e também na obtenção do pão, visto serem muito pobres.

Segunda-feira, 4 de janeiro de 1915

O mundo estava em plena guerra, atrocidades sem conta ocorriam na Europa; a Alemanha invadia a Russia, que procurava resistir como podia.

Em São Paulo se faziam campanhas para socorrer crianças que, além dos horrores da guerra, enfrentavam um inverno rigoroso, especialmente nos países baixos.

No Brasil, país distante do conflito, o ministro da guerra enviava mensagem de ano-novo, concitando o exército a envolver-se menos em política e consagrar-se mais a atividade militar.

No país todo proliferavam cinemas exibindo dramas e finas comédias como "O Casamento", com 27 minutos de duração, em três longas partes.

— • —

À parte de todos esses acontecimentos, renascia Leonor e recebia o nome de Adelaide; era uma menina saudável e bonitinha, seu enxovalzinho era muito pobre, alguns paninhos a título de fraldas e algumas roupinhas feitas pela mãe com o auxílio das vizinhas.

Mamava normalmente e foi se desenvolvendo sem maiores problemas.

Manuel e Gaspar dedicavam parte o seu tempo na assistência à pequena família.

O GRUPO DIMINUI

Além dos Espíritos mais próximos que mencionamos anteriormente, muitos outros amigos mergulharam na carne.

Com tantos Espíritos encarnados, o grupo de Manuel Gonçalves, na espiritualidade, foi se esvaziando, Manuel e Gaspar da Costa, que vão ficando, assumem a tarefa de auxiliar seus companheiros, que agora são crianças.

Essa atividade é importante, não só pela sua dimensão de amor ao próximo, como também para fortalecer os laços entre eles, já que deverão trabalhar juntos quando encarnados na seara do Senhor.

Ainda há o lado sentimental, pois dentro do quadro de provas que enfrentarão, Manuel e Gaspar não terão as alegrias da paternidade, nem o carinho dos netos; assim sendo, convém abastecer os seus Espíritos desses sentimentos.

E é com grande alegria, que os dois Espíritos evitam pequenos acidentes, auxiliam os pais a tomarem as melhores atitudes, colaboram na solução dos problemas de saúde da idade infantil, como sarampo, tosse comprida, catapora, comuns naquela época em que a vacinação não era generalizada e finalmente entretêm as crianças, tornando-se visíveis e brincando com elas, o que muito os diverte.

Nesse tempo, era comum encontrarmos os dois Espíritos debruçados num berço, ou contemplando os seus amiguinhos entretidos em brinquedos infantis, com uma imensa ternura no olhar, que por vezes chegava às lágrimas.

TRANCOSO

Fevereiro de 1915

Manuel deixou o Brasil e as suas meninas queridas, Candinha e Adelaide, e dirigiu-se como Espírito até Portugal.

O seu destino era a cidade de Trancoso, norte de Portugal, quase fronteira com a Espanha.

— • —

Muralhas de Trancoso
Portugal.

Trancoso tem um ar medieval, com suas vielas e espessas muralhas.

Sua história é rica de batalhas e personagens lendários, como rei D. Dinis e sua esposa Isabel.

Acrescente-se à riqueza histórica, a beleza de suas flores, de seu parque municipal, de suas construções antigas; o resultado é um polo turístico, apropriado ao descanso, à meditação, ao lazer.

— • —

Todavia o que levou Manuel a Trancoso não era interesse histórico, nem turístico. O que o atraiu era um casal de namorados: ele, Luiz, sapateiro, pobre, filho de um calceteiro[70], um tanto dado ao vinho,

---

[70] Calceteiro: cortava e assentava paralelepípedos de granito para pavimentação de ruas; profissão rude e mal remunerada.

inteligente e ousado; ela, Maria Custódio, prendas do lar, pequenina, humilde, quase submissa, inteligente e delicada.

Desde meados de 1914, Manuel visitava esse casal uma vez por mês.

O que esse casal tinha de importante para Manuel?

Eles seriam seus pais na próxima encarnação; portanto, procurava ajudá-los como podia, aconselhando o moço Luiz a beber menos, consolando e proporcionando pequenas alegrias a Maria, sua futura mãe, que falava ao seu coração, muito mais que o futuro pai.

A PRÉ-FAMILIA

Nessas visitas era comum Manuel encontrar-se com seus futuros irmãos, quando se procurava fortalecer laços de amizade e simpatia.

Embora as ligações entre os futuros irmãos não fossem intensas, não havia antipatias maiores a serem vencidas.

Entre os futuros irmãos, um casal se destacava pela superioridade moral e intelectual.

Espíritos ligados por muitas encarnações, teriam os nomes de João e Alda; suas encarnações seriam breves.

Ele teria como foco ser um apoio para todos, assumindo a chefia da família, posto a fragilidade de Luiz, o pai.

João planejava envolver Alda, com um carinho paternal, suavizando sua provação por meio da hanseníase.

Curiosamente, João seria o filho mais velho e Alda a caçula.

Manuel conviveria pouco com os irmãos, a exceção era José, também programado para experiência na hanseníase, com quem passaria largos anos. José havia sido seu filho na encarnação do século 18 e já havia fortes laços afetivos entre eles, que seriam aperfeiçoados na nova vida; a encarnação de José seria "padronizada", sem maiores repercussões na vida de outras pessoas.

A proximidade espiritual dos futuros filhos enchia o coração de Maria Custódio de ternos sentimentos maternais.

O CASAMENTO

É abril, 1915, primavera em Portugal.

Numa pequena igreja de Trancoso, celebra-se o casamento de Maria Custódio e Luiz Soares.

Casamento de pobres, realizado durante a semana, em cerimônia simples, com poucos encarnados presentes.

No entanto algumas dezenas de Espíritos ali compareciam. Entre eles João, de mãos dadas com Alda, alterava com frequência sua expressão fisionômica; ora alegre, de outras vezes perdido em reflexões, vez por outra sobras de angústia e preocupação desenhavam-se em formas de linhas em sua fronte.

Dentro de duas ou três semanas ele se ligaria ao ventre de Maria Custódio.

Maria da Fé também comparecia ao lado de Manuel, pois ali estavam diversos afetos de outras vidas, inclusive José que fora seu filho, embora na sua próxima encarnação Maria da Fé não teria contato com a família de Maria Custódio, posto que suas experiências seriam diversas.

Enquanto os pensamentos dos encarnados divagavam, os Espíritos ali presentes, em dado momento, uniram-se em prece pela felicidade do casal.

Após a cerimônia, Luiz e Maria Custódio receberam os cumprimentos dos poucos encarnados ali presentes.

Repentinamente o casal ficou imóvel, de braços dados, em frente a Igreja, sem saber por quê.

O céu estava muito azul, era uma festa de luz; flores na praça em frente coloriam a terra.

O casal contemplava o céu e a praça, tomados por uma emoção que não saberiam explicar.

Nesse momento mágico, os futuros filhos, movidos por estranha energia, aproximaram-se um a um, ajoelharam-se frente ao casal e beijaram-lhes as mãos, profundamente gratos àqueles dois jovens, que numa vida de dores e renúncias os receberiam como filhos, propiciando-lhes a bênção de uma nova oportunidade na terra.

Após beijarem as mãos dos futuros pais, aqueles que seriam irmãos se abraçaram, formando um círculo ao redor do casal e elevaram ao Céu sentida prece, pedindo o amparo celeste para toda a família.

Pétalas de flores desceram do céu, lançadas por Espíritos superiores, confirmando a presença do alto.

Manuel guardou tudo isso no seu coração, reiterando seus compromissos de fidelidade a Jesus.

Lisboa

Dois dias depois, um grupo familiar composto de sete pessoas: Luiz, Maria Custódio, os pais de Luiz e mais três irmãos solteiros de Luiz, atravessaram Portugal e chegaram a Lisboa.

Para quem nunca havia saído de Trancoso, a grande cidade era surpreendente, porém pouco se demoraram na capital do país.

Dirigiram-se ao porto, onde um grande navio se preparava para partir.

Viajariam de terceira classe, dinheiro da passagem acumulado moeda a moeda durante três anos; o seu destino era a cidade de Santos, no litoral de São Paulo.

O navio partiu, deixando o Tejo, como tantos outros, nos mais de 400 anos de ligação entre Portugal e Brasil.

Dentro do navio havia uma incrível soma de sonhos por metro quadrado; sonhos que foram dos pais, avós, bisavós; sonhos de fortuna e progresso...

Igualmente a saudade marcava a todos, deixavam a pátria, afetos, não sabendo se tornariam a vê-los, a pisarem as ruas de suas aldeias, olhos vermelhos e lágrimas eram comuns...

Ao observá-los, Manuel recordou o passado, cenas da encarnação anterior vieram à sua lembrança...

Tanta vez atravessara aquele oceano: homem feito acompanhando Mendonça Furtado em busca de progresso e ideais em 1751; depois menino fugindo com os pais das tropas napoleônicas; e naquele ano, enquanto a Europa mais uma vez mergulhava nos horrores da guerra, ampliados pela tecnologia, acompanhava os futuros pais, rumo a uma encarnação de dores, provas e oportunidade de redenção.

Disciplinou a emoção que começava a transbordar em pranto e orou para que os sonhos daquele grupo se realizassem dentro dos ensinamentos de Jesus.

SANTOS

Santos era uma cidade grande, destacando-se pelo seu vigor econômico. A estrada de ferro dos ingleses descarregava no seu porto, o café, parcela importante do PIB brasileiro.

Cidade de Santos
Fotografia de 1915.

Milhares de imigrantes desembarcavam em Santos, grande parte seguia para São Paulo onde se integrava a nascente indústria paulista, outros seguiam para a "Califórnia Paulista", como era denominada a região de terra roxa, propícia ao café, nos arredores de Ribeirão Preto.

Luiz e Maria Custódio, no entanto, decidiram ficar em Santos, onde era muito atuante a colônia portuguesa.

Com o auxílio de parentes, sem grande dificuldade, Luiz se estabeleceu, os negócios eram fáceis naquela cidade onde circulava muito dinheiro, e rapidamente a pequena sapataria se povoou de clientes.

Embora o excessivo apreço pelo vinho, Luiz era um bom sapateiro: inteligente, conhecedor do ofício, afável e bom comerciante.

1916

Nesse ano, o grupo de crianças sob os cuidados de Manuel cresceu bastante.

Renasceu em Santos, João, o futuro irmão mais velho de Manuel.

Manuel cuidava do bebezinho que seria o seu irmão mais velho com uma respeitosa admiração, lembrando-se do adiantamento moral e intelectual de Joãozinho.

— • —

Encarnou-se em São Paulo, Miguel, o antigo Bispo do Grão-Pará, recebendo o nome de Encio Celestino.

— • —

O ex-capitão mor, João Batista de Oliveira, nasceu numa família de imigrantes italianos, padeiros, em Sorocaba, Estado de São Paulo.

Recebeu o nome de Armando Catelli.

— • —

Em fins de 1916, já eram cinco as crianças aos cuidados de Manuel:

João, Encio, Armando com apenas alguns meses, Adelaide próxima dos 2 anos e, finalmente, Candinha com 3 anos.

Aquelas cinco crianças, companheiros de outras épocas, e futuros parceiros na nova encarnação que aconteceria dentro de uma década, enchiam o coração de Manuel de uma ternura imensa.

Seus progressos, vendo-os aprender a andar a falar, sua reações infantis inesperadas e muitas vezes engraçadas, as doenças próprias da infância, os pequenos acidentes, as dificuldades das mães, o carinho dos pais, eram as questões mais importantes para seu coração e seu raciocínio.

Irmãos Carnais

Pouco mais de um ano após o nascimento de João, foi a vez do segundo filho do casal mergulhar na Carne. Alberto, pálido e atemorizado, orava com dificuldade.

Era uma encarnação curta, vinte e poucos anos, francamente expiatória, padronizada, em que o perispírito de Alberto seria purificado por meio das dores, para posteriormente, numa outra encarnação, ter oportunidades mais abrangentes de evolução.

Benfeitores espirituais fizeram com que a estrutura genética de Alberto não oferecesse resistência ao bacilo de Hansen, agente causador da lepra.

Em 1918, nascia Alberto, mais um lindo brasileirinho no lar de Luiz e Maria Custódio.

— • —

E a rotina de um bebê a cada dois anos prosseguia sem interrupção.

Manuel acompanhava todas as gestações e procurava fazer o melhor; seus companheiros, Maria da Fé e Gaspar da Costa, o auxiliavam quando podiam; estavam assoberbados com a preparação das próprias encarnações e do grupo de companheiros que haviam se comprometido a auxiliar.

Maria Custódio já dera à luz cinco homens: João, Alberto, Antônio, Zeca e Álvaro.

Luiz progredira na sapataria; além de consertos passou a vender calçados, tinha crédito, era bem conceituado na praça.

O problema maior é que a dependência do álcool ia aumentando.

Emílio Ribas

As encarnações são como estradas; há aquelas estradinhas de fazenda, que cruzam meia dúzia de outras pequenas como ela; o Espírito na sua trajetória aqui na terra influencia de maneira mais marcante outra meia dúzia de Espíritos, que cruzam o seu caminho. Encarnações modestas, apagadas, mas nem por isso menos ricas de preciosos avanços interiores.

Há aquelas outras que são como importantes rodovias de abrangência nacional, no seu trajeto atravessam milhares de outras, unindo grandes cidades e vilarejos, alimentando com seu fluxo a indústria e o comércio, estendendo sua influência por milhares de quilômetros quadrados e milhões de pessoas.

Emílio Marcondes Ribas teve sua trajetória semelhante à grande rodovia, marcando o Brasil, atingindo com sua influência, inclusive, outros países.

A ação desse médico e cientista contribuiria decisivamente para a futura encarnação de Manuel, assim como a de milhões de brasileiros.

A formação

Emílio Marcondes Ribas nasceu em Pindamonhangaba, no vale do Paraíba, a 130 Km de São Paulo, em 1862, na fazenda de café do avô materno, administrada pelo pai, pequeno proprietário que se abrigara na fortuna do sogro.

Adolescente já havia escolhido a carreira de medicina, contrariando a sua linhagem, toda ela de proprietários rurais.

Aos 20 anos estava no Rio de Janeiro iniciando seu curso de Medicina; aos 25 voltava para Pindamonhangaba com o diploma de médico, fama de estudante brilhante, fluente em francês e inglês, cheio de ideais republicanos e abolicionistas, além do que, um homem sério e bonito.

Encontra Maria Carolina, namora, noiva.

Festeja em 1888 a abolição, em 1889, o casamento e a república.

— • —

O café havia feito a opulência do Vale do Paraíba, espalhando-se pelas colinas que margeavam as duas serras que o delimitam: a Mantiqueira e a Serra do Mar.

O café, arbusto plantado em filas retilíneas, exército de soldados verdes, expulsara a mata Atlântica.

Anualmente, em outubro, os escravos colhiam suas frutinhas vermelhas, enriquecendo barões, e com as sobras permitindo o progresso daqueles que lhes viviam à sombra.

E assim foi por décadas...

— • —

Mantiqueira em tupi significa a "montanha que chora", nome dado pelas suas muitas águas.

A água correndo pelas colinas desmatadas levava embora silenciosamente os sais minerais e o material orgânico do solo, empobrecendo a terra.

Em 1889, os escravos e o solo fértil haviam desaparecido do Vale; com eles foi-se a riqueza do café.

A região entrou em grande decadência.

A fortuna do avô, repartida por uma multidão de netos, não reservava quase nada para o jovem Ribas, que casado, necessitava de renda, difícil de ser obtida naquela região empobrecida, tentando viver de glórias passadas.

Mais a oeste, no entanto, na região de Ribeirão Preto, o relevo mais suave e a terra roxa mais firme atraíam os "soldados verdes" do café que novamente faziam a mesma coisa: expulsavam a Mata Atlântica, enriqueciam os coronéis da Guarda Nacional e promoviam o progresso.

Principiava a surgir a expressão "Califórnia Paulista"; o dinheiro circulava, levas de imigrantes, na maioria italianos, forneciam o braço que plantava o café, levantava cidades, construía estradas, gerando oportunidades.

O MÉDICO DO INTERIOR

Ribas deixou Pindamonhangaba e foi atrás do sustento da família; estabeleceu-se em Santa Rita do Passa Quatro, a cerca de 70 km de Ribeirão Preto.

Ficou pouco tempo, surgiu uma nova oportunidade: prestação de serviços médicos para a futura estrada de ferro que ligaria São Paulo ao Rio Grande do Sul.

Mudou-se para Tatuí, a 120 km da capital do estado.

Médico do interior fazia de tudo: partos, braços quebrados, vista cansada...

A família foi crescendo, a cada dois ou três anos, mais um filho.

O HIGIENISTA

O médico Ribas continuou estudando, permaneceu brilhante.

Sua mente aguçada constatou que a maioria dos problemas de saúde do estado derivava da falta de limpeza: limpeza pessoal, dos quintais, do lixo que se amontoava em volta das casas, dos rios.

Era Secretário do Interior do Estado de São Paulo, um conterrâneo de Pindamonhangaba, Dino Bueno; em um encontro ocasional, Ribas expôs suas ideias sobre higiene.

O culto e ativo Dino Bueno, o mesmo que apoiaria Anália Franco[71], fixou as ideias expostas por Ribas e passou a refletir sobre elas. Instrumento dócil às influências da espiritualidade superior, em virtude de suas qualidades morais, teve a inspiração de convidá-lo para trabalhar na Inspetoria Sanitária do Estado, subordinada a sua pasta.

Ribas aceitou e, em 11 de setembro de 1895, foi nomeado Inspetor Sanitário do Estado de São Paulo, cargo modesto, em comissão, mas que desempenhou com grande competência, combatendo inúmeros focos de epidemias nas cidades de Rio Claro, Pirassununga, São Caetano e outras do interior.

As epidemias recorrentes de febre amarela eram o principal problema de saúde pública do país: a epidemia de 1892 na pequena cidade de Sorocaba causou 1.750 mortos; a de 1896 em Campinas, 800 óbitos, ambas no Estado de São Paulo; na cidade do Rio de Janeiro chegavam a matar, em média, mil pessoas por mês.

JAÚ

Poucos meses após sua nomeação, Ribas tomava as providências para debelar uma epidemia surgida em Jaú, cidade a 300 km de São Paulo, internando compulsoriamente os doentes; parte da população, no entanto, revoltou-se e liderados por um curandeiro resolveu expulsá-lo e retirar os internados do hospital de isolamento.

O jovem médico, modesto inspetor sanitário, não tinha a quem recorrer, pois todas as autoridades deixaram a cidade, temerosas da epidemia.

---

[71] Vide item: "Dino Bueno, catolicíssimo, médium do bem"; capítulo: "Os espíritas"; Livro 3: "Preparando-se".

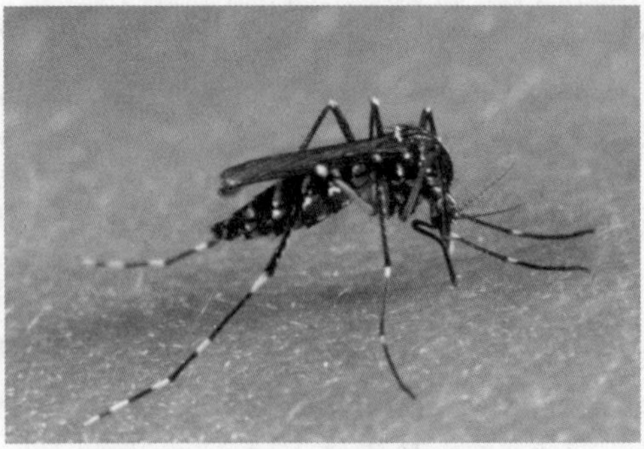

Foto de Fabrizio Penati

Aedes Aegypti
Mosquito transmissor da febre amarela e de inúmeras doenças.

Ribas dirigiu-se à cadeia, concitou os presos a lutarem sob seu comando e armou-os com fuzis, lá encontrados.

Comandando aquele estranho destacamento, onde haviam homicidas e ladrões, por ele denominado, "armas do governo", restabeleceu a ordem pública.

E estranhamente, após serenados os ânimos, os presos devolveram as armas e voltaram para suas celas.

Fato narrado com simplicidade mas que revela a elevada autoridade moral de Ribas e o apoio que recebia da espiritualidade superior.

É igualmente de admirar-se a lição de moral dada aos revoltosos de Jaú: aqueles detentos, considerados desordeiros e sem escrúpulos, foram os mesmos que impuseram a ordem e conduziram ao bom senso aos que se achavam cidadãos de bem; os supostos marginais obedeceram a lei devolvendo as armas e retornando às suas celas, enquanto os hipotéticos homens de bem infringiam as imposições legais.

— • —

Como cientista, a contribuição mais notável de Ribas foi aclarar o processo de transmissão da febre amarela.

Na época a comunidade médica acreditava que a transmissão se dava pelo contato direto com os infectados, e todos os esforços para combater os focos de epidemia que surgiam eram no sentido de isolar os doentes.

Nessa epidemia em Jaú, uma cena particularmente triste: crianças órfãs de pais falecidos em virtude da febre amarela vagavam pelas ruas como cães empesteados, sendo recusadas até pelos parentes mais próximos.

Mas saboreemos o texto do próprio Ribas:

"Assisti ao dolorosíssimo quadro de ver na orfandade não pequeno número de crianças, cujos pais faleceram de febre amarela; e pelo horror do contágio da moléstia que os havia vitimado, encontrei-me em sérias dificuldades para socorrê-las.

Assim é que apesar dos abnegados esforços do então prefeito municipal de Jaú, sr. Paulino de Oliveira Maciel, não nos foi possível obter uma casa para os órfãos, nem pessoa idônea para dispensar-lhes os necessários cuidados, tal era o pavor que inspirava a mortífera epidemia.

Naquela aflitiva emergência tive que lhes dar abrigo no Hospital de Isolamento, distante da cidade de Jaú três quilômetros."

Algumas dessas crianças manifestaram a doença, outras não; o fato de estarem internadas tão próximas dos doentes em nada afetou a probabilidade de contrair a febre amarela.

Isso lhe tornou claro que enfermidade não se transmitia pelo contato direto; assim sendo, restava o mosquito como principal vetor.

A LUTA

Episódios como os de Jaú revelavam um homem de grande capacidade intelectual e liderança derivada da coragem, iniciativa e uma firmeza que não conflitava com a compaixão e a brandura.

A dimensão do homem estava em completo desacordo com a pequenez do cargo, e não havia outra solução senão promovê-lo para postos mais altos.

Em 1896, um ano depois de ser comissionado como inspetor sanitário, foi efetivado e assumiu a direção da comissão sanitária de Campinas.

Dois anos depois, em 1898, em virtude de seu sucesso em Campinas, Dino Bueno o nomeou Diretor do Serviço Sanitário do Estado de São Paulo, cargo equivalente ao de Secretário da Saúde, dos dias de hoje.

— • —

Já convencido em Jaú, que a febre amarela não se transmitia pelo contato direto, foi se cristalizando no seu espírito a certeza de que a transmissão se dava por meio do mosquito.

Nas suas atividades no Serviço Sanitário aplicava sua teoria procurando combater focos de mosquito, alertando sempre para o perigo das águas paradas.

Em 1898, em Campinas, e em 1900, em Santos, Ribas teve grande sucesso no combate à febre amarela valendo-se de entupimento de poços, drenagem do solo, eliminação de águas estagnadas e remoção de lixo.

— • —

A comunidade médica em peso estava convencida de que a transmissão se dava pelo contágio direto, exceção a um médico cubano, Juan Carlos Finley, que afirmava que a transmissão se dava por meio do mosquito.

Finley, no entanto, apresentava uma argumentação com muitas lacunas, e era considerado um louco pela classe médica; ao contrário Ribas, afirmava:

– A teoria de Finley é "sagrada"...

No Brasil, um dos poucos médicos a admitirem a transmissão pelo mosquito era Adolfo Lutz.

— • —

A classe médica pedia a demissão de Ribas da chefia do Serviço Sanitário a Dino Bueno, que resistia às pressões, jogando o seu peso político, escorado no argumento do sucesso de Ribas nas suas campanhas e na diminuição do número de óbitos devidos à doença.

Revidavam atacando Ribas por meio da imprensa, identificando-o a um mosquito: *"O mosquito traz nas suas asas o ridículo para a classe médica..."*

Ribas dilatava a campanha, com apoio de Dino Bueno, e em 1900 começava a distribuir panfletos com instruções para o combate ao mosquito, como a forma mais eficaz de prevenir a febre amarela.

A DEMONSTRAÇÃO

Por volta de setembro de 1900, uma comissão de médicos americanos dirigiu-se a Cuba para testar as teorias de Finley. Eles se deixariam picar por mosquitos infectados e encerrariam de vez a questão.

Houve voluntários que contraíram a febre, alguns inclusive faleceram, porém outros não.

A comissão apresentou um parecer favorável às ideias de Finley; porém as autoridades sanitárias americanas não aprovaram o parecer; a controvérsia persistiu.

—•—

No Brasil, a teoria da transmissão por meio do mosquito era acolhida com zombaria, muita charge em jornais, a maioria da classe médica ridicularizando-a.

Ribas continuava com sua campanha, três meses após a experiência de Cuba, em janeiro de 1901, publicava uma monografia dirigida à classe médica sobre a transmissão por meio de mosquitos.

Conquanto as providências de Ribas houvessem reduzido as mortes por febre amarela de 150 mortes em cada 100.000 pessoas para 50 em cada 100.000 pessoas, ainda morreram no estado 1.200 pessoas no ano de 1902 em virtude da doença.

Isso se dava em virtude do descrédito da campanha, promovido pelo tom jocoso com que era tratada na imprensa, e pelas opiniões de médicos conceituados, afirmando que o combate aos mosquitos era uma tolice.

Com a campanha desacreditada, ficava difícil a conscientização do povo.

— • —

Peter Drucker, conceituado intelectual americano, afirmava que um número elevado de soldados americanos morreu, na primeira guerra mundial, porque os generais tinham excessivo apreço pela retaguarda.

Ribas, diretor do Serviço Sanitário, prezava a linha de frente.

Para acabar de vez com a polêmica, tão prejudicial à campanha de erradicação da febre amarela, Ribas decidiu repetir a experiência de Cuba aqui no Brasil, deixando-se picar, juntamente com Adolfo Lutz e outros dois voluntários, por mosquitos infectados.

A experiência seria acompanhada por uma comissão de médicos, entre os quais estavam alguns que não aceitavam a teoria de transmissão pelo mosquito.

Sexta-feira, 9 de janeiro de 1903

Naquela manhã a esposa e os filhos angustiados viram-no partir para a experiência, que se daria no Hospital de Isolamento.

Felizmente ninguém morreu, Ribas e Lutz contraíram uma forma benigna da doença.

Outros voluntários dormiram uma noite com camisas ensopadas de vômito, urina e sangue de infectados, e não contraíram a moléstia.

A expectativa face a possível morte dos voluntários, suas febres e dores, a constatação por médicos adversários, que eram realmente os mosquitos que transmitiam a moléstia, fizeram com que a campanha pela erradicação dos mosquitos fosse vista com seriedade pelo público, e extinguiu o clima de chacota e zombaria que tanto prejudicava os esforços de Ribas.

—•—

Em fins de 1903, as epidemias de febre amarela deram-se por encerradas no Estado de São Paulo.

Trabalhos e recursos

Foram inúmeras as realizações de Ribas:

• Os trabalhos de Ribas serviram de base para que Oswaldo Cruz, nomeado diretor da Saúde Pública do Rio de Janeiro, efetivasse o seu importante trabalho de saneamento da capital do país.

• Ribas também colaborou com os serviços sanitários de outros estados, frequentemente enviando funcionários do Serviço Sanitário de São Paulo para que transmitissem sua experiência às outras unidades da federação.

• Combateu outras endemias como a peste bubônica e o tracoma.

• Em 1901, criou o Instituto Butantã, que é uma referência na produção de vacinas e soro antiofídico.

• Valendo-se de sua fluência em inglês e francês fez palestras em congressos internacionais, difundindo o método de erradicação da febre amarela.

• Elaborou diversos trabalhos relacionados à varíola.

• Visitando a Vila de Campos do Jordão, concluiu que era um local excelente para a recuperação de tuberculosos, enfrentando no entanto a dificuldade do difícil acesso. Promoveu então campanha para a construção de uma estrada de ferro que a ligasse à ferrovia Central do Brasil, em Pindamonhangaba, integrando Campos do Jordão à malha ferroviária nacional.

• Participou da fundação dos dois primeiros sanatórios para tuberculosos em Campos do Jordão.

- Criou o serviço de higiene escolar.
- ...

Emílio Ribas

Dedicando-se totalmente aos problemas de saúde pública, sacrificava a família; praticamente não tinha atividades de lazer.

Por várias vezes dirigiu ao governador do Estado seu pedido de demissão, pois dada a falta de recursos, angustiava-se por não poder fazer o que considerava certo, e decidia abandonar o serviço público com sua crônica falta de verbas, com a irracionalidade das decisões baseadas em interesses menores ou escusos, tendo que conviver com a incompetência escudada na influência dos relacionamentos.

O governador não aceitava a demissão, era feita alguma acomodação, e raciocinando que era melhor fazer o menos pior do que abandonar o barco, prosseguia com a mente afogueada e o coração entristecido, mas trabalhando e realizando sempre, absolutamente despido de qualquer vaidade pessoal.

O ENCONTRO

Em 1912, Emílio Ribas começa a direcionar sua mente lúcida para o problema da lepra.

Na mesma época, passou a dedicar algum tempo auxiliando o Diretor do Hospital Guapira, dr. Artur Mendonça.

— • —

Quando Ribas começou a trabalhar no Guapira, a sua figura chamou a atenção de Manuel e Gaspar, que ainda dedicavam metade de seu tempo ao Hospital Chagas de Luz, contrapartida espiritual do Guapira.

Hospital Guapira
Vista Parcial.

Era comum verem o seu peito iluminar-se quando se aproximava de doentes, de outro lado quando seu olhar se perdia no horizonte, imerso em reflexões, entidades superiores aproximavam-se e transmitiam-lhe inspirações.

Comentando o caso com Fabrício, ele aconselhou.

– Acompanhem sua trajetória, Ribas terá participação importante na sua futura encarnação.

– Em que sentido? – perguntaram.

– Acompanhem seus trabalhos e descobrirão...

Manuel e Gaspar seguiram a orientação de Fabrício.

O relatório Vampré

Diretor do Serviço Sanitário, Ribas encarregou o médico Enjolras Vampré de elaborar um relatório sobre a situação da lepra no Estado de São Paulo.

Vampré percorreu o interior do estado e nas suas pesquisas, abrangendo pouco mais de uma dezena de municípios, identificou 2.625 infectados.

Para resolver o problema, que se mostrava grave, Vampré sugeriu no seu relatório que se fizesse um projeto de lei oferecendo base legal na luta contra a lepra:

- impondo o exame obrigatório dos parentes próximos;
- a separação dos filhos dos doentes em abrigos especiais;
- isolando os doentes em seus domicílios, caso tivessem condições financeiras para manter as condições de higiene;
- ou em asilos que abrigassem os doentes pobres, que eram a imensa maioria.

Nesses asilos os doentes, além de terem assistência médica, poderiam dedicar-se ao cultivo da terra, abandonando a mendicância e melhorando a sua autoestima.

— • —

Após o relatório Vampré, quando a ideia de asilos-colônia para abrigar leprosos começou a tomar forma, Manuel e Gaspar procuraram Fabrício:

– Esses asilos-colônia serão as tais prisões-hospitais, cenário de nossas próxima encarnação, mencionados por Pombal já em 1880?

– Sim, respondeu Fabrício, e será interessante que vocês acompanhem o trabalho de Emílio Ribas, pois ele será uma das figuras centrais para o estabelecimento do ambiente em que vocês viverão a maior parte de sua próxima encarnação.

— • —

Cada vez mais atraído para o problema, sensibilizado pelo relatório Vampré, Ribas resolveu dedicar-se integralmente ao combate à lepra.

Sugeriu ao governador a criação de uma comissão para estudo de métodos modernos no país e no estrangeiro para o tratamento da lepra.

A comissão foi criada e Ribas foi nomeado seu chefe em agosto de 1913, afastando-se da diretoria do Serviço Sanitário.

Na mesma ocasião faleceu o Dr. Artur Mendonça, e Ribas assumiu a diretoria clínica do Hospital Guapira. Se o objetivo era estudar a lepra, nada melhor que fazê-lo na posição de diretor do mais significativo hospital de leprosos do estado.

Ribas estava com 51 anos, trabalhava como servidor público há dezoito anos, os filhos iam seguindo seus rumos, alguns já homens feitos, mas sua inteligência e seu coração permaneciam vigorosos.

O SONHO

Homem prático, extremamente organizado intelectualmente, Ribas estabeleceu sua proposta para o tratamento da lepra no Estado de São Paulo:

• Os doentes seriam isolados de forma humanitária em asilos-colônia onde teriam a necessária assistência.

• Esses asilos deveriam ficar em zonas de fácil acesso, próximas de centros cultos para facilitar a assistência médica e as pesquisas científicas.

• Os asilos deveriam prover lazer e trabalho, comodidade e conforto material e moral para os doentes *"assegurando tudo o que possa atenuar a crueldade de sua sorte"*.

• *O trabalho há de mitigar a desventura desses doentes, dando-lhes a imagem da vida passada e forçando-os a abandonar a mendicidade; despertará nos leprosos a consciência do próprio valor pessoal.*

• Os asilos-colônia abrigariam os doentes pobres, enquanto aqueles com melhor condição financeira ficariam isolados em seus domicílios, obrigados porém a seguir rigorosos procedimentos de higiene.

Habituado ao serviço público, Ribas também definiu as linhas gerais dos projetos de lei que dariam suporte ao cometimento, que seria financiado pelo Estado e pela iniciativa privada.

— • —

Homem dinâmico e prático, pôs-se a campo fazendo por todos os meios campanha para concretizar suas ideias.

Realizou palestras, publicou textos, divulgou suas ideias em congressos médicos e junto ao público em geral.

O PROJETO TOMA FORMA

O hospital Guapira pertencia à Irmandade Santa Casa de Misericórdia, que nomeava um dos seus membros para gerir, em seu nome, as casas de caridade sob seu controle; esses gestores denominavam-se "mordomos".

Em 1916, foi nomeado pela Santa Casa, José Carlos de Macedo Soares para exercer as funções de mordomo do Hospital Guapira.

Macedo Soares era homem de grande capacidade, historiador, político, empresário. No futuro seria membro da Academia Brasileira de Letras, Presidente da Associação Comercial de São Paulo e Ministro do Exterior, entre outras posições de destaque.

Profundamente sensibilizado com o sofrimento dos leprosos e contagiado pela campanha de Emílio Ribas, constituiu a Sociedade Protetora dos Morféticos em março de 1917.

A "Protetora", como era chamada na época, tinha por objetivo socorrer os leprosos asilados ou não, abrigar e amparar suas famílias, prestar assistência judicial e espiritual e metodizar os esforços da caridade relacionados à lepra.

Logotipo da "Protetora"
Associação Protetora dos Morféticos.

Logo de início a Protetora acolheu o sonho de Ribas, que enfeixava muitos de seus objetivos.

Muito bem relacionado com as autoridades católicas e com a alta sociedade paulista, Macedo Soares atraiu damas de destaque e o apoio do Arcebispo de São Paulo, D. Duarte de Leopoldo e Silva.

Centenas de contos de réis foram arrecadados, doações de terreno surgiram de variadas fontes, tanto de imóveis de instituições católicas quanto de particulares.

Ribas e Macedo Soares analisaram os vários locais possíveis e optaram por extensa propriedade, perfazendo 840 hectares, nos campos de Santo Ângelo, em Mogi das Cruzes, à 60 km de São Paulo, com fácil acesso ferroviário.

A extensão do imóvel era importante, para que as atividades agrícolas pudessem oferecer campo de trabalho para os internados, e, por meio da realização no trabalho, reconquistassem a autoestima.

Concomitantemente Adelardo Cayubí, conceituado arquiteto de São Paulo, aderiu à campanha, oferecendo os serviços de seu escritório, sem custas, para elaboração do projeto do asilo, denominado de "Leprosaria Modelo".

Auxiliaram na elaboração do projeto Ribas, Macedo Soares, Artur Neiva e outras destacadas figuras da medicina e da engenharia paulista.

No início de 1918, foi apresentado o projeto da Leprosaria Modelo. Em pouco mais de dois anos, Emílio Ribas e Macedo Soares transformaram um sonho em uma área de 840 hectares, própria, com um projeto urbanístico, arquitetônico e de engenharia exemplar, apoiados numa instituição não governamental de comprovada capacidade de mobilização social e idoneidade financeira.

Leprosaria Modelo

Artur Neiva, um dos médicos que assessorara Cayubi, apresentou o projeto de maneira emocionada:

"Um mundo melhor seguramente vai raiar para os infelizes lázaros, aqui, nas terras paulistas, criado pelo concurso de particulares e instituições, todos preocupados em chegar por vários caminhos a um fim único, qual o de erigir um dos maiores monumentos de caridade construídos em nossa pátria...

As plantas que adiante se desdobram, falam por si, quase sem necessidade de explicação, proclamando o bem, o alívio e a felicidade para tantos desesperados. Por elas se advinha que dentro da noite, onde se encontra imersa toda a vida de um lázaro, abre-se um recanto luminoso onde resplandece a chama vívida e brilhante de uma grande promessa..."

A arquitetura do asilo foi inspirada no Leprosário Nacional dos Estados Unidos, situado em Carville, Louisiana.

O projeto contemplava extensos pavilhões para os internados solteiros, casas confortáveis para os casados, igreja, escola, oficinas, centro clínico cirúrgico para atendimento e pesquisas científicas, instalações administrativas... Enfim, pequena cidade-hospital.

No dizer de Adelardo Cayubi, o arquiteto:

"A cidade jardim vem solucionar o problema. Um imenso parque recortado por alamedas arborizadas, salpicado de casinhas alegres e pitorescas, formando tudo uma pequena cidade..."

O lazer dos internos contava com quadras esportivas, jardins, praças e quiosques, havia ainda um prédio, o Cassino especialmente construído para centralizar atividades como bailes, reuniões comemorativas e outros eventos.

Para proporcionar trabalho aos internados, uma grande área foi reservada para a agropecuária e previstos galpões para oficinas e pequenas fábricas. Essas atividades produtivas proveriam grande parte do consumo da população internada.

A "Protetora" contava realizar o projeto em dois anos.

— • —

Miguel e Gaspar visitaram os campos de Santo Ângelo onde seria construído o asilo e examinaram entusiasmados o projeto de Cayubi.

Tudo parecia tão bom, que procuraram novamente Fabrício:

– Sempre tivemos em mente que as provas seriam mais duras, porém estamos depreendendo das intenções de todos, configuradas no projeto, que o isolamento a que seremos submetidos terá os recursos suficientes a uma vida praticamente normal. Seremos doentes sim, mas cercados pelo conforto material e espiritual de corações compassivos, inspirados por Espíritos superiores. Nossas previsões são corretas?

Fabrício ficou calado alguns instantes, uma expressão bondosa e terna desenhou-se no seu semblante.

– Efetivamente viverão nos Campos de Santo Ângelo, região saudável, alta e seca, atendendo às condições de higiene tão apreciadas por Ribas. Contarão sempre com a assistência espiritual dos companheiros do Hospital Chagas de Luz.

Depois, dando um tom mais enérgico a voz:

– Jamais descreiam da bondade de Deus. As ideias nobres fluem do alto e são registradas por Espíritos ligados à verdade e ao bem; porém na hora de serem concretizadas mesclam-se ao egoísmo e ao orgulho humano, a semelhança da chuva que cai nas cidades e se mistura aos detritos da rua; é bênção ainda, porém serve mais à limpeza que à alimentação.

Fabrício, como era seu hábito, esperou alguns instantes para que suas palavras se fixassem na alma dos dois e concluiu:

– Continuem acompanhando o projeto da Leprosaria Modelo...

O interesse desfigura o sonho

No entanto a coisa crescera muito, a Leprosaria Modelo envolveria milhares de contos de réis, contratos importantes, peso político considerável.

O governador Altino Arantes resolveu então trazer o projeto para o Governo do Estado, que se tornaria responsável pela construção; a Santa Casa se responsabilizaria apenas pela manutenção e a direção interna dos serviços.

A proposta foi encaminhada à Câmara Estadual pelo senador Mario Tavares e aprovada pelo governador em princípio de 1918 configurando a lei 1.572.

Macedo Soares lutou bravamente, assistido por benfeitores espirituais, para impedir essa transferência que seria decisiva no desvirtuamento do projeto.

—•—

Em julho de 1918, Manuel e Gaspar estavam presentes na reunião da Mesa Administrativa da Santa Casa de Misericórdia.

O provedor da Santa Casa de Misericórdia, senador Lacerda Franco, apresentou parecer propondo que a construção da Leprosaria Modelo ficasse a cargo do Governo do Estado.

Macedo Soares, membro daquela mesa, assistido por benfeitores, numa última tentativa, apresentou parecer contrário, baseado em sólida argumentação, referindo-se principalmente à continuidade administrativa, pois o governo estava no último ano de mandato.

Porém pululavam na sala, entidades inferiores, atraídas pelos sentimentos interesseiros de inúmeros presentes.

Quando o parecer de senador Lacerda Franco foi aprovado, apesar da argumentação de Macedo Soares, os dois Espíritos Manuel e Gaspar, futuros internados, choraram amargamente.

— • —

A Associação Protetora dos Morféticos não tinha mais sentido e foi dissolvida, seus fundos remanescentes foram revertidos para o hospital Guapira.

— • —

Doravante, a burocracia estadual cuidaria da materialização do sonho de caridade de Emílio Ribas e de Macedo Soares que tanto sensibilizou a generosidade dos paulistas.

A burocracia estadual não seria mãe zelosa do projeto, e sim madrasta interesseira e insensível.

As ambições pessoais e a política amoral transformariam a colônia, que devolveria a autoestima e a dignidade aos doentes, em enorme prisão.

Conquanto toda essa desfiguração, uma força misteriosa manteria naqueles campos de Santo Ângelo, uma vibração de vitória do bem.

É que ao lado do projeto material inspirado pelo alto nas mentes de Emílio Ribas, Macedo Soares, Adelardo Cayubi, havia o Hospital Chagas de Luz, instituição espiritual que seria ampliada e transferida para aqueles campos, velando pelos internados no "Asylo Colônia de Santo Ângelo".

Se a instituição material seria desnaturada pela ambição dos homens, a instituição espiritual prosseguiria pura, dirigida e operada pelas falanges de Ismael.

— • —

Terça-feira, 29 de abril de 1919

A primeira grande guerra chegara ao fim. A Alemanha fora derrotada e o Kaiser seria conduzido a julgamento internacional.

Uma comissão americana visita o território devastado pela guerra no norte da França e fica consternada.

As peles de animais estão na moda, o que vai promovendo extinção de várias espécies.

O ping-pong é o esporte do momento, e o cinema, ainda mudo, domina o lazer, com os mais variados gêneros que se firmam: comédias, dramas, aventuras, terror…

As máquinas de bordar desempregam bordadeiras…

Com o avanço naval promovido pela guerra, os navios a carvão são substituídos pelos a óleo, que sem fagulhas, oferecem tombadilhos muito mais aprazíveis.

— • —

Nesse ambiente de euforia pelo fim da guerra, o governador Altino Arantes lançava a pedra fundamental do "Asylo Colônia Santo Ângelo", com a presença de inúmeras autoridades, Emílio Ribas inclusive compareceu à solenidade.

Em breves dias, iniciaram-se as obras.

Já no ano seguinte, Washington Luiz, o novo governador, não lhes deu continuidade, alegando falta de verbas.

E assim prosseguiria a construção, com deficiências financeiras, sem ações integradas, arrastando-se por quase uma década.

O fim glorioso

Em 1917, Emílio Ribas foi aposentado do serviço público; os vencimentos eram pequenos, pois a aposentadoria foi antecipada e calculada proporcionalmente aos 20 anos trabalhados.

Estava com 55 anos, e após uma vida de trabalho intenso estava pobre.

Passaram pelas suas mãos verbas elevadas, porém honesto, não furtou um centavo sequer do dinheiro público.

Um deputado que o admirava, Cesário Travassos, preparou um projeto para que o governo estadual lhe concedesse um prêmio em dinheiro e aposentadoria integral.

Ribas o procurou e solicitou que retirasse o projeto alegando:

– Sabe, Travassos, quanto a aposentadoria o Estado já me pagou o que devia mensalmente; e 200 contos é dinheiro demais para ser retirado dos cofres públicos para um prêmio. Aplicado na saúde, esse dinheiro vai ser muito melhor aproveitado.

– Está bem, Ribas, permita-me ao menos consignar nos anais da Câmara alguns apontamentos sobre a sua biografia...

– Minha biografia pode ser resumida em duas datas, a do nascimento e a da morte, a vida de um cientista não interessa, o que vale é sua obra...

– Consignarei então nos anais alguns apontamentos sobre sua obra...

– Assim está melhor...

—•—

Ribas continuou prestando sua assistência no hospital Guapira.

Três vezes por semana tomava o trem do Jaçanã, que seria imortalizado, décadas mais tarde, por Adoniram Barbosa no samba "Trem das Onze", e ia até o hospital; por vezes perdia o trem, que o deixava quase em frente, e tinha que tomar o outro trenzinho da Cantareira, descer mais longe e ir andando, já velho e alquebrado, três quilômetros a pé.

Visitava os doentes no hospital e depois os leprosos que se abrigavam em casinholas nas suas imediações.

Os doentes recebiam com imensa alegria e carinho a sua figura apostolar...

— • —

Manuel e Gaspar ao verem-no acompanhado de Espíritos superiores, com a fronte luminosa, a pé pelas estradas poeirentas do Tremembé, ou atendendo doentes paupérrimos com desvelo e saber, comoviam-se e diziam:

– Eis a verdadeira glória: humildade, compaixão, trabalho, compreensão; cada vez mais esquecidos pelos homens, cada vez mais lembrado por Deus...

— • —

Seis anos após o lançamento da pedra fundamental de Santo Ângelo, Emílio Marcondes Ribas entregou sua alma a Deus, seu corpo à terra brasileira, e regressou aos planos superiores.

Trabalhou até o fim.

Biografia de Ribas segundo Ribas

Emílio Marcondes Ribas, médico e cientista.

Nasceu em Pindamonhangaba, província de São Paulo, em 11 de abril de 1862.

Morreu em São Paulo, capital do Estado, em 19 de dezembro de 1925.

O convite

Em meados de 1922, ano em que se comemorava o centenário da independência do Brasil, Fabrício chamou Manuel, Gaspar, Maria da Fé, Alda, futura irmã de Manuel e outros Espíritos sob sua responsabilidade e disse-lhes:

– Meus filhos, agora em outubro vai realizar-se no Rio de Janeiro a Primeira Conferência Americana da Lepra, presidida por Carlos Chagas, na qual comparecerão representantes de quase todos os países americanos e alguns europeus.

– Essa conferência é na verdade o reflexo de um grande conclave sobre leprologia realizado no plano espiritual.

– A maioria das reuniões tem o objetivo de traçar diretrizes para a ação dos benfeitores espirituais e serão restritas a eles, abordando temas complexos.

– Todavia haverão aquelas "abertas ao público", destinadas a fortalecer os milhares de Espíritos, que nas Américas enfrentarão essa dolorosa provação, em si ou nos seus familiares.

– Entre essas palestras, há uma em especial, de grande valia para vocês: a conferência do médico americano Isadore Dyer, fundador do "Lar do Leproso da Louisiana" em Carville, que após dedicar 30 anos ao tema, voltou a cerca de dois anos para o Plano Espiritual.

– Eu os reuni aqui para convidá-los; caso aceitem o convite, iremos juntos, aprender com a experiência do nosso irmão Dyer.

Todos aceitaram; além de ouvir a palestra, usufruir da presença de Fabrício era sempre uma fonte de alegria e bênçãos.

Conquanto tivessem algumas referências a Carville, quando acompanharam o projeto da "Leprosaria Modelo pediram a Fabrício lhes darem maiores informações sobre Dyer e Carville, assim teriam maior aproveitamento ao assistirem à palestra.

O FUNDADOR

Fabrício lhes traçou alguns apontamentos sobre as vidas passadas de Dyer, algumas transcorridas na África onde havia exercitado a medicina caridosamente junto a leprosos, e inclusive experimentado em si mesmo a doença.

Deteve-se mais, entretanto, na última encarnação de Dyer:

— • —

Isadore Dyer reencarnou no estado do Texas, em 1865.

Espírito de elevada capacidade intelectual e grandes qualidades morais, teve refinada formação acadêmica: primeiramente formou-se em filosofia, por Yale, a seguir em medicina, pela universidade de Tulane, em New Orleans, capital do estado do Missisipi, especializando-se em dermatologia.

Dyer era efetivamente um Espírito superior, aliava bondade e desprendimento, julgamento claro das situações, enorme capacidade de trabalho e realização, feliz habilidade de expressar-se numa linguagem convincente e concisa.

Extremamente ativo, além de lecionar e clinicar, participava de diretoria de várias associações médicas, entre as quais era "Presidente do Conselho de Controle do Lar do Leproso da Louisiana".

Sonhando erradicar a Lepra do estado de Louisiana, à semelhança do que conseguira a Noruega anos antes, Dyer visualizava um governo estadual atuante, uma cidadania responsável, uma mentalidade médica científica e profissional.

No entanto, a cada passo as decepções se sucediam, conduzindo-o a uma perspectiva mais realista da sociedade americana: uma verba minúscula (dez mil dólares) para instalar o hospital, recusa das autoridades em permitir o hospital próximo de centros urbanos, desinteresse da classe médica; como ele mesmo, amargamente, registrava:

"uma lacuna no suporte do poder governamental, um público apático, um sistema médico-legal desinteressado, um profissionalismo médico tímido..."

Porém, dissuadir Dyer dos seus propósitos não era fácil.

Conduzido pela providência divina, e buscando, apesar das enormes dificuldades, uma solução ainda que provisória, ele alugou discretamente uma área para a sede da instituição, por 750 dólares ao ano, situada às margens do Rio Mississípi, entre Baton Rouge e Nova Orleans, numa plantação de açúcar abandonada, no lugar conhecido como Carville.

O "Lar do Leproso da Louisiana" constituía-se no seu início de alguns casebres abandonados por escravos, onde foram abrigados os primeiros doentes, em 30 de novembro de 1896.

O bondoso e sábio Dr. Dyer, como dirigente daquela instituição que nascia de forma tão modesta, resolveu dar-lhe um lema que pudesse norteá-la nas suas atividades:

"Um lugar de refúgio, não de reprovação; um lugar de pesquisa e tratamento, não de detenção".

O Dr. Dyer fez então um convênio com a ordem religiosa católica das "Filhas de Caridade de São Vicente de Paulo", para que providenciassem os "cuidados de enfermagem junto aos pacientes e o gerenciamento dos serviços domésticos"; como resultado desse convênio, cinco freiras passaram a trabalhar no Lar do Leproso.

Esse convênio seria de futuro muito importante, pois abria a porta para que, quase trinta anos depois, um Espírito superior entrasse naquela casa envergando o hábito de irmã de Caridade de São Vicente de Paula, e a partir dali contribuísse para que a misericórdia divina fosse levada até Manuel e milhões de outros encarnados.

Dyer fez reiterados esforços para convencer o poder público a adquirir um lugar melhor para o "Lar do Leproso"; esforços fracassados.

A instituição prosseguiu crescendo; o Dr Dyer ficou à frente do "Lar do Leproso da Louisiana", até 1905.

Nesse mesmo ano o governo estadual adquiriu a propriedade onde se situava Carville, tornando praticamente definitiva sua localização.

Mesmo deixando Carville, o abnegado médico continuou contribuindo com a providência divina por meio da ciência, literatura, educação de médicos e inúmeras outras atividades, servindo a Deus, ao seu país e à humanidade em geral, muitas vezes com grande sacrifício pessoal.

História de Carville

Após a saída do Dr. Dyer em 1905, o "Lar do Leproso da Louisiana" prosseguiu no seu desenvolvimento; com o aumento de pacientes nos anos seguintes, pavilhões novos foram construídos, a área também aumentou passando a mais de 300 hectares.

O "Lar do Leproso" acabou por se transformar numa "cidade-hospital", dispondo de granjas para produção de alimentos, equipamentos de lazer, de atividades básicas como padarias, lavanderia, oficinas mecânicas, pequenas confecções para produção de roupas, além das atividades hospitalares propriamente ditas.

A maioria do pessoal que trabalhava para manter em funcionamento a "cidade-hospital" era constituída pelos próprios internos, inclusive com alguns assumindo a posição de empresários, enquanto que outros trabalhavam como empregados.

Carville
Leprosário Nacional Americano, Louisiana USA.

Em 1917 o "Lar do Leproso" já bastante desenvolvido passou a ser, por ato do Senado Americano, o "Leprosário Nacional dos Estados Unidos"; porém, de forma corriqueira era, como é denominado até hoje, de "Carville".

Porém, ao lado da dedicação de alguns médicos e freiras, do ambiente de solidariedade, da camaradagem e trabalho que trazia alívio aos doentes, aqueles mesmos obstáculos enfrentados por Dyer, a sociedade apática, médicos com mentalidade científica e profissional tímida, órgãos governamentais desinteressados, que tinha a sua face mais visível no medo equivocado de contágio, acrescentara um lado sombrio a Carville:

- cercas de arame farpado foram construídas para impedir as fugas dos doentes que eram levados compulsoriamente;
- as estradas que levavam ao leprosário não foram pavimentadas, para evitar o acesso;
- guardas armados exerciam a vigilância;
- homens e mulheres internados não podiam ter contato;
- uma prisão construída dentro do hospital desestimulava os doentes a infringir qualquer item dos rígidos regulamentos.

— • —

Em 1921, o "Leprosário Nacional" foi incorporado pela marinha americana transformando-se no "Hospital 66 da Marinha dos Estados Unidos".

— • —

No ano anterior, 1920, Dyer voltou ao plano espiritual, prosseguindo nas suas atividades ligadas aos doentes.

— • —

Após os esclarecimentos de Fabrício, o grupo passou a aguardar com expectativa a palestra do dr. Dyer.

A PALESTRA

No dia aprazado, ao chegar ao local do plano espiritual, onde seria ministrada a palestra, Manuel, integrando o grupo conduzido por Fabrício, deparou-se com um cenário surpreendente.

Enorme anfiteatro, descoberto, com arquibancadas em forma semicircular feitas no próprio terreno e recobertas de gramados e flores.

Música e iluminação suave, advinda de uma enorme lua cheia, brilhando no céu noturno, criavam uma vibração de paz e doce alegria no recinto.

Nesse anfiteatro estavam já acomodados mais de 15 mil entidades, dos mais variados países, a maioria desencarnados, mas também uma porcentagem razoável de encarnados, Espíritos que teriam de no futuro que passar pela provação da hanseníase, e que foram retirados do corpo físico para assistirem à palestra.

Os Espíritos ostentavam grande diversidade de grau evolutivo, desde Espíritos luminosos cuja expressão denunciava expressivas virtudes morais e capacidade intelectual, até aqueles cuja feição, triste e amargurada, mostrava que estavam em luta áspera contra grosseiras inferioridades, a revelar o quanto a necessidade de provas e expiação nivela os Espíritos terrestres.

É o mesmo corrimão da dor que auxilia aquele que está subindo os primeiros degraus da escada evolutiva, como também ao outro, filho de Deus, que está nos últimos degraus da caminhada terrestre, prestes a partir para mundos mais adiantados.

O grupo de Espíritos conduzidos por Fabrício acomodou-se nas arquibancadas e concentrou suas atenções no centro do anfiteatro, onde pequena elevação fazia as vezes de palco.

Alguns Espíritos assomaram ao palco, em posição de sustentação ao orador, formando um semicírculo.

No centro daquele semicírculo tornou-se visível um Espírito com expressão extremamente bondosa; apresentava-se como um simples médico, com seu avental branco, cabelos entre louros e grisalhos, rosto barbeado a exceção de um pequeno bigode.

Mas cedamos o texto a uma testemunha ocular, que se propõe, como Espírito, a assumir a narrativa valendo-se de nossos recursos medianímicos. Trata-se de Gaspar, o amigo de Manuel, ex-secretário particular de Mendonça Furtado.

"Nimbado de bela luz aquele apóstolo da medicina abordou muitos temas, para a nossa instrução, naquela noite memorável, que foi um marco importante para a compreensão da prova que solicitáramos e que se avizinhava.

Dar todos os detalhes exigiria, apenas para essa palestra, um volume alentado em páginas, mas vamos procurar transcrever aqui os pontos principais, naturalmente empobrecidos pela linguagem humana.

Inicialmente o Dr. Dyer fez comovedora prece solicitando as bênçãos do alto para todos aqueles que buscavam nas provações da doença física o processo que os levaria à saúde moral. Que aquelas esperanças se realizassem e que todos saíssem vitoriosos de suas provas, galgando degraus mais avançados de evolução.

Pediu também que, com o coração fortalecido pelo cérebro, pudessem todos fixar em suas almas a necessidade que temos de progresso espiritual.

O esforço a ser despendido não envolvia apenas os doentes; seriam também provados os familiares, amigos que haviam se comprometido a dar seu apoio, profissionais de saúde, governantes e a sociedade em geral.

Que se lembrassem de orar por todos, para que pudessem dar os melhores frutos, a serem representados pelos corações enriquecidos de sentimentos purificados.

Pois assim como o lavrador espera que seu pomar produza frutos bons, o que é medido pela qualidade dos sucos vegetais que cada fruto contém, a qualidade dos seres humanos é medida pela qualidade dos sentimentos que cada coração possui.

Finda a prece o Dr. Dyer começou a falar, usava o inglês, mas curiosamente cada um de nós o ouvia como se ele estivesse falando na nossa língua[72]*; a mim parecia um português corretíssimo".*

A LEPRA É UMA TERAPÊUTICA MORAL

"As doenças físicas materializam as mazelas do corpo espiritual, trazem para fora as impurezas morais transformando-as em fluidos corporais, sendo assim eliminados.

Partindo desse pressuposto a doença material é um processo de cura da doença espiritual, notadamente quando essa doença não é causada por irresponsabilidade praticada nessa mesma encarnação, mas nascida da misericórdia do Altíssimo.

Posto isso, imprimíssemos na nossa consciência a gratidão por nos ter sido dado acesso a essa terapêutica, que embora de elevado custo individual, a ser arcado por cada um de nós, futuros enfermos, e também de alto custo social, sobrecarregando a humanidade toda, estivéssemos atentos aos benefícios, quando breves décadas sanariam enfermidades morais que projetavam seus danos por séculos inumeráveis".

---

[72] Na verdade, Gaspar não ouvia os sons emitidos pelo Dr. Dyer, "ouvia seu pensamento", reforçado por benfeitores espirituais e pela plateia de origem inglesa. As palavras em português eram formuladas pela sua própria mente face ao influxo da poderosa corrente mental que percorria todo o ambiente. Fabrício colaborava no fenômeno, formulando também o pensamento do Dr. Dyer em português.

CUIDADOS NO TRATAMENTO

"Para qualquer tratamento físico ter sucesso, o enfermo tem que tomar certos cuidados. A terapêutica moral através da lepra não foge a essa regra.

O primeiro desses cuidados é a resignação, pois a revolta poderá pôr tudo a perder.

O segundo é a confiança ativa na misericórdia de Deus, que ao mesmo tempo que nos opõe alguns obstáculos, nos cumula de outras oportunidades, a se expressarem em trabalho e aprendizado.

Que jamais nos situássemos no campo da ociosidade alegando os constrangimentos da doença: a simples prece mental pelo nosso irmão pode ser um importante trabalho, e a corriqueira observação de nosso interior pode ser uma grande fonte de aprendizado.

Um outro ponto muito importante seria a nossa atitude face ao estigma; não dar excessiva importância às expressões do pensamento dos outros, tanta vez movidas pela ignorância, medo irracional e preconceito.

Também não cair no extremo oposto de sentir indiferença ou desprezo pelo que os outros sentem ou pensam, mas aprender a valorizar a compreensão e a serenidade.

O orgulho aumentaria sempre a força destrutiva do estigma, e a humildade, ao contrário, o anularia. E por humildade deveríamos entender a liberdade interior alicerçada no fato de que sempre existirá alguém material ou espiritualmente acima de nós e abaixo de nós. Com esse pensamento não nos sentiríamos constrangidos nem para baixo por aqueles que estão acima; nem para cima por aqueles que se nos situassem abaixo".

COMPREENDENDO AS INSTITUIÇÕES

"E o Dr. Dyer após breve pausa prosseguiu:

Ainda na terra formulava a visão ideal de um lar para leprosos 'Um lugar de refúgio, não de reprovação; um lugar de pesquisa e tratamento, não de detenção'.

Hoje, quase trinta anos depois, vejo ainda os mesmos cinco fatores definindo a sombra e a luz de uma instituição com o propósito de atender aos doentes:

Três fatores de luz, nascidos da caridade cristã, determinação de Jesus: refúgio, pesquisa e tratamento.

Dois fatores de sombra, nascidos da ignorância e do egoísmo humano face aos enfermos: reprovação e detenção.

Iniciemos pelos fatores de sombra, gerados pelo mal moral, que vitima a sociedade humana.

Muita vez verão a reprovação estampada nos rostos, palavras e atitudes daqueles que os cercam, e dos quais vocês esperavam compreensão e solidariedade, como se fosse algo criminoso ter uma enfermidade.

Cumpre valer-se dessa atitude negativa daqueles que nos rodeiam para firmarmos a verdadeira humildade e caridade.

Humildade em não nos sentirmos abatidos e caridade a manifestar-se no perdão da ignorância daqueles que nos cercam, fazendo-nos uma acusação injusta.

Porém se não temos a culpa de que nos acusam, teremos outras; lembremo-nos de Nosso Senhor Jesus Cristo que representa a perfeita pureza e as acusações que sofreu; quem somos nós perante Ele.

Nessa mesma linha haverá uma manifestação de reprovação mais sutil, é a reprovação sob a capa da compaixão, terão uma enfermidade, que terá seus transtornos e limitações, mas muita vez serão tratados como indigentes do espírito, faltos de entendimento, despidos das virtudes mais comezinhas, numa postura que poderia ser representada pelas palavras 'tenhamos compaixão desse doente ignorante e pecador'. Ainda aqui a humildade e a caridade são chamadas a expressar-se pelo perdão silencioso.

O outro fator da sombra será a detenção. Os hospitais se apresentarão como prisões. A sociedade os tratará como criminosos comuns que devem ser segregados para não praticarem seus delitos. Ocupem o tempo com a bênção do estudo e do trabalho, mantenham-se ativos, muitos aqui direta ou indiretamente condenaram outros a prisões comuns ou a trabalhos forçados. Pensem em Jesus e nos apóstolos que enfrentaram o cárcere e a morte praticados pela injustiça humana, mas no cárcere e no sacrifício pessoal encontraram o caminho para Deus. 'Prisioneiros por fora, construindo a liberdade por dentro' deve ser um pensamento que lhes traga alento e esperança".

Palavras Finais

"Mas ao lado das dores provocadas pela moléstia, e daquelas outras maiores provocadas pela ignorância e egoísmo de uma sociedade doente, da qual participamos, haverá a luz do alto, expressando-se em refúgio e tratamento.

Pela dedicação ao bem de encarnados e desencarnados vocês terão no leprosário o refúgio que os isolará dos males do mundo na sua caminhada para Deus; igualmente serão tratados por médicos e enfermeiros espirituais e também por encarnados que suavizarão suas dores; aperfeiçoarão amizades nos dois lados da vida.

O labor científico na terra se intensifica, benfeitores espirituais de grande condição intelectual e moral encarnam promovendo o progresso no planeta; Espíritos luminosos os apoiam no seu esforço de descobrir a cura das doenças; a boa notícia que tenho é que a misericórdia divina autorizou a descoberta da cura da lepra, o que deverá dar-se nos próximos 30 anos.

Claro está que permanecerão os danos provocados pela enfermidade para muitos de vocês, mas a cura será uma bênção que terá a função de relembrá-los da onipresente misericórdia de Deus determinando que o pecador se salve e viva.

Desejo nesta noite de festa que a alegria invada seus corações pela oportunidade que Deus lhes dá de vitória e progresso rumo à felicidade que é Deus.

Em Jesus venceremos!".

E com essa exclamação o Dr. Dyer encerrou sua palestra; a maioria tinha os olhos marejados de lágrimas.

Terminada a palestra, muitas das comitivas presentes, após um breve intervalo dedicado a confraternização, foram conhecer Carville.

Irmã Hilary Ross

Manuel e seus companheiros já conheciam a história de Carville, mas impressionaram-se com o tamanho da instituição e com o número de desencarnados que lhe prestavam apoio.

Fabrício também os ajudou a identificar os cinco fatores do Dr. Dyer: refúgio, tratamento, pesquisa, reprovação e detenção, presentes não só na feição exterior da instituição como também nas atitudes dos médicos e enfermeiros encarnados e desencarnados.

Na visita chamou a atenção de todos uma freira, vestindo o hábito das "Filhas da Caridade de São Vicente de Paulo", de 1,60m de altura, com grandes óculos e com enorme "chapéu" de abas engomadas.

Do ponto de vista material era semelhante às outras freiras de Carville; mas para eles, Espíritos desencarnados, ela era maravilhosa, luzes que se irradiavam de sua cabeça e de seu tórax, traduzindo vibrações de amor, inteligência e pureza que se irradiavam de sua alma.

Questionado, Fabrício esclareceu:

– Irmã Hilary é um Espírito missionário, com o compromisso de dedicar-se, nessa encarnação, exclusivamente aos doentes, e tenho informações de que ela constitui uma peça importante do grande projeto de cura da lepra, que ocorrerá neste século, assim como o Dr. Isadore Dyer, e a própria instituição de Carville.

Dotada de elevados cabedais intelectuais e morais, conquistados por meio de inúmeras encarnações a serviço de Jesus, encarnou aqui mesmo nos Estados Unidos, em 1893.

Obedecendo ao seu plano encarnatório, entrou para a Ordem das "Filhas da Caridade de São Vicente de Paulo"; para completar sua educação, resolveu fazer o curso de enfermagem, mas sofrendo uma cirurgia na face, ficou com uma sequela: uma marcante paralisia no rosto.

Se séria e calada, a paralisia é imperceptível; se falar ou sorrir, a deformidade fica aparente; se gargalhar, ela se torna horrível.

Seus superiores acharam que aquela aparência, algo desfigurada, poderia assustar os pacientes e sugeriram que abandonasse o curso de enfermagem e fizesse farmácia na Universidade de Wisconsin.

Aquela deformidade no rosto foi providencial em dois aspectos: como ela mesma dizia: – "A minha deformidade e as reações adversas que provocavam me auxiliaram a compreender melhor o sofrimento dos doentes motivado pela repulsa que experimentam".

E Fabrício continuou:

– Uma mulher com tantas qualidades morais e intelectuais naturalmente atrairia uma multidão de admiradores interessados em romances; a face disforme é uma barreira útil para livrá-la de assédios que tomariam tempo e energia, extremamente preciosos face a tarefa extensa e complexa que tem a desempenhar na sua encarnação.

Irmã Hilary fez um estágio de dez meses em Nova Orleans no Hospital da Caridade e, posteriormente, tendo já o título de farmacêutica, mudou-se para Carville, que necessitava de um farmacêutico; isso foi há alguns meses apenas.

Manuel e os outros companheiros observaram, encantados, a doçura que a Irmã Hilary transmitia aos doentes.

— • —

Após a palestra e a visita, voltaram às suas ocupações diárias, cuidando de suas "crianças queridas".

Cumpre notar, no entanto, que a palestra do Dr. Dyer, Carville e a figura de Irmã Hilary Ross os marcaram profundamente, gravando-se de forma indelével no seu inconsciente, auxiliando-os na longa provação que enfrentariam.

UM ANIVERSÁRIO DE 15 ANOS

O CONVITE

Cerca de um ano após a palestra de Dyer, em uma reunião do grupo de reencarnantes, Fabrício solicitou o auxílio de Manuel, Gaspar, Alda, irmã de Manuel, numa tarefa de caridade cristã:

– Caros filhos, todos temos e teremos sempre débitos de gratidão. Há débitos previsíveis, que ocorrerão de futuro, mas que podem ir sendo amortizados desde o presente.

Percebendo que sua colocação, algo enigmática, fixara a atenção de todos, prosseguiu:

– Refiro-me a um Espírito atualmente encarnado na terra, Conceição é seu nome. Embora com muitos problemas na área sentimental e sexual, possui no mais íntimo de seu coração a semente do amor aos doentes. Escolheu no seu plano de vida atuar no difícil setor da política, auxiliando os enfermos, especialmente os de lepra. Sua atuação, de futuro, lhes trará grande benefício, ensejando a gratidão, que já mencionei.

Conceição reside em Juiz de Fora e completa 15 anos no próximo dia 17 de outubro. Sugiro que lhe levem nesse dia, tão festivo para as mocinhas, as flores de seus mais puros sentimentos a expressar-se em preces sinceras pelo seu reerguimento, esperança e alegria, pois está com o coração em frangalhos.

Todos aceitaram a sugestão de Fabrício, que possuía o dom de ser obedecido sem jamais dar ordens.

Uma cidade progressista e um lar decadente

Quarta-feira, 17 de outubro de 1923

Na tarde desse dia Manuel e seu grupo chegaram a Juiz de Fora.

Juiz de Fora
Av. dos Andradas, década de 1920.

— • —

A cidade mineira, profundamente ligada à imigração alemã, naqueles idos de 1923, era uma cidade progressista com mais de 80.000 habitantes.

Foi uma das primeiras cidades a eletrificarem-se no Brasil, inaugurando uma usina hidrelétrica já em 1889.

Suas ruas ostentavam o avanço tecnológico com bondes elétricos, lâmpadas incandescentes e fábricas modernas.

— • —

Chegando à residência dos "Costa Neves", porém, em contraste com o progresso da cidade, encontraram um clima de decadência e tristeza.

Móveis velhos, sofás puídos, imóvel mal conservado, pedindo há muitos anos uma pintura.

A um canto da sala, uma mulher encarnada costurava curvada sobre uma velha máquina; sua expressão misturava desconsolo e resignação, num rosto de olhos vermelhos e lacrimejantes.

Foram recebidos por Romualdo, um dos Espíritos protetores de Conceição.

Romualdo sensibilizou-se com o carinho dos visitantes; traziam braçadas de flores fluídicas, enfeites, bandeirolas, inclusive um violinista, Franz, acompanhado de seu violino, para a necessária música.

Conceição não veria nem ouviria as demonstrações de carinho com seu corpo carnal, mas os visitantes esperavam que sua sensibilidade identificasse aquelas manifestações de afeto a ressoarem em sua alma em vibrações de alegria, aconchego e esperança.

Biografia curta

Após os cumprimentos, Romualdo aproveitou para contar-lhes a história de Conceição.

– Conceição nasceu em 1908, no seio de uma família desagregada.

Conquanto descendente de famílias tradicionais, seu pai tinha fortes desequilíbrios na área sentimental, e havia dissipado os bens da família nas suas aventuras sexuais.

Passaram a viver das costuras da mãe, heroica, resignada e sofredora, como a maioria das mães, e da venda esporádica dos bens que sobraram após a devastação decorrente dos desequilíbrios do pai.

Conceição
Aos 15 anos de idade.

Num ambiente de extrema pobreza, onde às vezes faltava inclusive o que comer, Conceição manifestou inteligência muito viva desde pequena.

Um exemplo: naquela época, a legislação permitia que fosse feita uma avaliação no curso primário, no fim de cada primeiro semestre;

se o aluno mostrasse bom domínio das matérias, era promovido para o ano seguinte; pois bem, Conceição aos 8 anos de idade concluiu os quatro anos do curso primário[73].

Prosseguindo seus estudos, em breve terminaria o curso normal, tornando-se professora.

Conceição, além da beleza física, da inteligência desenvolta, tinha um talento inato para artes, notadamente as artes cênicas; aos 5 anos participou de uma peça de teatro, um dramalhão, apresentado pelo Grupo Teatral Belmiro Braga de Juiz de Fora: "O Filho do Condenado."

O papel de "filho do condenado" foi representado por "Conceição", travestida em garotinho. Foi muito aplaudida e emocionou os espectadores.

Nesse momento a expressão de Romualdo, que demonstrava admiração e entusiasmo, adquiriu um traço de profunda tristeza e prosseguiu:

– Se na atividade intelectual e artística Conceição foi tão bem-sucedida, o mesmo não aconteceu na vida sentimental.

Iniciando-se na vida sexual com apenas 11 anos, com 14 acabou ficando grávida; a gestação desenvolveu-se sem os cuidados naturais, num clima de conflitos e perturbações, atraídos pelo seu comportamento irrefletido e naturalmente agressivo. A esses fatores somou-se o seu organismo não estar suficientemente desenvolvido, especialmente a ossatura da bacia.

Lutamos por preservar a vida do bebê, mas há uma semana atrás ocorreu o aborto espontâneo, aos seis meses de gestação.

À frustração de seus sentimentos maternais, à deserção do pai do bebê que não quis assumir o filho, somaram-se ainda os temores face aos preconceitos da sociedade atual contra a gravidez fora do casamento e a perda da virgindade.

---

[73] Equivalente às primeiras cinco séries do ensino fundamental dos dias de hoje.

Por último, ela ainda registra as vibrações de dor e revolta do futuro encarnante.

Todos esses fatores provocaram um estado depressivo violento na sua alma sensível, retendo-a acamada.

E concluiu:

– É um aniversário terrível para uma mocinha de 15 anos. Ao invés de uma adolescente cheia de sonhos, vocês encontrarão uma mulher amargurada, vivendo um pesadelo, num corpo juvenil.

A FESTA

Ao entrarem no quarto, surpreenderam-se com a beleza física de Conceição, momentaneamente adormecida.

Inicialmente fizeram uma prece fervorosa, pedindo por ela e pelo reencarnante, quem em Espírito jazia, apalermado num canto do quarto, ainda ligado a ela pelos fios sombrios da inconformação.

O plano maior respondeu à prece derramando energias que se manifestavam como "pétalas de rosas", caindo sobre a adolescente e sendo absorvidas pelo seu corpo espiritual.

Um outro efeito da prece foi reforçar a segurança, mantendo afastados os Espíritos levianos e perversos, dando melhores condições para o trabalho que realizariam.

—•—

Haviam vindo até ali, para diluir aquelas vibrações de tristeza e desânimo; eram Espíritos experimentados na dor e nas situações de sofrimento.

Começaram a trabalhar para afirmar a esperança e a alegria.

Daí há muitos anos, talvez fossem eles os tristes e ela nas suas atividades políticas lhes trouxessem esperança e alegria; nesse momento era a vez deles retribuir-lhe por antecipação.

Distribuíram as flores pelo aposento; Alda e Maria da Fé envolveram o Espírito que teve sua encarnação frustrada com seu amor maternal.

Franz tomou do violino e executou algumas canções alegres.

Manuel, inclusive, "puxou" o canto dos companheiros, acompanhando o violino de Franz.

Conceição, atraída por toda aquela movimentação e com o auxílio de Romualdo, desligou-se em parte do corpo físico.

Embora não estando muito lúcida, registrou o que estava acontecendo.

Valendo-se das flores que haviam trazido, enfeitaram seus cabelos; vestiram-na com um tecido azul-celeste confeccionado com fluidos do plano espiritual; e por último ofereceram-lhe alguns alimentos reconfortantes.

Cada um, por sua vez, Espíritos masculinos e femininos, dançaram com ela, simulando pequeno baile.

— • —

Passadas quase três horas, devolveram-na ao corpo físico.

Adormecida, um sorriso pacífico desenhava-se no rosto da sofrida Conceição.

Os Espíritos beijaram amorosamente sua fronte, despediram-se do fiel e agradecido Romualdo e voltaram aos seus afazeres de alma "lavada".

Conversando numa linda noite

O céu estrelado, a lua recém-nascida, amarela ainda, derramando o luar numas poucas nuvens claras.

Na imensidão, uma casinha iluminada suavemente.

Na pequena varanda adornada por um jasmineiro e uma primavera, ambos floridos e perfumados, dois Espíritos, sentados num banco, de mãos dadas: Maria da Fé e Manuel.

O pequeno jardim que aconchegava a casa espargia seu perfume.

Ao longe, avistava-se a Mansão da Luz, estendendo sua aura de segurança e paz.

Maria da Fé e Manuel conversavam.

Frases esparsas, por vezes pronunciadas, por vezes apenas mentalizadas.

Ora era saboroso ouvir o som da voz da pessoa amada, ora era mais agradável sentir o silêncio da noite.

As palavras sobrenadavam num oceano de sentimentos...

— • —

...

– E conceição...

– Pobre menina...

– O sorriso estampado no seu rosto, ao partirmos, fixou-se no meu coração...

– Para mim foi doce como um favo de mel...

– O clima vibratório foi bom, mas sem atingir um patamar elevado...

– Não somos Espíritos elevados, por ora basta sermos compassivos...

– Ela não registraria coisas que fossem muito sutis...

– Registrou o vestido azul, as flores no cabelo...

– A música e, principalmente...

– A dança e o alimento fluídico...

– E sorriu...

– Deus seja Louvado...

— • —

Silêncio doce e profundo, como a noite.

Uma estrela cadente riscou o céu com seu traço de luz...

— • —

– A hora se aproxima...

– Daqui a dois anos estarei partindo desse mundo, não mais ouvirei a sua voz, não mais a nossa casinha, não mais o nosso jardim...

– Não mais o seu beijo e o seu abraço, não mais as reuniões com Fabrício...

– Não mais a proximidade reconfortante da Mansão da Luz...

– O pó, as bactérias, as necessidades fisiológicas, a insegurança...

– A dificuldade de locomoção, a perda da memória, o afastamento dos entes queridos...

– A incerteza, as tentações carnais, a gula, a sensualidade...

— • —

Novo silêncio.

Uma mariposa adejava sobre as flores, ostentando os complicados e belos desenhos na suas asas.

— • —

– Deus e os amigos espirituais que ficarem nos ampararão...

– Você percebe o frio que eu sinto no fundo da alma?

– Chegue mais perto, deixe-me abraçá-lo, aquecê-lo com meu terno amor...

– Dor, sofrimento, separação, eis o que é a carne...

– A carne é a passagem estreita para o Reino dos Céus...

– Que Deus me ajude a passar mais de 80 anos sem vê-la, sentirei uma imensa carência afetiva...

– Não será tanto tempo, temos um breve encontro marcado no meio de sua encarnação...

– Que Deus me permita encontrá-la em meus sonhos...

– Confia, trabalha, espere e ame; longe de mim você será naturalmente levado a universalizar mais a sua capacidade de amar...

— • —

A brisa da noite balançava suavemente a copa das árvores.

Algumas pétalas das flores da primavera caíram e se fixaram sobre os cabelos de Maria da Fé.

— • —

– Voltando a Conceição, tão estranhas as palavras de Fabrício sobre a sua tarefa na política...

– Política, difícil imaginar, hoje, no Brasil, as mulheres sequer votam...

– Mas já votam na Inglaterra e em outros países...

– Conceição é tão instável, desatinada...

– Como também inteligente e sensível...

– O mundo do futuro será muito diferente deste que observamos hoje, impossível imaginá-lo hoje, outubro de 1923...

– Como seria impossível imaginar os dias de hoje, há quarenta anos, em 1883...

– Em 1883, eu lutava contra a escravidão e você era a velhinha mais simpática do Rio de Janeiro, pelo menos para mim

– E o que serei para você daqui a cem anos, em 2023, quando já estivermos de volta?

– Minha eterna companheira, nós dois juntos, trabalhando e amando, mais próximos de Jesus e de seu reino de amor...

– Que estará alicerçado em nosso coração...

— • —

– Noites formosas, afetos sinceros, liberdade e leveza; quando os teremos de volta?

A VENDA

Manuel, Gaspar e Maria da Fé mantiveram o relacionamento com Romualdo, obtendo notícias de Conceição e orando por ela.

Eis as informações de Romualdo:

Alguns meses depois, o raciocínio de Conceição tomou um estranho caminho.

Ela e sua família eram pobres, na conservadora e preconceituosa Juiz de Fora de então; um casamento normal, com um "moço de família", estava descartado.

Romualdo e outros benfeitores tentaram estimulá-la a superar seus desencontros sentimentais abraçando o trabalho árduo, e firmar sua inteligência na área de medicina e da educação, conforme havia sido planejado antes de sua encarnação, seguindo o exemplo de brasileiras como Ana Neri e Anália Franco.

Mas, valendo-se do livre-arbítrio, Conceição preferiu dar guarida a Espíritos levianos que lhe insuflaram os seguintes pensamentos, como ela mesma rememoraria 60 anos depois:

"Eu tinha uma mercadoria de fácil aceitação no mercado de todos os tempos: a beleza.

Podia ser vendida num prostíbulo ou numa igreja. Preferi a igreja, era mais pomposo, menos sórdido e muito mais cômodo, além de agradar à grande maioria!"

Casou-se com Horácio, 27 anos mais velho, porém com boa condição financeira.

— • —

Os benfeitores espirituais, conquanto esse percalço, continuaram trabalhando por Conceição; são como jardineiros devotados que não se intimidam com a doença, com as pragas que infestam a planta, com a colheita mesquinha depois de muito trabalho; prosseguem, devotados, constantes, por séculos a fio.

As encarnações vão se sucedendo, a semelhança dos anos, e por fim a sua perseverança sai vitoriosa a estampar-se em Espíritos renovados, elevados e luminosos.

No final de 1924, Fabrício chamou Manuel e Gaspar e disse-lhes

– Aproveitem o Natal para despedirem-se das suas crianças queridas, pois o ano que vem mergulharão na carne e é aconselhável que dediquem os meses que lhes restam para cuidarem exclusivamente da sua ligação à carne e desligamento do plano espiritual.

– A data já está prevista? – perguntou Manuel, algo trêmulo.

– Fins de setembro começo de outubro será a sua concepção carnal, Manuel. Você, Gaspar, deverá partir em meados de dezembro.

ADELAIDE

Entre as tarefas desempenhadas por Manuel, destacou-se o atendimento a Adelaide, pois atravessaria quando criança as provas mais difíceis.

Quando Adelaide completou 6 anos, já possuía mais dois irmãozinhos, um menino e uma menina; nessa época a lepra manifestou-se no pai.

Todos se afastaram atemorizados, vizinhos e conhecidos tinham medo de até passar na frente da casa; a mais de trinta passos da residência humilde, atravessavam a rua para a calçada oposta e somente após segura distância, voltavam ao mesmo lado da rua.

A partir daí o pai não conseguiu trabalho; a pobreza transformou-se em miséria. A fome se instalou.

Manuel e Gaspar revezavam-se no trabalho: levavam fluidos fortificantes, pensamentos consoladores para todos e fortaleza para o pai, humilhado por não conseguir trabalho, tentando cultivar o pequeno terreno dos fundos da casa, pescando no rio Paraíba e caçando, para prover algum alimento para a família.

— • —

Dois anos depois, quanto Adelaide estava com 8 anos, o pai, em virtude do medo de contágio, heroicamente, aproveitando seus conhecimentos profissionais, construiu um ranchinho no fundo do terreno e mudou-se para lá.

Convivia com a família apenas nas refeições.

A fome e a tristeza provocada pela doença do marido e pelo afastamento de todos levou a mãe de Adelaide a contrair tuberculose.

A tuberculose progrediu rapidamente, a mãe de Adelaide emagreceu a olhos vistos; tudo ficou mais difícil ainda.

Era previsível o desencarne.

Manuel e Gaspar dedicaram-se mais ainda prevendo que as crianças ficariam órfãs em tenra idade.

Uma de suas tarefas mais importantes era manter afastados Espíritos inimigos do passado que queriam aumentar ainda mais as dores daquele lar tão rudemente provado.

Adelaide estava com 9 anos, seus irmãozinhos com 7 e 5.

Depois de trocar muitas ideias e considerar várias hipóteses, decidiram pedir autorização a Fabrício para levarem toda a família para passar a noite de Natal na Mansão da Luz.

Maria da Fé e outros Espíritos aderiram ao projeto.

O Jantar

No dia 24 de dezembro de 1924, a família de Adelaide jantou às 5 horas da tarde, com o seguinte cardápio:

Um bagre pescado pelo pai, com muita dificuldade, pois com o avanço da doença sentia uma fraqueza enorme e locomover-se até o rio Paraíba, distante dois ou três quilômetros, exigia dele muito esforço.

Rio Paraíba
Imediações de Tremembé, visto da janela do trem.

Três abobrinhas e dois chuchus colhidos no quintal.

A comida foi cozida com sal e um pouco de banha dados por uma vizinha caridosa.

Não houve doces, nem refrescos, pois não havia açúcar.

A refeição foi preparada pela mãe, com grande sacrifício, em meio a acessos de tosses e escarros sanguinolentos.

— • —

No entanto uma dúzia de Espíritos rodeavam a pequena família naquele jantar impregnando aquela refeição pobre dos melhores fluidos espirituais.

Nada mais tendo a fazer, a família foi toda para os leitos pobres, que mantinham asseados com grande esforço.

A festa

Retirar do corpo o pai e a mãe, enfraquecidos e purificados pelo sofrimento, foi tarefa relativamente fácil; as crianças também se desdobraram rapidamente.

A seguir os Espíritos os tomaram nos braços e os levaram para a Mansão da Luz.

As crianças e o pai estavam relativamente lúcidos, a mãe enfrentava alguma dificuldade para ter consciência do que se passava.

Cânticos de louvor, encontro com amigos de outras eras, números musicais, preces sinceras, e a própria beleza e vibração do lugar derramaram no coração dos cinco encarnados as mais doces alegrias.

A família pobre teve uma festa de Natal belíssima.

— • —

Pela madrugada, foram trazidos novamente a terra, retomando seus corpos físicos.

Acordaram alegres e esperançosos, conquanto as dores que sofriam.

Despedidas

Nesse mesmo Natal de 1924, Manuel despediu-se de suas crianças queridas, não mais as veria por longos anos até reencontrá-las na "Leprosaria Modelo" nos campos de Santo Ângelo.

Manuel iniciou suas despedidas pela família de Adelaide; logo pela manhã, abraçou um a um com imensa ternura.

A seguir foi a casa de cada uma das crianças: Candinha com 13 anos, Catelli com 9, Encio com 9, Sylvio com 3, João com 9, Zeca com 3, Mieli...

Em cada um dos lares fez as suas preces, beijou e abraçou aquelas crianças queridas que não veria mais por longos anos, e que reencontraria nas duras provas que teria pela frente.

Virgílio Quáglio

O ex-governador Mendonça Furtado, agora encarnado como Virgílio Quáglio, cresceu; na adolescência, passou a residir em São Paulo, pois o pai, Clemente Quáglio, destacou-se nas atividades pedagógicas, saiu de Amparo e veio para a Capital desempenhar importantes tarefas na área da educação.

O adolescente estudou na imponente "Escola Modelo", fundada pelo notável educador Caetano de Campos, na Praça da República.

Virgílio teve como objetivo profissional seguir os passos do pai; fez o curso Normal e tornou-se professor[74].

Era um jovem brilhante, alegre e inteligente, gostava de vestir-se com apuro, era amigo dos livros e da cultura.

Casou-se em 1920, teve dois filhos.

Lecionava na Escola Modelo Prudente de Morais, na avenida Tiradentes, em São Paulo, provavelmente seria, em breve, seu diretor.

— • —

Manuel e Gaspar decidiram visitar o antigo governador do Grão-Pará no recinto da escola.

Lá estava ele a uma mesa corrigindo provas.

Lembraram-se com imensa saudade dos tempos na fortaleza Estrela da Luz, quando ele era o "cabo" do exército de Ismael, sempre pronto a auxiliar e a servir, esperançoso, dizendo:

– Vamos orar a nossos maiores, eles trarão a solução...

Abraçaram-no longamente, e oraram aos "nossos maiores" pedindo que eles trouxessem "a solução" para os problemas de Virgílio, que seriam complexos...

---

74 No início dos anos 1900, a profissão de professor era valorizada no Brasil, merecendo grande consideração e respeito pela sociedade, contando com remunerações digna.

Estava programado um encontro daí há muitos anos, mas tudo dependia deles...

Derramaram copiosas lágrimas...

No ano das despedidas alguém chega

Naquele mesmo ano de 1924, quando Manuel se despedia dos seus amigos da carne, chegou da Terra um dos seus afetos eternos.

Constância, após 80 anos na carne, simples camponesa de uma vila de Portugal, voltava da Terra mais uma vez como vencedora.

Quando desencarnou semelhava a moleirinha[75] tão liricamente retratada pelo poeta português Guerra Junqueiro, no seu livro *Os Simples*:

Toque[76], toque, a velha vai para o moinho,
Tem oitenta anos, bem bonito rol!...
E contudo, alegre como um passarinho
Toque, toque e fresca como o branco linho,
De manhã nas relvas a corar o sol

Toque, toque é tarde, moleirinha santa!
Nascem as estrelas, vivas, em cardumes...
Toque, toque, toque, e quando o galo canta,
Logo a moleirinha, toque, se levanta,
P'ra vestir os netos, p' ra acender o lume...

...

---

[75] Velhinha que trabalha num moinho de trigo.

[76] O "toque, toque" são os passos de um burrinho, que acompanha a moleirinha por onde quer que ele vá...

Toque, toque, é noite... ouvem-se ao longe os sinos

Moleirinha branca, branca de luar!...

Toque, toque, e os astros abrem diamantinos

Como estremunhados querubins divinos,

os olhinhos meigos para a ver passar...

Guerra Junqueiro
Poeta português.

Assim morreu Constância, velhinha, pura, alegre e lúcida.

Assim entrou no plano espiritual, luminosa, cercada de Espíritos benfazejos, orando a Maria, mãe de todas as mães, agradecendo a Deus, seu Pai, pronunciando o nome de Jesus...

A luminosa velhinha, mais e mais sublimada, ascendeu aos planos superiores, não esquecendo, todavia, o filho espiritual Manuel.

Manuel teve a graça de vê-la em sonhos, onde ela prometeu que estaria com ele no momento derradeiro, dando-lhe forças.

O "pergaminho"

O Hospital da Luz mantinha um departamento no qual médicos especializados projetavam os corpos dos futuros encarnantes que teriam encarnações planejadas.

O projeto do corpo era ferramenta de grande importância, pois o corpo carnal determina, em muito, as condições e as provas enfrentadas pelo reencarnante:

- o tempo de vida, que exceção feita às mortes acidentais, é determinado pela durabilidade do instrumento carnal;
- as doenças gerando provas nos mais diversos setores da vida;
- a capacidade intelectual que é mais ou menos restrita em função da qualidade do cérebro;
- condições sociais, que em boa parte dependem da aparência;
- a parte hormonal influenciando decisivamente maior ou menor disposição, irritabilidade, carência sexual;
- a condição mediúnica, bloqueando ou permitindo as influências do mundo espiritual.

O projeto do corpo era formalizado num material semelhante ao pergaminho, pleno de desenhos relacionados com os diversos órgão do corpo físico.

Esse "pergaminho" ficava de posse do reencarnante, que o consultava, tomava decisões e solicitava modificações aos médicos, buscando definir o corpo mais adequado aos seus objetivos quanto a reencarnação e também de acordo com os créditos, derivados de seus méritos e de intercessões que obtivera.

Manuel conseguiu um corpo com duração de pelo menos 80 anos.

No capítulo das doenças, havia sido definida a lepra como enfermidade principal, seguida da cegueira e da perda de tatos nas mãos.

Os impedimentos tornavam a futura encarnação de Manuel uma encarnação de "risco menor"; com todas essas limitações se não pudesse realizar muito, também não poderia errar muito.

O cérebro foi projetado para permitir lucidez plena e forte sensibilidade; no capítulo da mediunidade foi autorizada a mediunidade intuitiva, porém sem maiores manifestações fenomênicas.

Além desses pontos principais havia ainda inúmeros outros detalhes: audição, voz, aparência pessoal, altura.

Um problema e uma solução

Em abril de 1925, a seis meses do mergulho na carne, Manuel ainda solicitava modificações.

Inseguro com os seus impedimentos, procurou Antero, o responsável pelo projeto de seu corpo e solicitou:

– Antero, embora os impedimentos que eu terei pela cegueira e falta de tato, pois as mãos são os olhos do cego, acho que seria bom alguma dificuldade na locomoção, coisa pouca, mas que me dificulte ir a lugares errados.

Antero o ouviu sem muita surpresa:

– Mais um, você já tem tantos, vai ficando muito reduzido o seu livre-arbítrio, mas vou pensar alguma coisa e consultar os nossos maiores.

Alguns dias depois, Antero lhe apresentou uma solução.

– Atendendo ao seu pedido, imaginei uma fragilidade nos ligamentos do seu pé direito; na mocidade, face a algum esforço maior, eles sofrerão um rompimento, que irá dificultando a sua caminhada e se agravará na velhice.

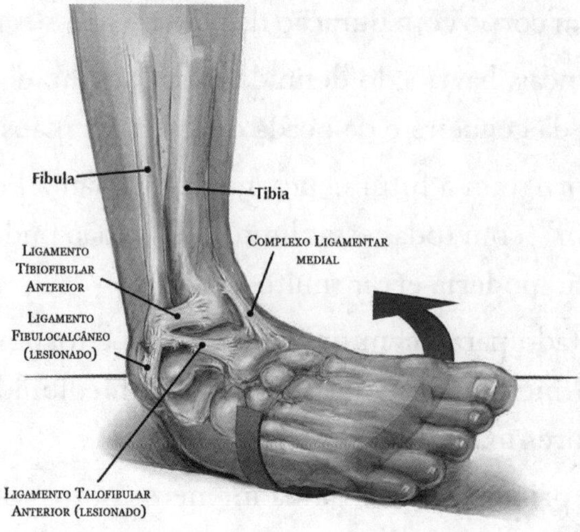

Ligamento dos pés
Lesão parcial nos ligamentos.

– Ótimo, muito obrigado, prometo não solicitar mais impedimentos – disse Manuel sorrindo.

– Dê-me o seu "pergaminho", para eu atualizá-lo...

SUGESTÕES PÓS-HIPNÓTICAS

O hipnotizador pode fazer sugestões que levem um hipnotizado a determinado comportamento.

Essas sugestões hipnóticas podem ser intra-hipnóticas ou pós-hipnóticas.

As sugestões são chamadas intra-hipnóticas quando seus efeitos se dão no próprio transe; por exemplo, ao receber a sugestão que está numa piscina, numa demonstração vulgar de hipnose, o hipnotizado fará movimentos, com os braços, imitando um nadador, como se efetivamente estivesse numa piscina.

As sugestões são pós-hipnóticas quando a ação sugerida se dará após o transe, despertadas por alguma circunstância específica; por exemplo, o hipnotizador, numa sessão de psicoterapia, poderá sugerir a ação de beber um copo d'água na circunstância do hipnotizado sentir vontade de fumar, com o objetivo de auxiliar o paciente a deixar o cigarro.

—•—

Além do projeto do corpo físico, era também utilizada em larga escala a técnica da sugestão pós-hipnótica.

Essas sugestões hipnóticas são dirigidas ao mais profundo da alma, e são despertadas muitas décadas após terem sido feitas; necessitam de técnicas incomparavelmente mais refinadas que a hipnose utilizada na Terra. Assim sendo, apenas Espíritos superiores, de mente e sentimentos muito educados, são capazes de executá-las.

No caso de Manuel, o próprio Fabrício encarregou-se dessas sessões, inscrevendo no inconsciente de Manuel o comportamento adequado, para quando surgissem as circunstâncias marcantes da sua vida.

Uma dessas induções visava imprimir comportamentos de resignação quando ele se tornasse cego.

Essas sugestões no entanto não bloqueavam o livre-arbítrio; na circunstância prevista, Manuel sentiria aflorarem no seu íntimo sentimentos e ideias de resignação, que ele poderia assumir, passando na prova, ou rejeitar, caindo na revolta.

Além dos pontos relevantes que as sessões de Fabrício trataram, Manuel certa feita inquiriu Fabrício:

– Hoje o vício do alcoolismo e do tabagismo são muito difundidos no Brasil, eles continuarão sendo tão comuns?

Cartaz do Ministério da Saúde
Campanha contra o tabagismo.

Fabrício respondeu com simplicidade:

– Por muitas décadas ainda, porém seus malefícios de futuro irão se tornando patentes até um ponto em que a sociedade, representada nos serviços de saúde pública, os combatam por outras tantas décadas, até que percam seu caráter endêmico.

Manuel, meio acanhado, pediu-lhe:

– Gostaria de pedir-lhe então, se possível for, que me ajude com sugestões pós hipnóticas que me induzam a não adquirir esses vícios; o tabagismo poderia reduzir meu tempo na Terra pondo tudo a perder, o álcool então, nem se fala.

Fabrício o atendeu, e dedicou algumas sessões a inculcar no íntimo de Manuel a aversão ao álcool e ao tabaco.

AGENDA

Manuel estava há quase um século no plano espiritual, seu círculo de relacionamento era extenso; trabalhara em várias instituições, convivia com muitos parentes e amigos, participava de vários clubes e institutos dedicados à arte e à cultura.

Não poderia certamente despedir-se de todos, posto que os preparativos para a futura encarnação absorviam muito tempo.

Depois de muito refletir, decidiu agendar apenas 30 visitas de despedida.

— • —

Eram visitas simples; algumas a instituições, moradias e alojamentos onde se despedia de vários companheiros de uma só vez; outras onde se encontrava com um único amigo e a despedida se estendia por mais de uma hora.

Manuel comparecia a esses encontros com humildade e certo acanhamento; não partia do mundo espiritual direcionado a grandes feitos, mas a duras provas e expiações de faltas clamorosas, buscando reajuste e elevação espiritual.

Esses encontros sempre terminavam em lágrimas e abraços sinceros, pontilhados de votos de sucesso e compromisso de orarem por ele.

— • —

Uma despedida emocionada foi no Clube de História Transcendente, que Manuel frequentava há mais de 30 anos.

Eram pouco mais de uma vintena de Espíritos que se reuniam a cada dois meses apresentando, discutindo e aprendendo história à luz dos desígnios superiores.

O grupo fez uma sessão de despedida dedicada a Manuel.

Manuel emocionou-se muito quando o grupo reunido elevou uma prece pelo seu sucesso na próxima encarnação, e testemunhou a afeição que ele havia conquistado naqueles trinta anos de convívio.

— • —

Uma outra atividade que consumia um bom tempo, carregando a agenda, era harmonizar-se com Maria Custódio, sua futura mãe, e Luiz, seu futuro pai.

Acompanhava Maria Custódio nos seus afazeres domésticos, amamentando Álvaro, cuidando dos seus cinco filhos, cujo mais velho, João, contava com apenas 9 anos.

Lia seus pensamentos, inteirava-se dos seus sentimentos e procurava a máxima sintonia com ela, o que não era difícil, pois eram Espíritos amigos, tendo já outras vivências em comum.

Junto ao pai, fosse no lar ou na sapataria, as dificuldades eram maiores, mesmo porque o alcoolismo avançava sobre sua alma e, alcoolizado, abria espaço a Espíritos embrutecidos que tumultuavam sobremodo o ambiente.

— • —

Com tantos compromissos os meses voaram rápidos.

Os últimos dias

Sexta-feira, 09 de outubro de 1925

Passou a manhã com Gaspar, que o acompanharia praticamente toda a encarnação, tendo muitas atividades em comum.

À tarde preferiu ficar só, no Bosque da Luz, imerso em prece e meditações.

À noite falou com Fabrício, que confirmou a data da partida.

Sábado, 10 de outubro de 1925

Foi para sua casinha nas imediações da Mansão da Luz.

Resolveu passar seus últimos três dias com Maria da Fé.

Recordações, preces, promessas, momentos de silêncio, em que afetivamente apenas se olhavam e trocavam vibrações de afeto.

Pranto frequente por saudade antecipada.

Conquanto ainda lúcido, Manuel já experimentava tonturas e por vezes dificuldade em concatenar os pensamentos na segunda-feira à tarde, sinal de que seu Espírito já iniciara o processo de desligamento do plano espiritual.

Nessas ocasiões, mesmo valendo-se do autocontrole e da prece, Manuel não conseguia esconder a expressão de sofrimento.

Terça-feira, 13 de outubro de 1925

Na terça pela manhã, amparado por Maria da Fé dirigiu-se ao Hospital da Luz, passando por diversos tratamentos.

À noite Fabrício foi buscá-lo, sua condição mental decaía rapidamente.

Manuel havia convidado para presenciarem o momento derradeiro apenas uma dezena de amigos mais íntimos, entre os quais: Maria da Fé, Gaspar e Alda.

A expressão de dor era constante em Manuel, quando, por volta das 21 horas, chegaram em Santos, ao lar de Maria Custódio e Luiz.

Estava já toda a família recolhida ao leito.

Luiz e Maria Custódio entregavam-se a comunhão sexual, na intimidade de seu quarto, isolado por cordões fluídicos e inacessível a observações indiscretas.

Os médicos do Hospital da Luz aplicavam passes em Manuel e iam procedendo ao seu desligamento dos recursos próprios do plano espiritual, principalmente nas funções relacionadas a digestão, posto que os processos de alimentação na carne seriam diferentes.

O processo guardava certa semelhança ao desencarne quando o Espírito vai se desligando dos recursos materiais.

Fabrício e Maria da Fé postaram-se ao seu lado, acariciando-o e transmitindo-lhe palavras de encorajamento, enquanto, muito pálido e gaguejante, demonstrando grande sofrimento, pronunciava frases esparsas, quase em delírio:

– Um século de trabalho... Não posso falhar... Não posso trair os que me endossaram... Vou trabalhar por Jesus... Vou quitar as dívidas da Companhia de Comércio do Grão-Pará... desta vez servirei a Jesus visitando os doentes... Fabrício vai me orientar e eu conseguirei minha purificação... Trabalharei junto com Gaspar e João Batista sob as ordens de Mendonça Furtado e nos libertaremos da escravidão... A minha memória está apagando, não sei mais quem sou...

Nesse momento Constância se fez visível para Manuel, assumindo a forma que tivera no Rio de Janeiro.

Manuel abriu muito os olhos, dizendo:

– Mãe, mãe, você veio, me ajude...

Constância tomou sua cabeça nos braços e disse-lhe ternamente:

– Manuel, meu filhinho, você precisa ajudar-nos. Mantenha o pensamento firme. Você é meu filhinho querido; você é o meu bebê, lembra-se? Mentalize sua forma infantil, volte a ser o bebê que eu sempre amei. Veja-se pequenino! Você precisa ser novamente criança, para voltar a ser homem...

Manuel ficou em silêncio, como que recobrando a lucidez e esforçando-se ao máximo para obedecer às ordens da mãe.

Ali recebendo os fluidos dirigidos por Fabrício e pelos médicos do Hospital da Luz, e principalmente o eflúvio amoroso que jorrava de Constância, Manuel foi diminuindo, diminuindo...

Sua última palavra no mundo espiritual foi:

– Mamãe...

Manuel transformara-se num simples bebê.

Constância o tomou no colo amorosamente.

A DÁDIVA

Eram aproximadamente 23 horas quando penetraram o quarto do casal.

Maria Custódio, pressentindo a presença amiga, afastou-se do corpo, lúcida e esperançosa.

Luiz dormia profundamente, aprisionado ao corpo.

Embevecida, com toda aquela luz emitida pelos benfeitores espirituais, falou com naturalidade:

– É o Céu que vem me visitar trazendo mais um presente para o meu coração?

– Sim, Maria, mais um filhinho para a sua ternura.

Maria Custódio ajoelhou-se, para receber o presente.

Fabrício elevou o pensamento numa prece:

– Mestre da Verdade, do amor, da sabedoria. Vós que sois a luz do mundo, ilumine o nosso irmão Manuel, na longa jornada que hoje se inicia.

Possa ele, Senhor, na futura infância desamparada, na juventude encarcerada, na madureza e na velhice mergulhada na cegueira material, ter em vós: o amparo, a liberdade, a saúde e a luz espiritual, construindo em si a pureza de um coração amoroso.

A esse casal nós entregamos a feitura de seu corpo e o agasalho de seu coração, mas é a vós que confiamos o seu Espírito imortal.

Todos os presentes acompanharam a prece de Fabrício profundamente emocionados.

Ao concluir a prece, uma chuva de pétalas luminosas banhou Maria Custódio, que ostentava a fronte luminosa e a face banhada em lágrimas.

Constância entregou-lhe Manuel-bebê.

Ela não lhe daria desta vez os fluidos carnais, mas era também sua mãe, na nova encarnação, por dar-lhe os créditos espirituais que lhe permitiriam a nova oportunidade de salvação.

Maria Custódio o abraçou com toda a força de seu amor materno, e Manuel se ligou profundamente a ela como alma de sua alma, carne de sua carne.

Um quarto de hora depois Maria Custódio acordou, uma fisionomia de paz e alegria desenhava-se no seu rosto. Pensou consigo mesma:

– Meu sexto filho está nascendo em mim.

Em seguida dormiu novamente, enquanto os médicos localizavam entre os espermatozoides que percorriam o seu ventre iluminado, aquele que melhor atenderia às disposições do plano encarnatório de Manuel.

Localizado o espermatozoide, os médicos o aceleraram para que fosse o primeiro a fecundar o óvulo.

Depois de mais alguns procedimentos, todos se despediram e voltaram aos seus afazeres.

Alda tomou a seu cargo acompanhar a gestação de Maria Custódio, tomando todas as providências que se fizessem necessárias.

— • —

O sol levantava-se do Atlântico inundando a cidade de Santos em luz.

No útero de Maria Custódio o óvulo começava a dividir-se.

Nascer do Sol
Santos, SP.

FIM

Linha do Tempo

Livro 3 – Preparando-se

1839	• Nasce em Portugal Antônio Gonçalves da Silva, espírito de grande elevação, que seria conhecido mais tarde como Batuíra.
1853	• Nasce em Pindamonhangaba, São Paulo, Dino Bueno, futuro político paulista. • Nasce em Resende, Rio de Janeiro, Anália Franco.
1880	• Nasce em Sacramento, Minas Gerais, Eurípedes Barsanulfo, Espírito missionário.
1887	• Emílio Ribas forma-se em Medicina no Rio de Janeiro com brilhantismo e volta para Pindamonhangaba.
14 de maio de 1888	• Manuel chega à Mansão da Luz para preparar-se para a nova encarnação.
1889	• Emílio Ribas casa-se e sai do Vale do Paraíba, já decadente.
15 de novembro de 1889	• É proclamada a República. • D. Pedro II e toda sua família são exilados.
1891	• Batuíra funda o Verdade e Luz, instituição espírita.

14 de novembro de 1892	• Encarna Mendonça Furtado, recebendo o nome de Virgílio Quáglio.
Janeiro de 1893	• Após cinco anos de reflexões e preparo de seu plano encarnatório, Manuel inicia seu aprendizado prático sobre lepra servindo no Hospital dos Lázaros de São Paulo. • Manuel passa a ser a "voz amiga" de Antunes, um dos pacientes do Hospital dos Lázaros. • Manuel começa a trabalhar junto ao Verdade e Luz, instituição espírita fundada por Batuíra, em variadas tarefas.
Outubro de 1893	• Nasce na Califórnia, descendente de escandinavos, Hillary Ross, Espírito missionário, que daria, no futuro, importante contribuição para a cura da lepra.
1893 - 1912	• Durante esse período os dois trabalhos mais importantes de Manuel são como "voz amiga" junto aos leprosos e um "faz tudo" no Verdade e Luz e outras instituições ligadas ao Espírito de Batuíra.
1895	• Emílio Ribas é nomeado Inspetor Sanitário por Dino Bueno.
1896	• Após três anos, desencarna Antunes, o primeiro paciente atendido por Manuel. • Carville, "O Lar do Leproso" da Louisiana, EUA, fundado por Isadore Dyer, recebe os primeiros pacientes.
1898	• Emílio Ribas é nomeado diretor do Serviço Sanitário do Estado de S. Paulo, por Dino Bueno.

1899	• Anália Franco, educadora, jornalista, escritora, torna-se espírita.
1901	• Anália Franco funda a Instituição Feminina Beneficente e Instrutiva de São Paulo com o objetivo de ser uma entidade multiplicadora induzindo o surgimento de outras instituições beneficentes ligadas a mãe e a criança. • Na fundação, Anália contou com o apoio do Secretário do Interior, Dino Bueno. • Anália e Batuíra se ajudam nas suas tarefas caritativas.
1903	• Emílio Ribas deixa-se picar por mosquitos infectados, para demonstrar experimentalmente que é o mosquito que transmite a febre amarela.
1904	• É demolido o "Hospital dos Lázaros" e é inaugurado o Hospital Guapira. • O Hospital "Chagas de Luz" também se transfere para a região de Guapira. • Manuel passa a prestar serviços no Hospital Guapira/Chagas de Luz.
1905	• Isadore Dyer desliga-se de Carville.
Janeiro de 1907	• Eurípedes Barsanulfo, médium devotado e espírita missionário, funda o Colégio Allan Kardec.
17 de outubro de 1908	• Nasce Conceição, pessoa a quem Manuel será muito grato na sua próxima encarnação.
Janeiro de 1909	• Desencarne de Batuíra, prosseguindo com suas tarefas no plano maior.

Agosto de 1910	• Inauguração do novo salão de aulas do Colégio Allan Kardec. • O evento contou com a presença de Batuíra e de sua equipe, incluindo Manuel.
1912	• Emílio Ribas volta sua mente para o estudo da lepra. • Emílio Ribas começa a trabalhar no Hospital Guapira. • Manuel passa a acompanhar a trajetória de Emílio Ribas.
Julho de 1912	• Manuel é notificado que sua tarefa principal, a partir do próximo ano, será cuidar de crianças. • Essa tarefa enseja a lição mais importante.
Janeiro de 1913	• Manuel passa a cuidar de crianças, iniciando-se pelo acompanhamento de Candinha, antiga esposa de João Batista.
1913 - 1924	• A tarefa principal de Manuel é cuidar de crianças. • Mantém vínculos com instituições espíritas e atua ainda como "voz amiga", mas como atividades secundárias, às quais dedica umas poucas horas por semana.
1913	• Emílio Ribas determina ao médico Vampré elaborar um relatório sobre a lepra no Estado de São Paulo. • Emílio Ribas sugere a criação de uma comissão para buscar solução para o problema da lepra em São Paulo. • A comissão é criada e Emílio Ribas é afastado da diretoria do Serviço Sanitário e assume a chefia da comissão.

- Emílio Ribas torna-se diretor clínico do Hospital Guapira, dedicado à lepra.
- Emílio Ribas define as diretrizes que devem nortear o combate à lepra no Estado de São Paulo.
- Um dos pontos focais do seu plano é a construção de um grande asilo-colônia para abrigar os doentes.

1914

- Manuel passa a ter contato em Portugal com o futuro casal que serão seus pais.
- Ribas inicia sua campanha para combate à lepra, procurando sensibilizar a classe médica e a sociedade em geral.

1915/1916

- Ribas prossegue na sua campanha por meio de palestras e publicação de textos.

Janeiro de 1915

- Leonor, antiga dama da nobreza de Portugal, renasce como Adelaide em Tremembé, Vale do Paraíba, São Paulo, tornando-se a segunda "criança querida" de Manuel e Gaspar.

Abril de 1915

- Maria Custódio e Luiz Soares, futuros pais de Manuel, casam-se em Trancoso, Portugal, e logo após emigram para o Brasil.
- Passam a residir em Santos, onde Luiz, futuro pai de Manuel, começa a exercer a profissão de sapateiro.

1916

- Reencarnam João, o irmão mai velho de Manuel;
- Miguel, o ex-Bispo de Belém;
- João Batista, o ex-ajudante de sala do governador do Grão-Pará.

	• As crianças que Manuel cuida vão se tornando numerosas. • Macedo Soares, homem dinâmico e de grande cultura, assume a direção administrativa do Hospital Guapira. • Macedo Soares adere à campanha de Emílio Ribas.
1917	• Macedo Soares funda a Associação Protetora dos Morféticos, vulgarmente chamada “A Protetora”. • “A Protetora” escolhe, sob a orientação de Ribas, uma grande área em Mogi das Cruzes para instalação do asilo-colônia. • A área escolhida é em parte doada e em parte adquirida pela “Protetora”. • Adelardo Cayubi, arquiteto, adere à campanha e elabora gratuitamente no seu escritório os projetos arquitetônico e de engenharia do asilo, sob a supervisão de Ribas e outros. • Emílio Ribas é desligado do serviço público com modesta aposentadoria.
1918	• Reencarna Alberto, segundo irmão de Manuel, que numa encarnação curta terá também a prova da hanseníase. • A importância do projeto da “Protetora” atrai ambições e interesses menores de políticos atuantes. • A construção do asilo, lamentavelmente, sai do âmbito da “Protetora” e é assumido pelo governo estadual, conquanto a luta de Macedo Soares para que isso não acontecesse.
Novembro de 1918	• Desencarna Eurípedes Barsanulfo.

Janeiro de 1919

- Desencarna Anália Franco, após ter fundado mais de 100 instituições de beneficência e produzido obra literária considerável.

Abril de 1919

- É lançada a pedra fundamental do Asylo Colônia Santo Ângelo pelo Governo do Estado.

1920

- A construção do Asylo Colônia Santo Ângelo é interrompida pelo governo estadual por “falta de verbas”.
- Reencarna Antônio, terceiro irmão de Manuel.
- Desencarna Isadore Dyer, fundador de Carville, o Leprosário Nacional Americano.

1922

- Reencarna José, quarto irmão de Manuel.
- Hilary Ross ingressa em Carville como farmacêutica.
- Manuel assiste à palestra de Isadore Dyer no plano espiritual e visita Carville, o Leprosário Nacional Americano, situado às margens do rio Mississípi.
- Fabrício revela que no futuro, em Carville, será descoberta a cura da lepra.

17 de outubro de 1923

- Manuel participa da festa de aniversário de 15 anos de Conceição, que, tendo uma tarefa na política, será pessoa importante na sua próxima encarnação.

1924

- Reencarna Álvaro, quinto irmão de Manuel.
- Constância, que fora mãe de Manuel por duas vezes, retorna da carne como uma vencedora.

Dezembro de 1924	• Manuel despede-se das suas crianças queridas e passa a dedicar-se exclusivamente à sua próxima encarnação. • Manuel e seus amigos proporcionam uma tocante noite de natal para Adelaide e sua família.
1925	• Desencarna Emílio Ribas.
13 de outubro de 1925	• Manuel liga-se ao ventre de Maria Custódio, iniciando sua vida carnal.

Anexos

Neste livro devem ser entendidos os seguintes tipos de personagens:

PERSONAGENS HISTÓRICOS:

Personagens montados a partir das informações históricas levantadas pelos autores.

PERSONAGENS DE REFERÊNCIA HISTÓRICA:

Personagens que tiveram por base referências históricas, por exemplo "Mendonça Furtado": efetivamente existiu um "Mendonça Furtado", Governador do Grão-Pará, referenciado em livros e documentos históricos. Esse "Mendonça Furtado – Histórico" serviu de base para a construção do "Mendonça Furtado – Personagem", onde acontecimentos e características literárias foram acrescentadas às informações históricas.

Há plena certeza de que o "Mendonça Furtado – Personagem" e o "Mendonça Furtado – Histórico" sejam a mesma pessoa?

Não. Porém isso é irrelevante quanto ao objetivo do livro, que é mostrar o caminho da evolução.

Se na realidade o personagem não foi o Governador do Grão-Pará, mas uma outra autoridade qualquer, com as mesmas características de ambição e ideais patrióticos, isso nada muda nas relações de causa e efeito, evidenciadas pelo livro.

Personagens literários:

São aqueles próprios da obra literária, com relação aos quais o autor não obteve nenhuma referência histórica.

Ao utilizar a palavra "literário" os autores não estão informando que os personagens são fictícios; ao contrário, os julgam reais, que realmente existiram, porém o processo próprio da criação literária, em que imaginação e influências medianímicas se misturam, não permite distinguir precisamente a imaginação da realidade.

Cumpre porém destacar que imprecisões de cenário histórico ou geográfico não implicam na desfiguração da obra, que objetiva a exposição didática do mecanismo das leis espirituais.

Principais personagens

Personagem	Tipo	Observações
Adelaide Imperatrice	Histórico	Encarnada em janeiro de 1915 em Tremembé, Vale do Paraíba, São Paulo, uma das crianças queridas, reencarnação de Leonor, dama da nobreza de Portugal.
Allan Kardec	Histórico	Codificador da Doutrina Espírita. (*) 1804 (†) 1863
Álvaro Álvares	Literário	Pai de Manuel na encarnação do século 19.
Anália Franco	Histórico	Educadora, missionária, espírita. Fundou mais de 100 instituições beneficentes no começo do século 20. (*) 1853 (†) 1919
Antonio Gonçalves	Literário	Amigo e sogro de Manuel Gonçalves, pai de Maria da Fé, casado com a índia Isabel de Jesus.
Antônio Landi	Histórico	Arquiteto do século 18 responsável pelo plano urbanístico e inúmeras edificações de Belém do Pará.
Antunes	Literário	Alfaiate de Itu, leproso e primeiro paciente de Manuel na tarefa de "voz amiga".
Armando Catelli	Histórico	Encarnado em 1916 em Sorocaba, reencarnação de João Batista de Oliveira, ex-ajudante de sala de Mendonça Furtado.

Batuíra	Histórico	Missionário espírita, fundador da instituição Verdade e Luz, com extensa folha de serviços no campo da caridade e da divulgação do Espiritismo no Brasil.
Conceição da Costa Neves	Histórico	Atuante política paulista, que agiria, no futuro, a serviço dos leprosos.
Constância	Literário	Mãe de Manuel nas encarnações dos séculos 18 e 19, fiadora de sua encarnação no século 20. Espírito elevado.
D. Frei Miguel de Bulhões e Sousa	Referência Histórica	Bispo de Belém no século 18, companheiro de trabalho de Manuel, no plano espiritual, século 19. Reencarnou como Encio Celestino em 1916.
D. João V	Histórico	Rei de Portugal na primeira metade do século 18, seu reinado foi caracterizado por grande descontrole econômico.
D. João VI	Histórico	Regente de Portugal, fugiu da invasão francesa, transferindo-se para o Brasil em 1808, pai de D. Pedro I.
D. José Caetano Coutinho (Bispo)	Histórico	Bispo do Rio de Janeiro no princípio do século 19 e primeiro presidente do Senado brasileiro. Manuel trabalhou como seu assessor, nas suas campanhas políticas.
D. José I	Histórico	Rei de Portugal na segunda metade do século 18, teve em Pombal seu orientador.
D. Maria I	Histórico	Rainha de Portugal, filha mais velha de D. Jose I, mãe de D. João VI. Tinha graves problemas mentais.

D. Pedro I	Histórico	Primeiro imperador do Brasil, filho de D. João VI. Foi quem declarou a independência do Brasil, do ponto de vista material. Do ponto de vista espiritual, a independência foi declarada por Tiradentes, brasileiro símbolo.
D. Pedro II	Histórico	Filho de D. Pedro I, segundo e último imperador do Brasil.
Dino Bueno	Histórico	Secretário do Interior, deputado e senador do Estado de São Paulo no início do século 20.
Emílio Ribas	Histórico	Médico e cientista brasileiro no começo do século 20.
Encio Celestino	Histórico	Nasceu na cidade de São Paulo em 1916, reencarnação de D. Miguel, Bispo de Belém.
Eurípedes Barsanulfo	Histórico	Importante missionário e médium espírita no início do século 20, nasceu e atuou em Sacramento, Minas Gerais.
Euzébio de Queiroz	Histórico	Político brasileiro, atuante no segundo reinado (D. Pedro II), responsável pela lei que extinguiu o tráfico negreiro no Brasil. Ministro da Justiça – 1858-1852. Ministro do Supremo Tribunal de Justiça (STJ) – 1864-1868. (*) 1812 (†) 1868
Fabrício	Literário	Mentor espiritual que conduziu a preparação de Manuel para sua encarnação no século 20.

Gaspar da Costa Posser	Referência Histórica	Secretário Particular do Governador do Grão-Pará, Mendonça Furtado. Amigo de Manuel e seu companheiro de trabalho no plano espiritual por mais de 80 anos.
Isabel Álvares	Literário	Irmã de Manuel na sua encarnação do século 19, é a mesma Maria da Fé, que foi sua esposa no século 18.
Isabel de Jesus	Literário	Índia batizada, esposa de Antônio Gonçalves e mãe de Maria da Fé, sogra de Manuel no século 18.
Isadore Dyer	Histórico	Médico americano de notável saber e elevadas virtudes morais. Foi o gestor do "Lar do Leproso da Louisiana", que deu origem ao "Leprosário Nacional Americano" em Carville. (*) 1865 (†) 1920
Ismael	Histórico	Espírito de grande elevação, subordinado diretamente a Jesus, governador espiritual do Brasil.
João Batista de Oliveira	Referência Histórica	Capitão e "ajudante de sala" (chefe de gabinete), do Governador do Grão-Pará, Mendonça Furtado. Companheiro de trabalho e amigo de Manuel no plano espiritual por muitos anos. Reencarnou em 1916 como Armando Catelli.
João Cândido	Literário	Escravo, reencarnação de Pombal. (*) 1800 (†) 1876
Joaquim Nabuco	Histórico	Político brasileiro, abolicionista atuante e um dos responsáveis pela aprovação da "Lei Áurea" que extinguiu a escravidão no Brasil.

Jorge Avilez	Histórico	General Português, que tentou levar à força D. Pedro I para Portugal no episódio do "Fico".
Lúcia	Literário	Uma das dirigentes da instituição espiritual "Chagas de Luz", dedicada ao auxílio aos leprosos de São Paulo e ligada inicialmente ao Hospital dos Lázaros e posteriormente ao Hospital Guapira.
Macedo Soares (José Carlos)	Histórico	Político e escritor paulista, foi "mordomo" do Hospital Guapira e fundador da "Sociedade Protetora dos Morféticos"
Manuel Álvares	Literário	Reencarnação de Manuel Gonçalves no século 19, personagem principal e coautor do romance, servindo de seu fio condutor. É denominado no livro simplesmente "Manuel".
Manuel Gonçalves	Literário	Comerciante português que viveu no século 18, denominado neste livro simplesmente como Manuel. É o personagem principal, coautor e fio condutor da história.
Maria Ana D´Áustria	Histórico	Rainha de Portugal, esposa de D. João V, mãe de D. José I, amiga das duas esposas de Pombal e quem o indicou para ministro a D. José I.
Maria da Fé	Literário	Mameluca, filha da índia Isabel de Jesus e do português Antônio Gonçalves, esposa de Manuel no século 18. Reencarnaria como Isabel, irmã de Manuel, no século 19. Posteriormente desencarnada, voltaria a viver com ele.

Mendonça Furtado (Francisco Xavier)	Referência Histórica	Irmão de Pombal, tendo ocupado altos cargos no governo português no século 18, inclusive o de Governador do Grão-Pará. Trabalharia muitos anos no plano espiritual no combate à escravidão e ao tráfico. Reencarnaria nos fins do século 19 como Virgílio Quáglio.
Pombal (Sebastião José de Carvalho e Melo)	Histórico	Grande reformador português do século 18, reencarnaria como João Cândido, escravo, no século 19.
Princesa Isabel	Histórico	Filha de D. Pedro II. Nas viagens do pai, assumiu o governo como princesa regente. Mulher de grande inteligência e elevados princípios morais.
Sebastião	Literário	Escravo alforriado por Manuel na sua encarnação do século 19.
Silvério	Literário	Diretor do Hospital da Luz, instituição espiritual que abrigou Manuel após seu desencarne em 1834 e que depois daria suporte a sua reencarnação no século 20 no que dizia respeito ao corpo físico.
Telles de Menezes	Histórico	Missionário espírita do século 19 que fundou o primeiro centro espírita no Brasil.

Tiradentes (Joaquim José da Silva Xavier)	Histórico	Participou da Inconfidência Mineira, movimento que objetivava a independência do Brasil. Morto de forma crudelíssima pelo governo português. Não traiu seus companheiros, nem a causa. Embora condenado à forca, alegrou-se pelo fato de seus companheiros não terem o mesmo destino. Pela sua humildade, correção, desprendimento e altruísmo, é considerado, pela espiritualidade maior, um símbolo para os brasileiros. Como desencarnado continuou sua luta, sendo considerado pelo plano maior como o verdadeiro proclamador da independência, posto que D. Pedro I agiu como um simples médium.
Teresa	Literário	Amante ocasional de Manuel no século 19. Transmitindo-lhe a sífilis, agente de sua morte.
Virgílio Quáglio	Histórico	Nasceu em 1892 em Monte Alegre do Sul, em São Paulo. Reencarnação de Mendonça Furtado, ex-Governador do Grão-Pará.

A médium Silvia Liz, quando estávamos elaborando o livro, recebeu comunicações espontâneas retratando o perfil psicológico de alguns personagens ligados à corte portuguesa.

O comunicante não se identificou, essas comunicações nos auxiliaram na elaboração do texto.

Aqui estão aquelas que não foram incorporadas a história:

ANTONIO GONÇALVES

Religioso. Temia a Deus. Pretendia construir uma igreja. Visionário, ambicioso, queria ganhar a todo custo a confiança do governador. Era trabalhador dedicado.

BISPO DOM FREI MIGUEL

Político. Esquecia-se de si mesmo para defender interesses escusos da instituição religiosa à qual fazia parte. Apreciador de bons vinhos. Arguto. Admirador de joias e pedras preciosas raras. Compadecia-se da miséria do povo, mas sentia-se incapaz de abrandar essa pobreza, pois não poderia jamais contrapor-se aos "ideais" religiosos que ele mantinha e divulgava. A solidão o corroía. Corpo atlético. Contribuiu fortemente para a implantação de novos mecanismos agrícolas, pois era um pesquisador nato. No final de sua vida, já cansado, reconhece a dívida da Igreja junto ao povo da região, pois "salvar almas" era muito pouco perto das necessidades daqueles habitantes famintos de perspectivas e fartos da dominação portuguesa.

CONDESSA DE DAWN, SEGUNDA ESPOSA DE POMBAL

Mãe rigorosa e superprotetora. Pessoa aflita, cheia de medos, mas na aparência dama de fino trato e de grande cultura. Raridade para uma mulher do seu tempo. O luxo a entediava, entretanto não sabia como viver longe dele. Queria estar, no futuro, cercada por seus netos e suas riquezas materiais. Iludia-se. Foi muito reprimida pelos seus pais e todas as figuras masculinas que com ela conviveram. Por isso era inexpressiva. Mulher repleta de caprichos. Era endurecida pela vida. Amortecida. Afeita aos afazeres do lar, à instrução de seus ajudantes, pois não admitia que houvesse vida na ignorância. Muito curiosa com o conhecimento em geral. Era bem-informada. Muito inteligente. Sofria de solidão crônica. Afeita aos elogios masculinos. Muito vaidosa, incompreendida para sua época e temida pelos compatriotas. Viveu e morreu por seu país. Apreciava as relações internacionais.

D. JOÃO V, REI DE PORTUGAL

Perdulário, vaidoso. Amante do poder. Demasiadamente ansioso. Inseguro como homem. Gostava de esbanjar, agrupar quinquilharias. Nutria profunda mágoa por sua mãe, que não o amou o quanto queria. Mestre em desfazer-se das pessoas, pois era sua pessoa o centro do "universo". Déspota.

D. JOSÉ I, REI DE PORTUGAL

Vivia grandes conflitos morais, como a dividi-lo entre o "bem" e o "mal". Não tinha personalidade própria, pois a todos pedia opinião para resolução de um fato. Enfim, não tinha autonomia. Gostaria de ser muito mais inteligente do que mostrava ser. Era um homem de comportamento "fino", grande burguês. Excêntrico. Cultuava os costumes de bom *gourmet*, apreciador de bons vinhos. Promovia grandes festas, pois precisava estar envolvido por multidão. Sentia-se incompreendido pela sociedade da época, pois era sonhador, vivia "além de seu tempo". Dado a galanteador. Era volúvel. Viveu para futilidades, apesar do compromisso assumido no desempenho de seu cargo. Era um homem triste, desesperançado. Lia pouco, mas era grande estrategista. Político na acepção do termo. Seu poder tinha uma única direção: a exploração comercial.

D. Maria I, Rainha de Portugal

"Dama de Ferro". Rude, quase cruel. Punia com a pena máxima quem ousasse desobedecê-la. Era "olho por olho, dente por dente". Não tinha misericórdia. O importante para ela era atingir seus objetivos. Os fins justificavam os meios. Arrependeu-se tardiamente dos crimes que cometeu contra seu povo: desde injustiças sociais até exploração comercial demasiada e desmedida. Foi a filha predileta. Muito mimada. Tinha inveja e ciúme de seus parentes mais próximos, pois não poderia nunca ser preterida. Sofreu de amor, pois não sabia como externá-lo. Chorava à noite, no calor de sua cama. Pobre dama, que se sentia desprezada como ser humano. Não tinha autoestima. Era tirana.

Francisco Xavier Mendonça Furtado

Grande capacidade intelectual. Crítico imbatível dos costumes da época. Gostava da solidão, era um homem simples. O poder o fascinava, não para esbanjar, mas contentar a si mesmo. Memória brilhante, era apreciador de "casos".

Gaspar da Costa Posser

Abolicionista. Gostava de cálculos e geografia. Interessava-se pela história da formação dos territórios brasileiros. Visionário. Queria conhecer outros países. Ambicionava mais poder. Caráter duvidoso. Fazia muitos entremeios para comunicar-se.

João Batista de Oliveira

Pequeno na estatura física, franzino. Tinha Manoel como a um irmão seu. Livre pensador. Buscava melhorar-se nos seus ofícios. Era bondoso e participativo. Não tinha "papas na língua", ia direto ao assunto, era franco. Caráter nobre, era honesto.

Manoel Gonçalves

Amava o conhecimento e a natureza. Era forte fisicamente, sensível no trato. Não conclui seus estudos, pois falta-lhe apoio material. Autodidata. Amante das artes e da filosofia, principalmente da Grécia Antiga. Cumpriu seus deveres de homem público, mas não deixou legados morais apreciáveis. Foi pobre no amor, não tinha ambições nobres. Sofria com angústias existenciais, pois se sentia incapaz de cumprir com as expectativas daquela sociedade.

Marquesa de Távora

Grande tenacidade como mulher, mas deveras hipócrita em sociedade. Cúmplice de grandes injustiças no reinado. Frustrada como mulher. Perseguia a quem ela julgava ser humano "inferior". Traços físicos delicados para uma personalidade vaidosa e arrogante. Não admirava homens seguros, pois sentia inveja de sua autonomia. Vivia a bisbilhotar os "segredos" da corte. Divulgava notícias que ela mesma criava, com sua mente "desocupada". Entretanto, deu um toque de nobreza a seu lar e a quem a ele pertenceu. Tinha grande cuidado com os utensílios domésticos, como a cultuá-los.

POMBAL (SEBASTIÃO JOSÉ DE CARVALHO E MELO)

Figura exemplar para as leis. Severo nas atitudes, mas medíocre nas virtudes, pois fazia o "jogo do poder". Não tinha Deus no coração, gostava de "adular" a Igreja. Contribuiu, entretanto, para a formação da estrutura jurídica do poder.

INSTITUIÇÕES

- **Google Inc:** especialmente seus mecanismos de busca, imagens, mapas, tradutor e livros.
- **Wikimedia Foundation:** principalmente a Wikipedia, fonte inesgotável de informações.
- **Bíblia do Caminho**: (www.bibliadocaminho.com.br) facilitador importante para quem quer consultar a literatura espírita.
- **Arquivo Público do Estado de São Paulo:** que possibilitou a consulta de números antigos dos jornais: *Tribuna de Santos*, *O Estado de São Paulo*, *Diário de São Paulo*, *Diário da Noite*.
- **Biblioteca Nacional**: ilustrações da Cidade de Belém no século 18.

LIVROS

- **A Amazônia na era pombalina**, Marcos Carneiro de Mendonça, Editora do Senado Federal.
- **Grandes espíritas do Brasil**, Zeus Wantuil, FEB.
- **Rua Sem Fim**, Conceição da Costa Neves, Editora das Américas.
- **Eurípedes, o homem e a missão**, Corina Novelino, IDE.
- **Anália Franco, a grande dama da educação brasileira**, Eduardo Carvalho Monteiro, Editora Eldorado Espírita.
- **História da Lepra em S. Paulo**, Flávio Maurano, Empresa Gráfica da Revista dos Tribunais.

- **Tratado de Leprologia**, Vários Autores, Serviço Nacional da Lepra.
- **Emílio Ribas**, José Luiz Brandão, Editora Três.
- **Pará, capital Belém**, Haroldo Maranhão, Fundação Cultural do Município de Belém.
- **Brasil, coração do mundo, pátria do Evangelho**, Humberto de Campos/Chico Xavier, FEB.

TESES DE PÓS-GRADUAÇÃO E TRABALHOS CIENTÍFICOS

- **Resgate histórico do Asylo Colônia Santo Ângelo**, Marilena Moreira Feliciano, 2008.
- **A campanha contra a lepra no Estado de São Paulo**, Nelson Souza Campos, 1933.
- **Utopia ao avesso nas cidades muradas da hanseníase**, Ana Maria Gadelho Amora, 1999/2000.
- **Community and confinement: the evolving experience of isolation for leprosy in Carville, Louisiana**, Amy I. Fairchild, Phd, Mph.
- **Sobre Clemente Quaglio (1872-1948)**, Carlos Monarcha, 2009.
- **Sister Hilary Ross and Carville: Her Thirty-Seven Years Struggle Against Hansen's Disease**, Cynthia M Gould.
- **Isadore Dyer**, J. B. Elliot, Jr.
- **Notes of History of Leprosy in Louisiana**, Zacary Gussow, 1979.